风满征帆

——科学发展观引领下的美好新宜宾

■ 杨冬生 著

人民出版社

自　序

　　四川省宜宾市素称万里长江第一城,更以"中国酒都"闻名海内外,是一块充满生机与活力的发展热土。宜宾市地处四川、云南、贵州三省结合部,金沙江、岷江在此交汇而成长江,自然概貌为"七山一水两分田"。1996 年 10 月,经国务院批准,撤销宜宾地区设立宜宾市,全市辖一区九县,幅员面积 13283 平方公里。

　　这里,山川叠翠,生态良好,是"中国优秀旅游城市";历史悠久,文化厚重,有 2190 年建城史、3000 多年酿酒史,是国家历史文化名城;区位独特,辐射面广,踞三省要道,扼三江咽喉,是四川联结南贵昆、走向东南亚的"南大门"和通江达海的"桥头堡";资源富集,产业配套,地处攀西—六盘水资源区腹心,经济活力旺盛,素有"西南半壁"之美誉。

　　党的十一届三中全会以来,诚信、包容、智慧、创新的宜宾人民放飞希望的翅膀,踏着改革开放的奋进鼓点,解放思想,与时俱进,创新发展、开放发展,实现了从计划经济向市场经济、资源大市向经济大市、农业大市向工业强市、内陆封闭型经济向开放型经济、温饱不足向总体小康的历史性跨越。自 2000 年以来,全市经济总量一直稳居四川省 21 个市州的第四位。党的两任总书记先后亲临宜宾视察,1999 年 4 月,江泽民同志视察宜宾欣然题词:"走改革之路,建美好宜宾";2003 年 5 月,胡锦涛同志视察宜宾时殷切希望"让宜宾这座历史文化名城焕发出新的时代光辉",为我们指明了加快发展、科学发展的前进方向。

当党的十七大春风吹遍神州大地之时,长江之头的宜宾掀起了科学发展的滚滚热潮,530万全市各族人民满怀豪情,鼓足赶超跨越的风帆,破浪前行。这是宜宾发展的新起点,也是我人生的又一个重大转折。2006年8月31日,根据省委的决定,怀着责任与热爱、信心与决心,我来到了宜宾,从此将个人的人生命运与宜宾的科学发展深深融合在一起,亲身参与并见证了科学发展观在宜宾大地生根、开花、结果的过程。

"十一五"时期,是宜宾实现科学发展战略转型的关键起步期。在科学发展观指引下,我们牢牢把握基本市情,针对宜宾各族人民追求美好新生活的新期待,在市第三次党代会上确立了建设"经济兴盛、政治清明、文化繁荣、社会和谐、人民幸福"美好新宜宾的战略目标。四年来,我们顺应科学发展的时代潮流,主动融入四川建设西部经济发展高地战略布局,振奋精神抓机遇,创新求进渡难关,突破工作增动力,拓展工作上台阶,在"发展、亲民、干事、学习"的浓厚氛围中,奋力开拓着符合时代发展要求、具有宜宾特色的科学发展、富民强市之路。在中央、省委的坚强领导下,全市人民发扬"人一之,我十之"的实干精神,紧紧围绕建设美好新宜宾的战略目标,瞄准建设"长江上游川滇黔结合部经济强市"的发展定位,矢志不渝地推进"强工、重农、壮旅、活商、兴城、富县"战略,借势成渝、联动川南、辐射滇黔,主动作为,创新求进,开启了加快发展、科学发展、又好又快发展的新航程,"西南半壁"古戎州大地上,处处充满新的生机,正焕发出新的时代光辉!

——今日美好新宜宾,发展速度更快,正进入加快发展的上升期。2009年,全市地区生产总值达720.78亿元,增长14.9%,创历史最高水平,与2005年相比翻了接近一番。近四年来,全市地区生产总值平均增速达到14.5%,高于全省平均水平1.8个百分点;"十一五"规划的主要目标有望提前完成。

——今日美好新宜宾,发展质量更好,正步入协调发展的良性轨道。2009年,全市人均地区生产总值比2005年翻了一番多,由全省第10位上升到第7位;地方财政一般预算收入是2005年的2.75倍,居全省第3位;规模以上工业实现利税总额居全省第2位,是2005年的2.1倍。四年来,全市城镇居民人均可支配收入、农民人均纯收入年均增速分别高于"十一五"预期目标8.75和5.26个百分点,减少农村贫困人口25万人;社会保障水平全面提高,城乡低保实现了"应保尽保"。

——今日美好新宜宾,发展支撑更强,正形成多极拉动的新格局。一、二、三产业协调发展,截至2009年年底,全市三次产业结构调整为17.1∶55.8∶27.1,非农产业比重已占到82.9%。县域经济从弱到强,2008年与2005年相比,有8个区县在全省县级经济综合评价排位中位次上升。2009年,财政亿元区县由2005年的2个增加到10个,区县属规模以上工业增加值总量首次超过市属和省部属板块。多种所有制经济共同发展,民营经济在国民经济中的比重过半。

——今日美好新宜宾,发展后劲更足,正积蓄持续发展的强大动能。内江经宜宾至昆明铁路、宜宾机场、宜宾港、内江至宜宾高速公路、向家坝水电站、珙县电厂、福溪电厂等一大批宜宾人民翘首以盼数十年的重大项目已经建成或正快速推进,成为聚合要素、积蓄动能的重要生长点。四年来,全市固定资产投资总额相当于改革开放30年的总和,2009年的投资总量和增幅双双创历史新高。

——今日美好新宜宾,发展平台更高,正打开区域协作发展的新空间。在全省率先启动沿江经济带和临港经济区开发建设,抢占了区域竞争制高点。经济总量居云贵川三省结合部城市第一位,规模以上工业增加值等主要经济指标位居四川省前列,在四川及成渝经济区中的战略地位更加凸显。一大批具有显著区际影响力的重大项目提前启动,搭建起全方位、多层次、宽领域的开放平台。

　　大江东去,岁月流金。回顾"十一五"以来宜宾科学发展的轨迹,我深切体会到,要实现科学发展、富民强市目标,必须坚持党的领导不动摇,以改革创新精神推进党的建设新的伟大工程,建设团结和带领人民群众推进科学发展的坚强领导核心;必须坚持用科学的理论武装头脑、指导实践不动摇,坚定不移地走中国特色社会主义道路;必须坚持经济建设这个中心不动摇,牢牢抓住发展这个第一要务不放松,着力推动经济社会全面协调可持续发展;必须坚持求真务实,勇于创造,做到在继承中坚持、在坚持中发展、在发展中创新,努力探索符合本地实际的发展路子;必须坚持改革开放不动摇,善于用改革的办法解决前进中的问题,用创新的思路破解发展中的难题,用开放的思维破除开放中的束缚;必须坚持执政为民,充分相信群众,紧紧依靠群众,一切为了群众,凝聚起推动事业发展的不竭动力。

　　三江六岸正春风,风满征帆破浪行。江出宜宾,奔腾向前。"宜宾号"载着530万宜宾各族儿女,乘着科学发展的强劲东风,正扬起加快发展的风帆,击鼓奋进,驶向更加灿烂美好的新天地!

杨冬生

2010 年 3 月于宜宾

目　录

自　序 ⋯⋯⋯⋯⋯⋯⋯⋯⋯⋯⋯⋯⋯⋯⋯⋯⋯⋯⋯⋯ 1

定　位——找准科学发展的时代方位 ⋯⋯⋯⋯⋯⋯ 1

　科学发展就要解放思想 /3

　坚持以科学发展观引领美好新宜宾建设 /11

　宜宾:历史文化名城焕发出新的时代光辉 /17

　宜宾在四川建设西部经济发展高地中大有作为 /22

　建设沿江经济带　推动宜宾发展新跨越 /26

　抓住机遇　努力走在建设川南经济区前列 /33

　关于宜宾科学发展的调查报告 /38

焦点关注 /51

　千帆竞发看宜宾 /51

　宜宾,书写又一个惊叹 /56

支　撑——集聚科学发展的强大动力　　61

努力把宜宾建成长江上游经济强市 /63

突破发展看"四抓" /67

坚持"四个着力"　做大宜宾工业经济增量 /70

强力推进农产品加工业　实现县域经济发展新突破 /73

"四轮"驱动建设新农村 /79

实施"壮旅、活商"战略　提升旅游商贸业发展水平 /83

把宜宾建设成为国家级自然生态和历史文化

　旅游目的地 /89

焦点关注 /97

宜宾以循环经济促进新型工业化——旧包袱抖

　出新财富 /97

四川宜宾大力发展循环经济 /100

宜宾:崛起一座新兴"能源之城" /103

突　破——搭建科学发展的坚实平台　　107

发挥优势　突出关键　打造长江上游川滇黔结

　合部综合交通枢纽 /109

打造交通枢纽:经济强市的战略核心 /115

加快推进新型城镇化　建设百万人口大城市 /118

建设生态文明　增创生态环境新优势 /122

科技和人才是推动科学发展的重要战略支撑 /128

发展民营经济　激发美好新宜宾建设内在活力 /133

加强招商引资　坚定不移地走开放合作之路 /138

焦点关注 /142

宜宾构筑通江达海"桥头堡" /142

"酒都"宜宾的招商小分队 /145

根　本——抓牢科学发展的着力重点 149

弘扬城市精神　加快宜宾发展 /151

坚持以人为本　促进社会和谐 /157

围绕美好新宜宾目标　加强精神文明建设工作 /160

重抓教育　大抓教育　狠抓教育 /169

把群众工作做到人民群众心中 /174

以人为本　城乡统筹　加快推进城乡社会救

助体系建设 /179

创新机制抓治理　优化环境促发展 /182

焦点关注 /190

宜宾山里人的"城市生活" /190

春风拂三江　细雨润戎州 /194

保　障——建强科学发展的骨干队伍 203

建设领导和组织科学发展的坚强队伍 /205

搭建沟通平台　促进班子团结统一 /213

加强党性修养　领导干部要自觉树立"五观" /216

服务大局求突破　为加快发展提供坚强组织保障 /220

　加强党的建设要重基层、打基础 /225

　地方党建工作的突破口 /231

　加强和改进思想政治工作　为建设美好新宜

　　宾提供思想舆论保证 /239

　要特别注重发挥好群团组织的重要作用 /244

　用好法宝　凝聚科学发展强大力量 /250

焦点关注 /256

　"村官"有了"退休金" /256

　让春风人永远面带春风 /261

　石头缝里辟出小康路 /267

责　　任——主动融入科学发展的历史洪流

　　　　　　　　　　　　　　　　　　　　273

　把自己的命运融入宜宾科学发展的洪流 /275

　不断提高领导科学发展的本领 /285

　要善于运用统筹兼顾的根本方法 /288

　党员领导干部要修好"五政" /302

　一把手要发挥好表率作用 /307

焦点关注 /313

　演好兴武强兵的角色 /313

附　录:宜宾之春 /316

后　记 /321

定位

——找准科学发展的时代方位

科学发展就要解放思想

　　胡锦涛同志在党的十七大报告中指出："解放思想是发展中国特色社会主义事业的一大法宝"。走科学发展之路,首要的就是坚持与时俱进、解放思想。只有解放思想,我们才能在审视当今世界众多发展模式中认识科学发展的正确性,在放眼未来发展的进程中认识科学发展的必然性,在清醒把握经济社会发展存在的突出问题中认识科学发展的紧迫性,从而确立"好"字优先、好中求快、又好又快的发展路径,更加重视结构调整和转变发展方式,更加重视发展的质量和效益,更加重视自主创新和管理创新,真正把科学发展观落实到实际工作中。

　　解放思想,首先必须弄清什么是解放思想。邓小平同志指出:"我们讲解放思想,是指在马克思主义指导下打破习惯势力和主观偏见的束缚,研究新情况,解决新问题"①,"解放思想,就是使思想和实际相符合,使主观和客观相符合,就是实事求是。"②我们可以从以下几个方面去理解和把握解放思想的深刻内涵。

　　——观念更新是解放思想的直接结果。衡量思想是否真正解

---

①②　《邓小平文选》第2卷,人民出版社1994年版,第279、364页。

放了,首要的就是看观念是否更新了,是否还在沿袭惯性思维。改革开放30年的实践告诉我们,一个地区的先进与落后,在很大程度上取决于思想解放。正如邓小平同志所强调的,"一个党,一个国家,一个民族,如果一切从本本出发,思想僵化,迷信盛行,那它就不能前进,它的生机就要停止了,就要亡党亡国。"①因此,真正的马克思主义者决不把经典神圣化、绝对化、教条化,死守着老祖宗的"产业"坐享其成。如果是这样,就不会有毛泽东思想、邓小平理论、"三个代表"重要思想和科学发展观,也不会有中国革命、建设、发展不断从胜利走向胜利的辉煌成就。所以,一定要大胆冲破思想罗网,不迷信先哲权威,不拘泥于书本,不拘泥于经验,不拘泥于已有认识,通过新旧观念的斗争,将落后的、脱离实际的旧观念扫地出门,让科学的、从实际出发的新观念落地生根,真正把活的马克思主义、发展的马克思主义作为我们一切行动的指南,推动干事创业,促进科学发展。思想观念的更新是一场自我革命,根深蒂固的陈旧观念总是难以一下子彻底改变的。因此,必须要有持之以恒的勇气和韧劲,不断学习,敢于、善于接受新知识、新事物。同时,也要警惕和防止以"稳妥"、"慎重"等为掩饰而不真正、不真心更新观念的现象,避免和克服故步自封、因循守旧的消极观念老调重弹,努力使思想观念永不僵化、永不停滞。

——创造性实践是解放思想的外在表现。创造性实践是人类实践的最高层次,是马克思主义实践观最本质的特征和规定。这也是改革开放30年的一条重要经验。1992年年初,邓小平同志在视察南方重要谈话中指出,"没有一点闯的精神,没有一点'冒'的精神,没有一股气呀、劲呀,就走不出一条好路,走不出一条新

①《邓小平文选》第2卷,人民出版社1994年版,第143页。

路,就干不出新的事业。"①如果没有解放思想指引下的创造性实践,安徽凤阳县小岗村的 18 个指印就不可能成为在中国农村全面推行联产承包责任制的开端,经济特区就不可能成为发展社会主义市场经济的试验田。现代文明发展的历史,就是解放思想,把一个个命题放到发展实践的试金石上锻打的成果。今天,面对宜宾与发达地区的发展落差,既要学会"拿来主义",善于学习借鉴其他地区的发展经验,使之为我所用,更要以一种脱胎换骨、披肝沥胆的气度,勇于探索,积极实践,想别人之未想,干别人之未干,在创新创造中开辟科学发展新天地。

——实事求是是解放思想的本质。毛泽东同志指出:"'实事'就是客观存在着的一切事物,'是'就是客观事物的内部联系,即规律性,'求'就是我们去研究。"②这一科学定义深刻揭示了实事求是与解放思想的内在统一性。一方面,我们要始终坚持一切从实际出发,遵循客观规律;另一方面,要充分发挥主观能动性,找出事物的规律性。所以,思想是否解放,不只是看你敢想、敢说、敢于标新立异,更不是看你主观夸张的程度,而是看你的言行符合实际的程度。解放思想,一定要把实事求是作为根本出发点和归宿,始终坚持从实际出发,把普遍真理、基本规律与改革开放、科学发展的具体实践结合起来,崇尚实干,在实践中具体化,重实际、说实话、办实事,在实事求是、求真务实中谋求发展实效。离开实事求是来谈解放思想,就会变成脱离实际的臆想,就会违背客观规律,使思想与实际、主观与客观相脱离。

——解决问题是解放思想的根本目的。解放思想不是抽象空

---

① 《邓小平文选》第 3 卷,人民出版社 1993 年版,第 372 页。
② 《毛泽东选集》第 3 卷,人民出版社 1991 年版,第 801 页。

洞的政治口号,不是单纯的学术理论研究,是要管用、要解决问题的。综观国内发达地区,解放思想无不体现在解决问题、加快发展的成就上。深圳跨越、鄂尔多斯巨变、江苏速度都是鲜活的佐证。衡量一个地方的思想是不是解放,解放得"够"还是"不够"、"对"还是"不对",不能凭感觉,不能靠自我表白,这个标准就是是否有利于贯彻落实科学发展观、构建社会主义和谐社会,是否有利于发展生产力、增强综合实力、提高人民生活水平,是否有利于真正解决人民群众生产生活中面临的实际问题。只有把握这个根本标准,才能不断推动思想的真正解放。因此,我们一定要始终坚持以实践为目的,以正在做的事情为中心,抓住制约科学发展的关键问题、涉及民计民生的热点问题、关系改革发展稳定的突出问题,努力寻找解决问题的新方法,探索突破体制机制约束的有效路径,把解放思想体现在推动经济社会又好又快发展的生动实践中。

"解放"相对"束缚"而言,是"破"与"立"的统一,先"破"而后"立"。破旧立新是一种方法,更是一种力量;是一种勇气,更是一种智慧。"破"什么?"立"什么?要有针对性。新形势下解放思想,就是要紧紧围绕推进科学发展主题,着力把思想观念从不适应、不符合科学发展的认识中解放出来,让认识得到飞跃,开辟思想解放的新境界。联系宜宾实际,重点要在五个方面下工夫。

一要破除"小富即安、小进则满"思想,追求卓越、勇攀新高。对成绩,我们需要肯定。只有在肯定成绩中才能增强信心、激发斗志。改革开放以来,宜宾市在很多方面都走在了全省的前列,经济总量自2000年以来一直稳居全省第四位,我们确实有理由感到高兴,也应当为付出的努力感到欣慰。但值得警惕的是,在取得的进步面前,在别人的赞誉面前,有的同志开始自我陶醉,认为宜宾的发展已经达到一定高度,可以等一等、歇一歇了,不知不觉中多了一份骄气,少了追求卓越的激情和斗志,甚至看不到存在的问题。跳出宜宾看宜宾,我们的发展还只是在过去低水平基础上的补课式增长,是对历史欠账的偿还。总量不大、人均更低,基础薄弱、后劲不足,结构单一、发展粗放等等问题告诉我们,宜宾还未根本摆脱经济欠发达地区的状况。差距和问题并不可怕,可怕的是思想的麻痹、观念的沉沦、感觉不到危机。在百舸争流、你追我赶的新形势下,我们必须坚决破除"小富即安、小进则满"思想,牢固树立永不自满、永不知足、昂扬向上的雄心壮志,增强忧患意识和危机意识,以解放思想为动力,以更好更快发展为取向,向好的学、与快的赛、同强的比、和高的争,超越自我,闯出一条科学发展的新路子。

二要破除"怕风险、求保险"思想,敢闯敢干、锐意创新。改革开放事业,不可能一蹴而就,也不可能一帆风顺。如果我们抱着不求有功、但求无过的思想,改革怕攻坚、创新怕失败、开放怕上当、发展怕偏航,谨小慎微、左顾右盼、畏首畏尾,缺乏敢闯敢试、敢谋敢为、敢作敢当的气魄和勇气,其结果必然是淹没于竞争的激流中。因循守旧只会走入死胡同,创新突破才能开辟新天地。对发展中的压力、矛盾和问题,我们要事不避难、勇于担当,强化"事在人为、路在脚下"的意识,牢固树立敢想敢干敢为人先的观念,只为"好"与"快"想办法,不为"差"和"慢"找理由,在驾驭复杂局面中,抓牢科学发展的主动权。只要是符合党的路线方针政策的,只要是对大多数老百姓有益的,只要是有利于科学发展的,认准了就大刀阔斧地干,不做小脚女人,勇往直前。特别是要把上级政策与本地实际结合起来,坚持原则性与灵活性相统一,抛弃形而上学和教条主义思想,大胆创新,最大限度地把政策效应转化为发展优势。

三要破除"等、靠、要"思想,主动进取、抢抓机遇。辩证唯物主义认为,内因是第一位的,是事物变化发展的根据;外因是第二位的,是事物变化发展的条件,外因只能通过内因起作用。发展需要良好的外部条件,但更重要的是自身的努力。天上不会掉馅饼,机遇只垂青于有准备的人。当前,宜宾正处在重要战略机遇期。能不能应对挑战、抢抓机遇、率先跨越,是摆在全市广大党员干部面前的重大现实课题。我们必须增强进取意识、主动意识,下决心坚决破除"等、靠、要"思想,充分发挥主观能动性,敢于把自己"逼上梁山",自力更生,艰苦奋斗,挖掘潜力,主动进取,力求先人一步、胜人一筹、快人一拍,努力在新一轮竞争中抢占先机。

四要破除"本位主义"思想,顾全大局、开放合作。这里所说的"本位主义"有两个方面的意思:一是大局意识不强,强调自身利益;二是开放意识不强,封闭保守。宜宾虽处西部内陆,但自古以来就是一个开放的城市,茶马古道、南丝绸之路,让宜宾与外界紧密相连;万里长江第一城的独特区位,造就了海纳百川、兼容并蓄的大江文化和博大胸怀。站在新的历史起点,要实现更好更快的发展,必须进一步扩大开放,通过引进外力来激活内力。为此,要牢固树立大开放促进大发展的理念,坚决克服万事不求人、样样自己干的封闭思想,坚决革除"肥水不流外人田"的吃亏思想,更加注重从国内外形势的相互联系中把握发展方向,从国内外条件的相互转化中用好发展机遇,从国内外资源的优势互补中创造发展条件,进一步扩大开放领域,优化开放环境,务求开放实效,借力发展,借梯登高,借船出海。

五要破除"见物不见人"思想,以人为本、构建和谐。在社会主义建设初期,我们发展经济首先是要解决人民群众的基本生存问题和温饱问题。因此,突出"物"、强调"物",是必要的,更是必需的。经过改革开放 30 年的发展,我们已经积累了一定的物质财富,群众的生存和温饱问题基本得到解决,对发展的要求自然越来越高。近年来,我们集中有限财力,解决了一批群众急、难、怨、盼的突出问题,民生事业取得长足发展。但是,由于基础差、底子薄,特别是进入构建社会主义和谐社会的新阶段,还有许多民生问题需要解决,需要我们付出长期艰苦的努力。顺应人民群众的新期待和新要求,我们要自觉地从"见物不见人"的传统思维方式和发展模式中超脱出来,牢固树立"以人为本"的发展宗旨,始终把改善民生作为一切工作的出发点和落脚点,以更加有效的举措、更加务实的作风,扎扎实实地做好改善民生的每一项工作,让人民群众安全健康地享受改革发展成果,增强人民群众的幸福感。

解放思想既是一个永恒的主题,也是一项紧迫的任务。我们必须坚持把解放思想作为推动宜宾又好又快发展的第一资源、第一抓手,贯穿于事业发展的全过程,体现到工作的方方面面,常抓不懈,不断推向深入,为经济社会又好又快发展注入强大的精神动力。

以什么样的理论为指导,是关乎思想解放正确方向的关键问题。马克思主义者坚信,理论只要彻底,就能说服人。在全面建设小康社会的新阶段,就是要用中国特色社会主义理论体系武装党员干部,自觉运用科学发展观指导主观世界和客观世界的改造,使科学发展观内化为世界观和方法论,转化为行为准则和自觉行动。对于解放思想,知识永远是巨大的推动力量。要牢固树立不断学习、终身学习的理念,在学好党的基本理论的同时,加强对市场经济、资本运作、外贸金融、科技、法律、管理、历史等知识的学习,不断完善知识结构,拓宽知识领域,提升知识层次,增强践行科学发展的能力和水平。

"政治路线确定之后，干部就是决定的因素。"①执行党的路线、方针、政策是这样，解放思想也是这样。领导干部是"标杆"，是党员、干部和广大群众学习的榜样，是解放思想的重点对象。解放思想，说起来容易，落实起来难，特别是落实到自己身上更难。为什么有的领导干部思想解放不了？根本原因是一个"私"字在作怪。"私"字使思想受限，手脚受限。怕什么？怕冒风险，怕得罪人，怕损了自己的"一亩三分地"。无私者无畏，心底无私天地宽。党员领导干部一定要以身作则、率先垂范，切实做到思想上重视、态度上坚决、行动上自觉，克服私心杂念，勇于自我革命，带头查摆问题、带头听取意见、带头改进作风，发挥好示范表率作用，既做解放思想的倡导者、组织者，更做解放思想的先行者、实践者，以实际行动引导和带动广大干部群众树立新观念、共谋新举措、推动新发展。

解放思想是思想的开放性、变革性、创新性活动，不可能一点失误都没有。如果出了一点问题就抓辫子、扣帽子、打棍子，岂不是因噎废食！因此，一定要有开明开通的思想，支持创造、鼓励探索、宽容失败，允许在改革创新的实践中出现反复，但绝不允许不谋事、不干事；允许在发展中出现偏差，但绝不允许不发展、慢发展，形成鼓励、支持、保护思想解放的价值导向、工作导向和社会导向。要紧紧依靠群众来推动思想解放，深度挖掘和报道解放思想的典型事迹、优秀人物，生动展现广大党员、干部、群众呈现出的饱满热情和崭新风貌，不断掀起解放思想的新高潮，形成思想大解放、推动大发展的浓厚氛围。

---

① 《毛泽东选集》第2卷，人民出版社1991年版，第526页。

坚持以科学发展观引领
美好新宜宾建设

按照中央的部署、省委的要求,遵循江泽民同志"走改革之路,建美好宜宾"和胡锦涛同志"衷心祝愿宜宾这座历史文化名城焕发出新的时代光辉"的重要指示精神,顺应全市人民的意愿,中国共产党宜宾市第三次代表大会确定了建设"经济兴盛、政治清明、文化繁荣、社会和谐、人民幸福"的美好新宜宾的战略目标。"美好",是我们对未来的追求和努力方向,是全市各族人民的殷切期望和共同心愿;"新",是在继承、巩固的基础上,不断培育和创造新优势,开创新局面,实现经济社会又好又快发展。

建设美好新宜宾,既是一个长期的历史过程,也是一项紧迫的现实任务;既是着眼长远、涵盖全局的总体目标,也是立足当前、明确具体的重要工作。

"经济兴盛",就是通过发展,不断壮大经济实力,逐步形成市场体系完备、经济结构优化、城市功能配套、市县协调发展,发展速度与质量效益相统一,具有较强综合经济实力的新格局。这是建设美好新宜宾的物质基础。要坚持清洁发展、节约发展、安全发展、健康发展,促进经济结构转型升级,逐步实现经济与人口、资源、环境相协调,提升宜宾经济的持久竞争力。按照"强工、重农、壮旅、活商、兴城、富县"的思路,逐步形成以工业为主体、现代农业为基础、现代服务业为支撑的产业协调发展新格局,增强县域经济发展活力,实现经济总量翻番。进一步深化改革,扩大开放,在更高的层次、更宽的领域融入成渝、联动滇黔周边地区,加快建设充满活力的开放型经济。加大基础设施建设力度,优化城乡布局,加快构建功能完善、协调配套、高效可靠、超前发展的基础设施体系,基本形成沿江大城市框架,增强城市综合承载能力,打造生产要素集聚的"洼地"。

"政治清明",就是全面推进社会主义民主政治建设,促进依法执政、依法行政更加制度化,形成政治开明、法制清明、党群干群关系融洽、社会安定有序、风清气正的良好社会、政治环境。这是建设美好新宜宾的重要保证。要发扬社会主义民主,建立健全民意表达机制,不断畅通人民群众参政渠道,保证人民当家做主。深入推进依法治市,促进公正司法、司法为民,依法保护公民的各项权利,使有法必依、遵纪守法成为全体市民的自觉行为,建设公平正义、安定有序的法治社会。坚持阳光作业,发展党内民主,积极推进党务、政务公开,促进决策科学化、民主化。树立良好的用人导向,切实加强领导班子和干部队伍建设,不断提高各级党员干部科学发展的组织领导能力、管理社会事务能力、依法办事能力。全面加强党风廉政建设,旗帜鲜明地反腐倡廉,大兴亲民爱民为民之风,深入开展机关效能革命,在干部队伍中大力倡导八个方面良好风气,进一步密切党群干群关系,建设一支为民、开拓、务实、清廉的执政骨干队伍,真正做到权为民所用、情为民所系、利为民所谋,以好的党风、政风凝心聚力,形成全市上下一门心思抓落实,全心全意谋发展的良好局面。

"文化繁荣",就是社会主义先进文化的主流地位更加巩固,科教文卫体等各项社会事业不断发展,市民综合素质明显提升,城市美誉度、知名度、文明程度不断提高。这是建设美好新宜宾的重要支撑。要切实加强社会主义思想道德建设,大力弘扬宜宾精神,唱响建设美好新宜宾主旋律,激发全市人民同心同德搞建设的昂扬斗志,在全社会形成共同的理想和精神支柱。广泛开展群众性精神文明创建活动,深入开展"八荣八耻"社会主义荣辱观教育,建立诚信互助、团结友爱的新型人际关系,形成知荣辱、讲正气、促和谐的社会风尚。大力实施科教兴市战略和人才立市战略,促进社会事业协调发展,不断提高全市人民的科学文化素质,努力建设学习型、创新型社会,增强城市的可持续发展能力。

"社会和谐",就是统筹各方关系,兼顾各方利益,凝聚各方力量,构建成果共享、保障健全、发展协调、安定有序的和谐宜宾。这是建设美好新宜宾的内在要求和综合体现。要坚持以民和增和谐,大力推进和谐文化建设,倡导和谐理念,培育和谐精神,促进人与人之间团结友爱、和睦共处、安居乐业。坚持以民有促和谐,加强利益协调,多出利民之举、多办惠民之事,以群众急需、群众受益为重点,着力解决好劳动就业、社会保障、就医就学、社会治安、环境保护等关系群众切身利益的问题,让更多的群众享受到改革发展的成果。坚持以民力建和谐,尊重群众的首创精神,营造集民智、聚民力的良好环境,团结一切可以团结的力量,调动一切可以调动的积极因素,形成构建和谐宜宾的强大合力。坚持以民安保和谐,切实加强社会治安综合治理,积极化解社会矛盾,为群众创造财富、享受成果创造安全、稳定的社会环境。

"人民幸福",就是坚持以人为本,在关注物质财富增长的同时,更加注重人的全面发展,更加注重增进人民福祉,更加注重人民群众幸福感和满意度的提高,让全市人民感到幸福、感到有希望、感到有信心。这是建设美好新宜宾的根本出发点和归宿。要坚持民生为本,在经济发展的基础上,创造更多的就业、创业、置业机会,使人们各展其长、各得其所、各尽所能,最大限度地实现自身价值。坚持民富为基,大力促进共同富裕,完善社会保障体系,缩小城乡居民收入差距,降低低收入群体比重,加快构建群众持续增收的长效机制,不断提高人民生活水平和生活质量。坚持民享为先,更加注重生态环境的改善提升,更加注重人居环境的不断优化,全力打造宜人宜居宜商的生态型山水园林城市。坚持民强为重,建设比较完善的医疗保障体系、国民教育体系和全民健身体系,为促进人的身心健康、全面发展提供更加完善的保障。

建设美好新宜宾、开创宜宾改革发展的新局面、谱写更加绚丽多彩的新篇章,要求我们必须牢固树立和全面落实科学发展观,力求做到"五个新"。

必须解放思想,更新观念,做到理念新。要更加自觉主动地坚持科学发展观,牢固树立清洁发展、节约发展、安全发展、健康发展的理念,牢固树立发展为了人民、发展依靠人民、发展成果由人民共享的理念,牢固树立市场化配置资源的理念,与时俱进地解放思想,以思想的大解放、观念的大更新,推动宜宾的大发展。要坚决破除小富即安、小进即满的保守思想,强化追求卓越、勇攀新高的赶超意识;破除畏首畏尾、无所作为的消极思想,强化敢闯敢干、敢为人先的创新意识;破除故步自封、盲目排外的封闭思想,强化诚信合作、互利共赢的开放意识;破除部门主义、地方保护主义的狭隘思想,强化胸怀全局、上下一致的大局意识。

必须善用机遇,加快发展,做到举措新。要始终坚持抢抓机遇、加快发展不动摇,把宜宾的发展置于国际国内大背景中去谋划,在自主发展的同时,主动而有选择地承接产业转移,积极推进经济结构战略性调整,努力构筑具有区域竞争力的现代产业体系。要狠抓基础设施、重大项目和支柱产业,不断夯实发展基础,增强发展后劲。要充分利用国际国内两种资源、两个市场,走出去、引进来,把自主发展与借势、借力、借智发展结合起来。要积极实施可持续发展战略,创新发展模式,坚持人才立市、科教兴市,实现经济发展与人口、资源、环境、生态相协调。要兼顾当前利益与长远利益,把发展的目标与过程、经济增长与社会发展有机统一起来,更加注重人的生活质量和发展潜能,促进人的全面发展,不断加快和谐社会建设。

必须尊重规律,改革创新,做到机制新。要用社会主义市场经济的理念、机制、方法来推进建设美好新宜宾的各项工作,通过体制机制创新,推动科学发展。要按照建设服务型、廉洁型政府的要求,切实转变政府职能,做到凡是市场能运作的,政府不包揽;凡是企业能自主经营的,政府不干预;凡是社会能办理的,政府不插手,进一步理顺政府与市场、企业、社会之间的关系。要进一步深化改革,积极探索资源、要素及公共产品市场化、社会化配置的路子。要坚持思想上放胆、政策上放活、准入上放宽,积极扶持和引导非公有制经济健康发展。

必须求真务实,狠抓落实,做到风气新。要坚决防止和克服形式主义、官僚主义,切实解决作风漂浮、纪律松弛、行为失范等问题,扑下身子抓落实。要从落实群众"最盼"的就业培训、子女教育、社会保障等工作抓起,从解决群众"最急"的看病困难、出行不便、环境污染等问题做起,从整治群众"最怨"的与民争利、吃拿卡要、推诿扯皮等痼疾改起,真正见到成效。要突出制度建设这个根本,进一步建立健全重大项目责任制、督察督办机制、沟通协调机制,着力形成重落实、抓落实的长效机制。要大兴调查研究之风,深入基层、深入实际、深入群众,促使问题在一线解决,矛盾在一线化解,工作在一线落实,作风在一线改进,以良好的党风促进政风和社会风气的好转,努力推动宜宾的风气之变。

必须振奋精神,自强争先,做到环境新。要把发展的氛围搞得浓浓的,坚持发展为先、发展为上、发展为重、发展为要,心往一处想,劲往一处使,形成一心一意谋发展、齐心协力抓发展、攻坚破难促发展、奋勇拼搏推发展的良好氛围,使科学发展成为全市的主旋律和最强音。要把亲民的氛围搞得浓浓的,坚持立党为公、执政为民,始终把实现好、维护好、发展好最广大人民群众的根本利益作为一切工作的出发点和落脚点,把人民的呼声作为想问题的第一信号、作决策的第一依据、干事业的第一标准,切实做到心里装着群众,工作依靠群众,尽心竭力为群众解难事、办实事、做好事,努力形成和谐的党群、干群关系。要把干事的氛围搞得浓浓的,大力营造拴心留人的环境、潜心干事的环境、创新创业的环境,让脚踏实地、埋头苦干、勇于创新、事业有成的人政治上得荣誉、经济上得实惠、社会上有地位,合法利益得到切实保护。各级党员干部要坚持思想上求实、作风上务实、工作上落实、生活上充实,确保党的各项方针政策在宜宾得到不折不扣的贯彻,确保市委的各项决策部署迅速落实到位,确保每项工作都干出成效。

宜宾:历史文化名城焕发出
新的时代光辉*

宜宾市位于四川省南部,以"万里长江第一城"和"中国酒都"闻名于世。近年来,宜宾市深入贯彻落实科学发展观,以富民强市全面小康为目标,努力建设"经济兴盛、政治清明、文化繁荣、社会和谐、人民幸福"的美好新宜宾,使长江上游的这颗明珠更加光彩照人。

跨越发展,建设经济兴盛的美好新宜宾。经济兴盛是建设美好新宜宾的根本基础,也是宜宾人民的共同心愿,只有经济兴盛了,才能为建设美好新宜宾提供坚实的物质基础。一是做强产业。通过实施"百亿企业"、"百亿产业集中区"和"百亿投资"工程,形成了酒类食品、综合能源、化工轻纺、机械制造等优势产业,五粮液、天原集团、丝丽雅等一批重点骨干企业不断做大做强。坚持基础设施促农、产业发展强农、公共服务兴农、制度建设活农"四轮驱动",大力发展特色效益农业,全市销售收入上亿元的农业产业化龙头企业达16家,农民收入稳步提高。依托丰富独特的旅游资

---

* 本文发表于《求是》2008 年第 23 期。

源做大做强旅游产业,蜀南竹海石海生态文化度假旅游区已被列为四川省新的五大精品旅游区之一。二是统筹城乡。把发展县域经济作为关键,通过分类指导、简政放权,在产业布局、项目安排、基础设施、财政转移支付、税收分成等方面向区县倾斜,鼓励市属骨干企业向区县延伸,增强了区县的自我发展能力。三是强内活外。实施全方位开放合作,积极融入长江经济带、成渝经济圈,联动滇黔地区,搭建区域合作平台,有选择地承接产业转移,沃尔玛、三峡总公司等国内外知名企业相继落户,对外开放领域不断扩大。四是夯实基础。市县、县县、乡镇之间实现了水泥(柏油)路全覆盖,四级以上公路总里程达5052公里,水运通航总里程963公里。宜宾至昆明的铁路、高速公路相继建成,3000吨级船舶可全天候直达上海,宜宾至北京、上海、广州等大城市直通航线全面开通,宜宾正成为出川的"南大门"和通江达海的"桥头堡"。

发展民主政治,建设政治清明的美好新宜宾。政治清明不仅有利于增强人民群众对我们工作的认同感,也有利于扩大党的执政基础和执政的权威性,是建设美好新宜宾的重要保障。一是坚持阳光行政。不断完善领导干部调查研究、重大事项社会公示和听证等制度,使决策更加符合市情民意;制定《关于推行党务公开试点工作的意见》《关于进一步推行政务公开的意见》,探索建立政策信息备查、与群众面对面交流等制度,使政策执行的全过程公开透明;建立完善申诉、检举、控告制度及群众监督员、群众评议等制度,推行"下评上、民评官、企业评机关"的干部评议制度,把群众和社会监督落到实处。二是坚持正确用人导向。坚持在实践中考察培养干部,在发展中识别任用干部,形成重品德、重实绩、重群众公认的鲜明用人导向;不断推进干部人事工作的制度化和规范化,完善干部选任办法,制定了《落实群众公认原则八条具体办法》。三是坚持典型推动。深入开展党风廉政建设和机关作风建设,既大力宣传各条战线涌现出来的先进人物和事迹,又扎实开展反腐败斗争,用反面典型来教育警示干部;广泛开展"万人下访"、"万人评议"、"群众想什么、盼什么,我们做什么"等活动,有力促进了干部作风的转变。

提升软实力,建设文化繁荣的美好新宜宾。城市文化的繁荣能够全面展示城市的鲜明个性和魅力,是增强城市竞争力、凝聚人心、鼓舞士气的旗帜,也是建设美好新宜宾的重要支撑。一是大力推进先进文化建设。坚持用马克思主义中国化最新成果教育干部和群众,进一步夯实全社会团结奋斗的思想基础;突出主旋律,不断赋予宜宾精神新的时代内涵,使之成为建设美好新宜宾的强大精神动力;深入开展社会主义荣辱观教育和"坚持十要十不要,争做文明宜宾人"主题活动,深化基层群众性精神文明创建活动。二是大力发展文化事业和文化产业。坚持文化惠民,市文化科技中心、体育运动中心等公益性设施相继建成,广播、电视、通信、网络等传播载体覆盖面进一步扩大;积极稳妥推进文化体制改革,培育和规范文化市场,鼓励、引导社会资本进入,初步形成了以印刷出版、演艺娱乐、现代传媒等为主要构成要素的文化产业框架,催生了以现代舞剧《赵一曼》、歌舞《金沙水拍》和电视文献纪录片《中国李庄》等为代表的一批文艺精品,形成了文化事业与文化产业相互促进、相得益彰的双赢局面。三是大力实施科教和人才强市战略。突出自主创新能力建设,完善政策和市场服务体系,市财政每年安排专项资金,用于支持企业加强研发和品牌建设,对国家级、省级技术中心给予重点扶持;实施人才强市战略,近年来,全市共引进硕士以上高层次人才326人,拥有省以上在职优秀专家26人、市管拔尖人才和市级学术和技术带头人259人。

以人为本,建设社会和谐的美好新宜宾。统筹各方关系,兼顾各方利益,凝聚各方力量,构建成果共享、保障健全、发展协调、安定有序的和谐宜宾,是建设美好新宜宾的内在要求和综合体现。一是公平正义创和谐。坚持统筹兼顾,使不同利益群体公正合理地分享改革发展成果。在推进城乡发展中,妥善处理土地征用、拆迁安置、失地农民培训、社会保障等工作,把推进工程建设、城市改造和维护群众利益统一起来;创新移民工作理念、思路和机制,强化产业移民和对移民的就业技能培训,综合配套建设移民新居等公共设施,开发就业岗位,有力地推动了向家坝水电站等一批重点产业项目的顺利推进。二是健全保障促和谐。千方百计加大投入,扩大保障范围,不断完善"两个确保"和"三条保障线",覆盖城乡的社会保障体系进一步健全。三是维护稳定保和谐。完善信访联席会、领导联系重大信访、包案和挂牌督办等制度,构建"大信访"工作格局;深入开展"平安宜宾、法治宜宾"建设,维稳工作、社会治安综合治理工作连续多年保持全省先进;发挥基层党组织、群团组织等社会组织的作用,构建群众自我组织、自我管理的长效机制,确保了社会安定有序。

成果共享,建设人民幸福的美好新宜宾。让人民群众在共享经济和社会发展的成果中实现最大幸福,是建设美好新宜宾的出发点和落脚点。一是全面提高生活质量。通过大力发展服务业、劳动密集型产业、中小企业和公益事业等,实现了发展经济与扩大就业的良性互动;优先发展教育,全市"普九"人口覆盖率达100%,落实"两免一补"政策,受惠农村学生达到 70 万人,高中和中等职业教育走在全省前列;深化医疗卫生体制改革,加强乡镇卫生院、社区卫生服务中心、疾病预防控制体系建设,新型农村合作医疗制已覆盖全市。二是建设良好生态环境。重拳出击治理污染,仅2007年就依法关闭和淘汰了28家高耗能污染企业,一批污水和生活垃圾综合处理工程建成并投入使用,城乡环境质量明显改善;着力建设生态型山水园林城市,完成了对中心城区41条背街小巷的改造,极大改善了群众生活环境。

宜宾在四川建设西部经济
发展高地中大有作为[*]

建设西部经济发展高地,四川站在了跨越发展的新起点。按照省委、省政府的部署,宜宾市确立了打造"一枢纽"(综合交通枢纽)、构筑"一城两中心"(百万人口大城市,商贸和物流中心)、建设"四基地"(酒类食品、综合能源、化工轻纺、机械制造基地),把宜宾建设成为长江上游川、滇、黔三省结合部经济强市的发展新定位。

一、提升区位优势,把宜宾建设成为四川的
"南大门"和通江达海的"桥头堡"

宜宾地处川滇黔三省结合部,金沙江、岷江、长江交汇处,是长江黄金水道的起点,处于国家"五纵七横"交通规划南北干线与长江东西轴线的交汇点,是国家规划的长江六大枢纽港之一,也是成渝经济区连接南贵昆经济区、走向东南亚的重要门户。宜宾正按照

---

* 本文载于新华社《高管信息》2008 年第 29 期。

"一道、二港、三铁、四路、五码头、六高速"的发展规划,加快构建水路、公路、铁路、航空、港口相配套、四通八达、覆盖全市的立体交通网络,着力把宜宾建设成为四川的"南大门"和通江达海的"桥头堡"。

为实现上述目标,首先,我们应把宜宾港建设放在重中之重的位置,抓住国家实施长江黄金水道建设、省上重点推进宜宾港大吨位、集装箱码头建设的重大机遇,进一步加快长江航道整治,加快启动投资 40 亿元、规划能力 400 万标箱的宜宾港建设,力争建成四川最大的航运中心组合港。

其次,加快高速公路和市内快速通道建设。向东,加快建设宜泸高速公路,打通连接北部湾经济区通道;向南,随着宜水高速、水麻高速的建成,四川由成都经宜宾至云南的第二条快速出海通道正式形成,以宜宾为纽带,成都、重庆、昆明三大城市之间实现了公路全程高等级化,进而联结珠三角,走向南亚、东南亚;向西,积极争取建设金沙江沿江高速公路,加快建设乐宜高速公路,建设宜宾经济快速通道。同时,进一步畅通市域内快速通道,构筑"半小时核心圈"和"1 小时经济圈"。

再次,积极推进铁路、航空建设。紧紧抓住四川灾后铁路重建的机遇,在加快推进峨宜铁路前期工作的同时,利用成绵乐城际铁路向南延伸,主动协调配合成都—宜宾—贵阳铁路建设,协力打造四川向南通达珠三角的西南出海大通道。加快宜宾机场迁建步伐,建设 4D 级机场,开辟更多航线航班,提升宜宾区位优势。

二、强化综合承载能力,建设百万人口
大城市和商贸、物流中心

省委、省政府提出要加快川南城市群发展、重点建设一至两个

百万人口大城市,这是把宜宾建设成为区域性中心城市、加快推进新型城市化的重大机遇。宜宾在产业基础、人口规模、交通条件、地理区位等方面具有显著优势,特别是有城镇化率已经跨过30%临界点的独有优势。我们正着力修订完善城市发展规划,把城市发展与优化人口、生产力布局结合起来,加速完善城市交通、能源、信息、给排水、防灾等城市公共服务网络,尤其注重把工业化与城镇化统筹起来,强化产业支撑,实现产业互动,提高城市综合承载能力。力争到2011年,全市城镇化水平达到40%,中心城市建成区面积达到70平方公里。

宜宾自古就是商贸重地和重要物资集散地,享有"填不满的叙府"之赞誉。随着宜宾经济规模和市民消费需求的日益扩大,特别是随着华电珙县电厂、筠连煤田综合开发等一批重大项目的开工建设和水、陆、空、铁立体交通网络的建成,宜宾已具备建设商贸和物流中心的坚实条件。当前,宜宾要着重在三个方面下工夫:一是要在打造多业态、多功能、高品位的特色商业圈,发展电子商务、会展、连锁经营等现代商贸业态,加紧与周边地区市场的连接和拓展,扩大开放与合作,提升市场辐射力和影响力上下工夫;二是要在做大做强安吉物流、天畅物流等本土企业的同时,引进国内外知名物流企业,在大力发展规模化、集约化物流业上下工夫;三是要在口岸基础设施和物流园区,物流公共信息平台建设,构建高效衔接的综合物流运输体系上下工夫。

三、突出工业主导,建设特色优势产业基地

从区位条件看,宜宾居于国家确立的建设重要能源、原材料生产基地的攀西—六盘水地区与长江联结的主要交汇点,是金沙江

滚动开发的依托城市和西电东送的重要基地。从资源禀赋看,宜宾水、火、核能源资源富集配套,具有开采价值的煤炭储量53亿吨,占全省的52%,是四川最大的煤炭生产基地;境内有三江九河,可供开发的水能资源716万千瓦;硫铁矿储量15亿吨,天然气储量400亿立方米,岩盐矿、石灰石储量分别达100亿吨以上,位居全省前列;立体气候明显,生物资源多样,农产品丰富,特别是拥有五粮液这个不可复制的品牌资源,具有建设和发展酒类食品、能源、化工轻纺、机械制造等产业的显著优势。

依托上述资源优势和产业优势,宜宾将突出工业主导,加速推进四大特色产业基地建设。一是依托五粮液国际知名品牌和以叙府、高洲为代表的一批部省名优酒品牌,建设区域性酒类食品基地;二是加快推进向家坝水电站、华电珙县火电、福溪电厂等重点能源建设工程,加快开发核电资源,建设综合能源基地;三是依托全国成本最低效益最好的氯碱生产企业天原股份有限公司和全球规模最大的维卡纤维生产企业丝丽雅集团有限公司等重点企业,发展壮大化工轻纺产业,建设化工轻纺基地;四是做大做强普什集团、三江机械、惊雷科技、天工机械、岷江机械等为代表的一大批技术含量高、扩张能力强的机械制造企业,建设机械制造基地。

建设沿江经济带
推动宜宾发展新跨越[*]

　　沿江地区是四川省经济社会发展的重要区域,具有举足轻重的战略地位。四川省第九次党代会作出了依托长江水道、大力建设沿江产业带的重大决策。这一决策体现了新世纪改革开放的时代特征,事关四川省长远发展的大局。宜宾市处于四川五大经济区和沿江"Y"形生产力布局轴线的结合部,地区生产总值居全省第四位,具有较好的经济基础和区位、资源条件,经过长期的发展和积累,沿江地区产业集聚初步成形,基础设施日趋完善,在沿江经济带建设中率先突破的条件已经成熟。

一、发挥优势,在建设沿江经济带中率先突破

　　(一)独特优越的区位,构成了宜宾在沿江开发中率先突破的比较优势。宜宾地处川、滇、黔三省结合部,成渝贵昆几何辐射中心,金沙江、岷江、长江三江交汇处,是长江黄金水道的起点,处于

---

　　[*] 本文发表于《宏观经济管理》2008 年第 1 期。

国家"五纵七横"交通规划中南北干线与长江东西轴线的交汇点，是国家规划的长江六大重要枢纽港之一，是四川沿江开放和成渝经济区连接南贵昆经济区走向东南亚的重要门户，具备建设成为川滇黔结合部区域综合交通枢纽和物流中心的基础和条件。同时，宜宾也是长江经济带的组成部分、长江经济带西延理想的生长点。特别是宜宾拥有宝贵的沿长江、岷江、金沙江长达295公里的岸线资源和开阔的纵深腹地，具备承载产业转移和产业集聚的能力与潜力。

（二）富集配套的资源和产业，奠定了宜宾在沿江开发中率先突破的坚实基础。宜宾能源、矿产资源富集配套，具有大型开采价值的煤炭储量53亿吨，硫铁矿15亿吨，石灰石5亿吨，岩盐矿、石英砂等上百亿吨，天然气400亿立方米，可开发水能资源716万千瓦，具有建设和发展能源、现代制造、食品饮料、化工化纤、建材、造纸等产业的显著优势。经过多年的发展和积累，已形成以五粮液、天原、丝丽雅、建中等优势骨干企业为龙头的能源、食品饮料、现代机械制造、化工、纺织和林竹六大优势产业链，构筑起了协作配套、优势集聚的沿江产业体系。近年来，宜宾市积极实施工业强市战略，不断优化产业、企业布局，在沿江地区已建成和正在形成五粮液、阳春坝、白沙—盐坪坝、向家坝等百亿工业集中区，正加快建设罗龙、福溪等工业集中区，新一轮沿江经济发展总体框架已具雏形。同时，随着向家坝水电站、筠连煤田煤电路化综合开发的加快推进，以及福溪电厂、天堂坝电厂、川南灌区等重大项目的即将启动，矿产、水能等优势资源正进入大规模开发期。目前，宜宾已被列为全省重点规划建设的沿江经济带、三江流域水电能源基地和全省装备制造集中地。

（三）完善配套的基础设施，形成了宜宾在沿江开发中率先突破的有力支撑。近年来,宜宾市以交通为重点,加大基础设施建设力度,纵横交错、四通八达的现代综合立体交通网络基本形成,2006年全市公路总里程已达9688公里。在市域内,市与县、县与县、乡镇之间实现了水泥(柏油)路全覆盖,沿长江、岷江的快速通道正加紧建设,境内过江公路、铁路桥梁已建成11座,具有较强的沿江交通通达能力。对外,以通江达海为目标,内昆铁路与即将建设的内遂铁路将联结川东北与川南,并形成四川至广西防城港的陆上最短出海通道;金沙江滚动开发以及溯江而上的沿江公路也将联结攀西地区与川南,宜泸渝沿江高速公路、宜宾至泸州段长江航道疏浚,将推动长江流域联动发展;内水高速公路、已开工的乐宜高速公路沟通南北,构成了四川由成都经宜宾至云南出海的第二条快速通道。同时,以宜宾港为代表的物流基础设施逐步健全,能源供应充足,水利设施先进,加上人流、物流、信息流的交相汇合,为宜宾乃至四川推动沿江经济带建设、融入更大区域,实现要素交换和产业互动创造了必要的支撑条件。

(四)充满活力的沿江城镇带,搭建了宜宾在沿江开发中率先突破的良好平台。沿江经济带建设的重要依托是沿江地区城镇。宜宾沿江地区开发历史悠远,发展基础较好,已初步形成了由1个中心城市、4个县城和30余个小城镇组成的沿江城镇密集带,沿江城镇人口近70万人,城镇化率高于全市、川南平均水平。该区域不仅产业发达、功能齐全、环境优美、利于创业,经济辐射力和集聚力强,而且劳动力密集且素质较高,科技、教育、文化相对发达。同时,30余个综合商贸型、工矿型、旅游型、农业产业化特色小城镇,也是壮大县域经济、实现城乡一体化发展的重要支撑点。以沿江城镇为依托,为宜宾推进沿江开发提供了坚实的平台和载体。

二、抓住关键环节,全力打造沿江经济带

开发沿江经济带,对四川特别是沿江地区未来相当长一段时期的经济社会发展具有重要的作用。宜宾市"十一五"规划明确提出要重点打造沿江综合经济区,在市第三次党代会上又确立了建设滨江新区的发展目标。目前,宜宾的产业布局、基础设施建设、城镇发展等都已围绕建设沿江经济带积极开展,并初见成效。

(一)高起点规划,指导科学发展。规划是引领发展的龙头,只有高起点规划才能实现高水平开发。宜宾市将按照省委、省政府关于建设沿江经济带的总体部署,高起点、高品位、高标准搞好沿江开发规划,真正把沿江地区打造成为具有强大竞争力的产业聚集带、富有活力的滨江城市带、风景秀丽的大江风光带。一是要坚持整体开发原则。把沿江地区作为一个整体,突出沿江地区区域联动,统筹考虑自然、经济、技术、社会等因素,按照综合开发的要求统筹规划,努力实现经济效益、社会效益和环境效益的统一。二是要坚持突出重点、有序开发原则。对整个沿江地区的岸线资源利用、产业发展、基础设施建设、城镇发展、人口分布、环境保护、土地利用等方面通盘考虑、合理布局,选择区位条件优、产业配套度高、发展基础好的相对成熟地区,率先启动,集中开发,形成集聚效应,使之成为全省跨越发展的又一个战略高地和经济结构调整的转换要地。三是要坚持精品开发原则。瞄准国际国内先进水平,合理选择产业发展方向,坚持集约开发、高效利用,最大限度地利用好宝贵的岸线稀缺资源。四是要坚持保护式开发原则。树立可持续发展观念,坚持开发与保护并举、利用与治理结合、经济发展与生态建设互动,走生产发展、生活富裕、生态良好的文明发展

之路,为未来留下发展空间。五是要坚持联动开发原则。加强沿江地区各城市间协作互动,最大限度地整合各种资源要素,加强基础设施、产业空间的协作共享,防止重复建设、产业雷同和无序竞争,实现岸线资源开发效益的最大化,促进沿江地区协同发展。

(二)加快基础设施建设,打造发展硬环境。在科学规划的前提下搞好基础设施建设,营造一个良好的硬环境,是促进和加快沿江经济带建设的关键。宜宾市将按照适度超前、优化结构、突出重点、配套完善的原则,加大投入力度,尽快建成与沿江经济带开发相适应的区域一体化基础设施体系。交通是沿江经济带建设的命脉,而港口又是关键,宜宾市将尽快推进宜宾港—志城综合作业区百万标准箱航运中心组合港建设。沿江城际通道是区域联动的纽带。对内,宜宾市将加快推进乐宜高速、宜泸渝沿江高速等重大项目,积极做好峨宜铁路前期工作;对外,完善与成渝地区、南贵昆地区的交通网络,力争宜遵铁路早日开工,构筑跨江成环、沿江成束、呼应成渝、辐射周边的沿江综合交通体系。与此同时,还应对现有沿江城市的机场进行布局优化和等级提升,高标准建设区域性中心机场,增加至国内发达地区和国外的客运航班,提升服务能力,拓展对外交往的空中通道。

(三)培育优势产业,壮大经济实力。产业培育是沿江经济带建设的核心。宜宾市将顺应区域经济一体化趋势,遵循以特色求生存、以差别促发展的方针,立足沿江地区交通条件好、承载能力强、水运成本低等优势,着力布局发展大投资量、大运输量、大进大出产业,并制定相关激励政策,鼓励省内重大装备制造、高载能、劳动密集型等产业向沿江地区转移,重点发展机械加工、化工、食品饮料、能源、核燃料元件等产业。宜宾市将坚持把开发沿江经济带作为产业升级的重大机遇和依托,大力发展高新技术产业和资源深度加工工业,延伸产业链条,提升产业层次,使之成为优势产业扩张和优势资源开发的先行区,特别是要把工业集中区作为沿江地区产业发展的重要载体,尽快完成沿江工业集中区总体规划和控制性详细规划,重点支持培育一批规模化、专业化的省级工业集中区,提高开发集中度,把沿江地区建成现代工业的集聚区。

(四)建设现代物流基地,提升综合服务水平。沿江地区拥有丰富的岸线资源和较为完备的基础设施条件,具有发展物流业的独特优势。宜宾市将充分发挥沿江港口、机场、交通枢纽等基础设施的作用,重点发展以码头仓储、配送联营、包装分拆、商务贸易、出口加工等为主的港口物流业,培育与港口产业关联度大的金融保险、信息服务、中介服务等现代服务业。当前,将重点加快物流载体平台、公共信息平台和企业平台建设,培育发展具有国际竞争力的链核企业和具有综合服务功能的第三方物流企业,构建由物流枢纽城市、综合物流园区、专业物流中心和现代物流企业组成的综合物流体系,培育与沿江产业相配套的现代物流基地,增强流通业对沿江产业发展的服务功能。有效整合城市服务业资源,大力发展科教文卫体、房地产、特色旅游等新兴服务业,完善消费结构,加速打造综合服务业体系。

(五)发展特色农业,促进产业互动。沿江经济带建设必须综合考虑,不能只有工业,没有农业;不能只有生产,没有生态。宜宾市将充分发挥沿江地区土地肥沃、地势平坦、气候宜人、雨量充沛的先天优势,有效整合沿江农业资源,集中力量发展高效农业、旅游农业、设施农业、安全农业和品牌农业,加快推进农业产业化经营,把沿江地区建设成为现代农业示范区,为沿江工业化、城镇化提供强有力支撑。要依托并服务于工业和第三产业,按照专业化、标准化、基地化、规模化生产的要求,梯次布局,加快农产品向优势产区集中,滨江地区着重建设科技含量高、具有示范引导作用的现代农业科技示范园区和农产品加工区,远岸浅丘地区重点建设优质高效的农副产品基地和休闲农业观光区,努力打造沿江绿色走廊和现代农业带。

(六)创新体制机制,增强发展活力。开发沿江经济带,必须走改革创新之路。目前,宜宾市正在探索建立政府主导、政策推动、市场运作、多元投入的开发机制。一是要坚持联动促开发。强化区域一体、资源共享意识,打破行政区划限制,在基础设施对接、产业合作、双向投资、市场一体化、区域生态建设和环境保护等方面,加强沿江各城市的合作与交流,形成叠加效应和整体优势。二是要坚持市场促开发。充分发挥市场配置资源的基础性作用,创新运作机制,深化投融资体制改革,大力推行政府主导下的市场化模式和股份多元化,广泛吸收各种资本、各类力量参与开发建设。三是要坚持开放促开发。按照开放型经济的要求,以江为媒、以江兴业,以优势产业、特色园区和重点区域为载体,以长江经济带、泛珠三角合作区为主攻方向,瞄准跨国公司和国际国内大集团,创新招商引资的方式方法,主动而有选择地承接产业转移,大力引进高新技术产业和产业链高端项目,使沿江地区成为招商引资的新亮点,在吸纳外来生产要素中实现跨越发展。

抓住机遇　努力走在建设
川南经济区前列[*]

在国际金融危机的影响下,如何审时度势,以科学发展观为统领,抓住机遇、科学谋划,主动有为、加压奋进,用更广阔的视野、更开放的思维、更有力的举措,加快推进长江上游川、滇、黔三省结合部包括宜宾在内的川南经济区的发展,是事关顺利实施国家区域发展战略特别是西部开发战略的大事。

一、发挥优势,找准定位,抓住发展新机遇

川南地区北连成都、东接重庆、南面滇黔、西临攀西,区位独特,工业基础好,兼具沿江便利、资源富集的优势,发展潜力巨大,被视为成渝经济区的"一极",与成都经济圈互相呼应。加快推进川南经济区建设,再造一个经济发展高地,首要的是尽快改善发展条件,推进实施一批以交通、能源、水利等为重点的区域性重大基础设施项目,从而为本地区的快速发展奠定坚实基础。

---

　*　本文发表于 2009 年 10 月 7 日《光明日报》。

　　川南地区是成渝经济区的一部分,是四川联结长江经济带、长三角、珠三角经济区的门户和走廊,是产业承接的战略转换要地。加快川南经济区发展,可以极大地提升川南地区的综合经济实力,增强区域集聚和辐射能力,在更大区域的经济竞争与协作中发挥整体优势。

　　宜宾市作为长江上游川滇黔结合部经济总量最大、经济最为活跃的城市,随着川南经济区战略地位的全面提升,为其进一步整合发挥区域产业、资源、交通、能源等综合优势,在区域协作中争取更好更快发展,培育形成新的发展优势提供了重大契机。

　　近年来,宜宾市着眼川南、联动滇黔、融入成渝,以建设沿江经济带为战略平台,以打造"一枢纽、一城两中心、四基地"为战略支撑,加快建设长江上游川滇黔结合部经济强市,在成渝经济区规划中也被列为重点支持发展区域,有条件在建设川南经济区中走前列、挑大梁。

　　宜宾市矿产资源富集配套,可开发水能资源居川南首位,而且产业与资源关联度高,具有建设和发展酒类食品、综合能源、化工轻纺、机械制造等产业的显著优势。这就奠定了宜宾在川南经济区、成渝经济区中率先突破的坚实基础。

　　宜宾市是四川省唯一可利用长江、岷江、金沙江沿江岸线资源和水运优势的城市,具有发展百万标箱以上吞吐能力的岸线五段。沿江地区环境容量大、供水能力强、城镇体系配套、腹地开阔、用地条件好,是四川及川滇黔区域发展超大型项目的最佳承接地,同时也是西部重要的能源基地。独特的沿江优势和综合配套的水、火、核能源资源,为宜宾经济发展提供了坚强支撑,在发展重化工、重型机械等产业集群上优势明显。

二、多项措施并举,率先突破建高地

加快区域性次级交通枢纽建设,提升宜宾在大区域的战略地位。这就需要优先打通对外大通道,重点建设连通川滇、川黔、攀西的成贵、乐宜、宜泸、宜攀等铁路和高速公路,加快长江航道整治和四川宜宾港建设,尽快形成宜宾至成都、重庆、贵阳的1小时交通圈,至西安、兰州的5小时交通圈,至长三角、珠三角、北部湾的7小时交通圈,把宜宾打造为接受发达经济区辐射的城市。同时要强化市内路网建设,构筑市内交通大循环网络,打造"半小时经济圈"和"1小时经济圈",引导生产力布局调整优化,变"交通走廊"为"经济走廊"。注重发挥各类交通方式的组合优势,进一步加快铁路、公路、航空、水运、港口以及管道运输之间的连接通道和节点建设,构建现代物流平台,提高各种运输方式的转换和利用效率,努力实现客运"零换乘"、货运"无缝衔接",促进生产要素跨区域流动,增强交通服务经济发展的能力。

坚定不移地推进"工业强市"战略,大力发展酒类及农产品加工、能源、重化工、重型机械、建材等特色优势产业,把宜宾建设成为四川重要的工业城市。首先要深入挖掘现有工业基础的增长优势,依托五粮液等企业集团,实施一批技术、产品创新项目,进一步做强主业,扩大行业影响力和市场份额,巩固宜宾工业的传统优势。其次要按照"整合控制资源,发展精深加工,实现集约发展"的思路,把利用本地资源与引进外部资源结合起来,进一步健全资源优化配置、就地转化、利益共享等机制,促进资源优势转化为地方经济实力。同时,不断完善与工业发展相适应的现代服务体系,依托城镇,以新型城镇化、服务业现代化促进新型工业化。

突出产业配套,打造城市个性,着力提升城市品位。立足三江环绕、三山环抱、三江六岸的独特城市资源和山水园林特色,充分挖掘国家历史文化名城丰富的文化内涵,把追求现代化与保持传统风格结合起来,把城市开发建设与生态文明建设结合起来,彰显"万里长江第一城"的独特个性品位。

经济重心向沿江转移。有序推动要素向沿江集聚、产业向沿江集中、城镇向沿江布局、基础设施向沿江配套、通道向沿江延伸,使沿江经济带成为宜宾参与区域经济竞争与协作的重要平台和开放前沿。打造好三江"港口群",发挥与泸州港、乐山港的组合优势,推动临港经济发展。着力打造沿江"城镇群",构建以中心城区为核心,沿江县城、重点城镇为主体的城镇体系,形成用地集约、人口分布合理、综合承载能力强的沿江城镇群,支撑沿江产业发展。依托"港口群"打造临港"产业群",加强以港铁、港陆联运为重点的物流体系建设,将港口枢纽优势转化为物流产业优势。充分利用沿江后方陆域开阔、集疏运便利的优势,重点布局以重化工、重型机械为主的大进大出产业。

三、开拓创新,真抓实干走前列

融入川南联动发展,首先必须破除思想壁垒,打破行政区划限制,树立新型的竞合理念。既要把川南作为一个整体,融入川南看川南,把川南地区放到大区域格局中去审视和谋划,促进川南整体水平的提高,又要立足宜宾,联动川南,找准发展定位,明确发展方向,实现自我发展。既要看到自身优势,当好主角,又要善当配角,强化宜宾在区域内与各城市之间的联系,在有序竞争、充分合作中实现"双赢"、"多赢"。既要加强政府的指导和调控,又要运用市场机制,充分发挥市场配置资源的基础性作用,把政府"有形的手"与市场"无形的手"有机结合起来,推动行政区经济向经济区经济转化。

按照互惠共荣、共同发展的原则,建立健全跨区域合作的工作协调机制,为区域内各城市之间的良性竞争与合作搭建平台、提供保障。对外,加强与四川、成渝、滇黔等规划的衔接,融入成渝、联动滇黔;对内,要在川南经济区统一规划下,抓好区域内城市、土地和经济社会等各类规划的衔接,加大区内重大发展规划的统筹协调力度。

抓住机遇,走在川南经济区前列,我们必须在真抓实干中推动工作、加快发展。关键是扎实创新抓落实,要突破思维定式和固有模式,勇于、敢于、善于结合实际,在落实中体现能力和水平。

关于宜宾科学发展的调查报告

党的十六届三中全会提出科学发展观以来,特别是近两年来,宜宾市积极探索既体现时代特征,又彰显宜宾特色的科学发展之路,开创了加快发展、科学发展、又好又快发展的新局面。与2006年相比,到2008年,全市地区生产总值增加217亿元,达到645.86亿元,年均增幅14.7%,是改革开放以来增长最快的两年;经济总量居四川省第四位,占全省的比重由4.96%提高到5.16%,人均国内生产总值由全省第九位上升至第七位;财政总收入突破100亿元大关,地方财政一般预算收入由全省第六位上升到第三位;人均地区生产总值、地方财政一般预算收入、城镇居民人均可支配收入、农民人均纯收入等提前两年完成"十一五"规划目标。

(一)坚持科学谋划,发展方向更加明确。科学发展观是指引一个地方应对挑战、实现全面协调可持续发展的强大思想武器。中共宜宾市委、市政府自觉以科学发展观武装头脑,坚持用发展的眼光、辩证的思维认识市情、把握形势、谋划未来,既认真总结借鉴过去经验,又坚持在继承中创新;既立足当前发展条件和阶段性特征,又着眼超越自我实现新的发展,在市第三次党代会上,确定了建设"经济兴盛、政治清明、文化繁荣、社会和谐、人民幸福"美好新宜宾的战略目标。在这一战略目标指引下,进一步结合实际,把科学发展观的要求具体化为推进宜宾科学发展的举措:在发展思路上,围绕转变发展方式、提升发展质量、做大经济总量,提出了"强工、重农、壮旅、活商、兴城、富县"的经济工作思路;在发展定位上,提出了打造"一枢纽"(综合交通枢纽)、构筑"一城两中心"(百万人口大城市,商贸和物流中心)、建设"四基地"(酒类食品基地、综合能源基地、化工轻纺基地、机械制造基地),建设长江上游川、滇、黔三省结合部经济强市的定位;在发展布局上,大力实施沿江发展战略,打造沿江经济带,拓展建设美好新宜宾的战略空间;在具体目标上,根据四川省建设西部经济发展高地的部署,将美好新宜宾的战略目标细化为"一个提前、两个高于、四个翻番"的阶段性目标(提前完成"十一五"规划的主要指标;地区生产总值年均增幅、人均地区生产总值年均增量高于全省平均水平;力争到"十一五"末,地区生产总值、财政一般预算收入、规模以上工业增加值、全社会固定资产投资在"十五"基础上翻番)。工作中,我们根据形势和任务的变化,动态地把握工作节奏和着力点,确定每年年度工作的主题和基调,使宜宾在正确思路指导下持续、稳定、协调地向前发展。

(二)坚持优化结构,发展支撑显著增强。坚持把优化结构作为转变经济发展方式、提高经济增长质量的重要途径,推动三次产业协调发展,经济发展的整体质量和竞争力不断增强。

一是强化工业主导地位。坚定不移走新型工业化道路,纵深推进工业强市战略,工业经济总量和运行质量稳步提高,宜宾总体上已进入工业化中期。与2006年相比,2008年工业经济对全市经济增长的贡献率由43.4%提升到67.7%,规模以上工业利润总额由全省第三位上升到第二位。按照大中小企业并举的思路,既从"点"上继续做强做大五粮液、天原、丝丽雅等一批大企业、大集团,又从"面"上实施"小巨人企业"发展计划,在推动产业配套和产业链延伸中大力发展"专精特新"中小企业,建设好工业集中区,促进工业经济向集群化方向发展。2008年,全市规模以上企业数较2006年增加114家,酒类食品、综合能源、化工轻纺、机械制造等支柱产业占规模以上工业增加值的比重达到87.6%。

二是大力发展现代农业。坚持基础设施促农、产业发展强农、公共服务兴农、制度建设活农"四轮驱动",按照"一路二水三产业"的发展思路,突出农业综合生产能力这个重点,超常推进农业农村基础设施建设,农业生产和农民生活条件进一步改善。与2006年相比,2008年全市农村有效灌溉面积增加7788公顷;新增通乡通村公路4086公里,通村公路率达100%,通乡、通村公路硬化率分别提高38.5、30.3个百分点。紧紧扭住农民增收这个核心,坚持用抓工业的理念抓农业,突出特色和效益两个关键,加快建设江南和山区特色效益农业基地,农业产业化经营和农村经济结构调整进一步加快,传统农业正向现代农业迈进。2008年,全市第一产业的比重较2006年下降0.26个百分点,但增加值却增加40亿元;农业机械总动力达到148.51万千瓦,比2006年增加17.41万千瓦;"百万元产值村"达到810个;新增规模以上龙头企业46家;农民人均纯收入比2006年净增1181元,达到4512.74元。

三是着力培育现代服务业。围绕建设商贸和物流中心,加快建设以生产性服务业为主的现代服务业架构,烟草、五金机电、粮食等区域性物流中心正加快建设,沃尔玛、苏宁等大型连锁企业入驻宜宾。金融业快步发展,宜宾市商业银行成为川南地区规模最大的地方商业银行。旅游产业进一步发展壮大,已建成国家4A

级旅游景区 4 个,荣获"中国最佳文化生态旅游城市"称号,2008
年全市旅游总收入居全省第三位。

　　(三)坚持创新驱动,发展方式有效转变。切实转变重开发、
轻节约,重速度、轻效益,重眼前、轻长远的传统发展模式,强化以
企业为主体、以产学研结合为特征的技术创新体系建设,围绕优势
产业搭建技术开发平台,每年安排 1000 万元技术创新资金,重点
支持技术创新和技术改造项目。2008 年,全市专利累计申请量达
到 4131 件,比 2006 年增加 1000 余件;专利授权 420 件,居全省
第三位。2006—2008 年,全市实施转化专利技术 1702 件,新增销售
收入 196.85 亿元,新增利税 22.77 亿元,创汇 5.95 亿元;已建成
国家级企业技术中心 3 家、省级企业技术中心 7 家、省级以上创新
型企业 26 家,拥有中国驰名商标 4 个、中国名牌 2 个、省级名牌 25
个。坚持以发展循环经济为重点,以建设资源节约型、环境友好型
城市为方向,全面落实节能减排措施,切实加强重点区域、重点流
域、重点企业污染治理,不断加大城乡环保基础设施建设力度,扎
实推进清洁发展、节约发展。2008 年,全市万元国内生产总值综
合能耗较 2006 年下降 9.5 个百分点,省级以上循环经济试点企业
达到 6 家(其中国家级 3 家),省级清洁生产试点企业 10 家,有 57
家企业获得资源综合利用认定。城市综合环境质量明显改善,
2008 年中心城区空气质量达到或优于二级天数占有效监测天数
比重较 2006 年上升 5.7 个百分点,城市绿化覆盖率上升 5.7 个百
分点。

　　(四)坚持区域统筹,发展布局不断优化。大力实施区域统筹
发展战略,积极推进生产力布局和产业规划调整。进一步深化沿
江开发战略,集中布局和开工建设了以向家坝水电站、福溪电厂、
普什醋酸纤维、海丰和锐等为代表的一大批重大产业项目,以长江

为主轴、以产业园区为支撑、以沿江城镇为依托、以港口为平台的沿江经济带建设全面展开,沿江地区正成为宜宾联动川南、滇黔地区,融入成渝经济区和长江经济带,在更高起点加速崛起的战略高地。同时,加大资源综合开发力度,南部优势资源开发基地建设方兴未艾,以建材、煤化工等为代表的新兴产业日益壮大。始终坚持把培育各具特色、充满活力的县域经济作为统筹城乡和区域发展的重要抓手,不断完善市对区县的政策支持体系和激励机制,大力推进简政、放权、让利,给予区县充分自主发展权,县域经济连续两年保持强劲发展态势。2008 年,全市地区生产总值超过 40 亿元的区县由 2006 年的 2 个增加到 8 个,财政一般预算收入亿元区县由 2006 年的 2 个增加到 6 个。在 2008 年全省区县主要经济指标监测中,我市三个县的地区生产总值增速包揽了前三名;在全省 181 个县(市、区)的地区生产总值增速比较中,我市有 4 个县进入前 10 名,7 个县进入前 50 名。长期以来困扰我市协调发展的市强县弱局面已被打破。

(五)坚持基础先行,发展条件明显改善。大力推进以交通为重点的基础设施建设,铁路、公路、港口、航空、航运联网配套的现代立体交通网络体系基本形成,为提升宜宾的区域竞争力,推进全方位开放合作奠定了坚实基础。着力完善互通互联的市内交通网络,实现了市、县、乡水泥(柏油)路全覆盖,宜珙路、江长路、宜长路等县际快速通道和连接工业园区、资源开发地的交通走廊相继建成,境内过江公路和铁路桥梁已建成 11 座,沿江交通通达能力全面提升。加快对外大通道建设,宜宾至昆明高速公路全线通车,宜宾港、宜泸和乐宜高速公路、长江航道整治加快推进,宜宾机场迁建、成贵高速铁路等重大交通枢纽工程即将开工建设,宜宾至西昌和宜宾至攀枝花高速公路纳入国家规划。2008 年,全市公路总里程达到 11923.68 公里,较 2006 年增加 2235.47 公里;水运通航总里程 963 公里;宜宾机场已开通至北京、上海、广州、深圳、昆明五条航线,居全省二级机场之首。宜宾作为四川出川"南大门"和通江达海"桥头堡"的地位进一步巩固。同时,联动工业化、城镇化、农业现代化,着力功能完善、设施配套、形象提升、规模拓展,加快建设百万人口大城市,加强城市新区建设和老城改造,城镇综合承载力不断增强,宜宾正成为长江上游独具个性魅力的特色"江城"。2008 年,全市城镇化率、中心城区建成区面积分别比 2006 年增加 4.2 个百分点、4 平方公里。

(六)坚持改革开放,发展活力持续迸发。坚持把改革作为贯彻落实科学发展观、推动经济社会又好又快发展的根本动力,积极推进体制机制创新,大力实施国有企业、行政管理体制、投融资体制、市区管理体制、城乡统筹等重点环节和领域的改革,营造全民兴业、创业的良好环境。2008 年,全市实现民营经济增加值 319.66 亿元,占全市国内生产总值的比重为 49.5%,比 2006 年提高 4 个百分点。坚持开放强市,大力实施充分开放合作战略,加快口岸建设,改善开放环境,提高产业承接能力,对外交流交往和招商引资、招才引智不断深化。目前,宜宾已与国内外结成 5 对友好城市,与四川农大、清华大学、同济大学、交通银行等的校市、银政合作进一步加强。近两年来,成功引进了 4 家世界 500 强企业、5 家国内 100 强企业。2008 年,全市招商引资到位市外资金 181.48 亿元,较 2006 年增长 104%。经济发展正由自我积累向内外并举转变。

(七)坚持民生为重,发展成果务实惠民。牢牢把握发展成果由人民共享这个根本点,始终把"人民幸福"作为建设美好新宜宾的归宿,制定了一系列利民惠民的政策措施,实施了一大批与人民群众生产生活密切相关的民生工程,着力解决就业、教育、医疗、住房、社会保障等群众关心的突出问题。近两年来,相继实施了13项惠民行动和8项民生工程,年均投入资金近25亿元。突出把就业作为民生之首,积极实施就业再就业工程,多渠道开发就业岗位,促进城乡居民生活水平不断提高。积极实施社会保障工程,城镇低保实现"应保尽保",符合条件的农村五保供养对象全部纳入供养范围。坚持开发式扶贫,到2008年,全市绝对贫困人口在2006年的基础上减少了1.85万人,低收入贫困人口减少了11.55万人。全面加强抗灾救灾和减灾防灾,扎实抓好安全生产,强化社会治安综合治理,让人民群众平安幸福地享受发展成果。大力推进社会事业发展,促进社会和谐。科教兴宜战略向纵深推进,各级各类教育加快发展。文化、体育基础设施建设和文艺创作取得重大突破,新建成市图书馆、体育运动中心、科技馆,正加快建设市广电中心、酒都剧场;《国立剧专在江安》、《抗战时期的中央博物院》等一批文艺精品在全国、全省获奖,2008年文化产业实现增加值22.67亿元,居全省前列。城乡医疗卫生体制改革稳步推进,医疗卫生服务体系逐步完善,新型农村合作医疗全面实施。高度重视和改进新时期群众工作,一批重点信访问题得到妥善解决,与2006年相比,2008年全市群众信访量下降32.1%,非正常上访量下降83.8%。

(八)坚持以改革创新精神推动党的建设新的伟大工程,发展保障全面加强。始终坚持围绕发展抓党建,抓好党建促发展,全面推进党的建设新的伟大工程。坚持用马克思主义中国化的最新成果武装广大党员干部,深入学习贯彻中国特色社会主义理论体系,不断提高广大党员干部的思想政治素质和运用科学理论分析问题、解决问题的能力。把提高领导水平和执政能力作为领导班子建设的核心内容,积极探索构建地方党委领导班子配备改革后的工作机制,各级班子整体功能不断增强。把选好、用好干部作为加强干部队伍建设的首要环节,着力从制度机制上推进干部工作创新,在实践中探索总结了"三推一考一测评"、"三推一荐"、"三票制"、"市委全委会非定向差额推荐"、"面谈+考察"、"大评委制"等办法,初步建立起了科学合理、竞争有序的干部选任机制。鲜明崇尚实干的用人导向,有计划地把长期在边远地方工作的同志交流到条件相对较好的区县和市级机关工作,有效激发了干部干事创业激情。坚持党管人才原则,立足服务发展育人才、不拘一格用人才、转变观念引人才,近年来共面向全国引进 50 名博士、292 名硕士,科学发展的人才和智力支撑进一步增强。全面加强党的基层组织建设,探索建立了"组织联建、党员联管、资源整合"的"两联+资源"城乡共建党建工作模式和"跨村联建、强村并组、村居合一、村企共建"等跨产业、跨区域联建党组织模式,在全省率先全面推行离职村干部保障制度,进一步调动了基层党组织和党员的积极性。大力加强党风廉政建设和反腐败工作,深入开展干部作风整顿和机关行政效能建设,全市各级党员干部的发展意识、执行意识、廉洁意识明显增强,发展、亲民、干事、学习的氛围更加浓厚。

宜宾市贯彻落实科学发展观的实践使我们深刻体会到,坚持解放思想就能永葆发展活力,坚持狠抓发展就能解决前进中的问题,坚持改善民生就能有效凝聚民心,坚持提升领导科学发展的能力就能成就伟大事业。站在新的历史起点,加快建设美好新宜宾,必须紧密联系宜宾市情,继续解放思想,在继承和发展既往经验、做法的基础上,进一步学习好、实践好科学发展观,不断开创科学发展的新天地。

(一)进一步解放思想,打牢科学发展的思想基础。实践无止境,解放思想无穷期。面对形势的新变化、发展的新任务、群众的新期待,必须把解放思想置于万事之先,勇于变革、勇于创新,永不僵化、永不停滞,筑牢科学发展的思想基础。为此,必须全面落实党的理论武装要求,用科学发展观指导主观世界和客观世界改造,坚决消除阻碍科学发展的思想意识,坚决冲破阻碍科学发展的思维方式,坚决打破阻碍科学发展的利益格局,在要不要科学发展、能不能科学发展、怎么样科学发展等重大问题上深化认识、形成共识,增强贯彻落实科学发展观的积极性和主动性,把广大干部群众的思想统一到加快建设长江上游川滇黔结合部经济强市和美好新宜宾上来。

解放思想的本质是实事求是,根本目的是解决问题。要坚持以正在做的事情为中心,抓住制约科学发展的关键问题、涉及民计民生的热点问题、关系改革发展稳定的突出问题,具体地、求真务实地推进思想解放。要坚持在实践中解放思想、在解放思想中推动实践,把解放思想与推动宜宾加快发展统一起来,在解放思想中深化对市情的认识,增强加快发展的紧迫感和责任感;掌握统筹兼顾的根本方法,提高促进全面协调可持续发展的能力素质;强化以人为本的理念,更加注重保障和改善民生,最终把解放思想的成果体现在落实加快发展的举措上,体现在破解加快发展的难题上,体现在增添加快发展的动力上,体现在优化加快发展的环境上。

(二)进一步加快建设经济强市,夯实科学发展的物质基础。科学发展观的第一要义是发展,首先是发展经济。要紧紧扭住经济建设这个中心不放松,坚持好中求快、优中求快,不断深化完善"强工、重农、壮旅、活商、兴城、富县"的经济工作思路,着力培育新增量、拓展新空间、增添新动力,在建设经济强市上迈出新步伐。

——突出"四新",不断培育新增量。发展首先表现为量的增加。宜宾地处西部内陆,在基础差、底子薄的条件下推进发展,保持较快的发展速度、不断做大经济总量,始终是相当长时期内第一位的任务。这就需要我们不断培育新的经济增长点,引入增量资源,为经济快速持续发展提供强有力的支持。一是加快建设新项目。投资是宜宾经济增长的主动力,项目是投资的重要载体。要坚持把项目作为经济工作的"总抓手",进一步集聚要素,突破瓶颈;进一步推进基础设施建设,优化发展环境;进一步加强资源综合开发利用,培育特色优势产业;进一步调整经济结构与布局,增强发展后劲;进一步发展社会事业,改善民生。二是大力发展新企业。企业是经济发展的主体,可以带动产业、扩大就业、促进增长。要遵循经济发展规律,毫不动摇地纵深推进工业强市战略,大中小企业并举,集中力量培育和发展量大面宽的工业企业,用工业拉动农业、支撑现代服务业,以工业化推进农业现代化、带动城镇化。要坚持走新型工业化道路,加快园区建设,加强技术改造和设备更新,引导企业集中集聚集群发展,促进工业经济布局优化和结构调整,进一步培育经济新优势,形成发展强势。三是着力构建新的体制机制。富有活力的体制机制,是经济持续快速发展的内在动力。要坚定不移地深化改革,打破束缚思想观念、阻碍要素流动、制约生产力发展的制度障碍和体制壁垒,进一步提高发展效率,扩大政策效应,充分激发全社会的创新、创造、创业活力。四是积极开发新技术。科学技术是第一生产力。要充分发挥企业作为技术创新主体的作用,坚持产学研相结合,从体制机制、政策体系、投入保障等方面促进新型技术研发、推广和应用,通过技术创新来改造提升传统产业,提高资源综合利用率,拓展企业利润空间,减轻资源、环境、安全压力,促进发展方式转变。

——优化发展布局,拓展新空间。沿江地区是经济发展最具活力的区域,是宜宾实现跨越发展的重要战略高地。要坚持把加快推进沿江经济带建设作为当前和今后一个时期的优先战略,打破行政区划限制,市、区县统筹协调,集中力量加快沿江快速通道和水、电、气、电信等基础设施建设,进一步完善产业、城镇规划,促进企业、资源、人口、要素向沿江集中,培育以临港工业、现代物流业和特色效益农业等为代表的沿江优势产业带,提升产业集聚水平,带动优势资源综合开发区加快发展,形成区域经济发展新格局。要突出把临港经济开发区作为沿江经济带建设的战略支点,以基础设施建设、产业特别是工业发展为先导,依托城镇,促进港、城、园一体发展,把临港经济开发区建设成为撬动沿江开发的有力引擎、促进产业升级的重要平台、扩大对外开放的前沿阵地。要继续把发展县域经济作为统筹城乡和区域协调发展的切入点,以开展扩权强县试点为契机,支持区县因地制宜、错位发展,优势互补、协同合作,以新型城镇化、新型工业化为动力,走产业立县、工业强县、开放兴县、民营经济活县的路子,加快推进县域经济总量攻坚、结构攻坚、效益攻坚,不断增强县域经济的造血功能和可持续发展能力,建设一批西部经济强县。

——深化改革开放,增添新动力。加快经济社会发展,解决前进中的各种矛盾和问题,根本出路在于不断深化改革。要加深对社会主义市场经济规律的认识,着力增强改革决策的科学性,提高改革措施的协调性,建立健全有利于自主创新和全面协调可持续发展的体制机制,为科学发展提供制度基础。要增强市场意识,进一步深化国企、财税、金融、投融资等方面的改革,完善资本、人才、土地等各类生产要素市场,充分发挥市场在资源配置中的基础性作用。要增强服务意识,大力推进政府服务理念、服务内容、服务方式和服务手段创新,在有效履行经济调节、市场监管职能的同时,不断增强社会管理和公共服务的能力。要增强统筹意识,着力打破城乡分割的二元结构,营造有利于发展新产业、壮大新组织、培育新农民、建设新农村的体制条件和政策环境,促进先进生产要素向农村流动、基础设施向农村延伸、公共服务向农村覆盖、现代文明向农村传播,加快形成以工促农、以城带乡的长效机制。要增强开放意识,大力实施充分开放合作战略,向开放要资源、要市场、要活力、要动力,努力在推进区域、次区域、泛区域等多层次合作上有新进展。

(三)进一步坚持以人为本,构筑科学发展的社会基础。科学发展观的核心是以人为本,推动科学发展的根本目的是造福于民。要进一步增强宗旨意识,把经济社会发展与人的全面发展统一起来,切实做到发展为了人民、发展依靠人民、发展成果由人民共享,在增进社会和谐中营造加快发展、科学发展的良好环境。要坚持把就业作为民生之本,全面落实积极的就业政策,坚持以创业推动就业、以项目建设带动就业、以产业发展拉动就业,完善就业援助制度,加强就业指导和服务,着重做好企业职工稳定就业、高校毕业生就业、失业人员再就业、返乡农民工就业和复员转业军人安置就业工作,帮助特殊群体解决就业困难,最大限度地满足社会就业需求,确保就业形势稳定。大力弘扬全民创业精神,营造自主创业、艰苦创业的社会风尚,加大扶持力度,使想创业、敢创业、善创业、创大业成为新时期宜宾人的共同追求。全面落实教育优先发展地位,把教育作为促进就业的基础性工程,统筹抓好各级各类教育发展,大力发展职业教育特别是农村中等职业教育,加强对劳动者的职业技能培训,不断提高劳动者的就业创业能力,促进就业增长。要加快建立促进城乡居民收入增长与经济发展的良性互动机制,稳步推进收入分配制度改革,加强社会保障、安居和扶贫济困等工作,全面推进科技、教育、文化、卫生等事业发展。要加强和改进新时期群众工作,着力解决信访突出问题,加强社会治安防控体系建设,做好隐蔽战线工作,切实抓好安全生产,让广大群众安心安全地享受改革发展成果。

(四)进一步加强党的建设,增强科学发展的政治保证和组织基础。推动宜宾科学发展,关键在党,关键在班子,关键在干部。要坚持党要管党、从严治党的方针,以党的执政能力和先进性建设为主线,全面加强和改进党的建设,为宜宾科学发展提供坚强的政治保证和组织基础。要把提升各级领导班子和领导干部的执政能力和领导水平摆在突出位置,坚持学用结合、学用相长、学以致用,加强教育培训和实践锻炼,提高驾驭社会主义市场经济的能力、发展社会主义民主政治的能力、建设社会主义先进文化的能力、构建社会主义和谐社会的能力、统筹协调各方面利益关系的能力、应对和处理各类复杂局面的能力。要鲜明以发展论英雄、凭实绩用干部的用人导向,建立健全体现科学发展观和正确政绩观要求的干部考核评价体系和选拔任用机制,大力选拔那些人品正、干实事、真爬坡、敢破难的干部,着力建设一支想干事、敢干事、能干事、干实事的干部队伍。大力提倡求真务实的工作作风,引导广大干部特别是领导干部增强责任意识,特别讲大局、特别讲付出、特别讲实干、特别讲纪律,真正做到勇于担事、专心谋事、踏实干事。进一步加强人才开发,完善人才培养、选拔、引进、使用的制度机制,为推动科学发展提供人才支撑和智力保障。加强党的基层组织建设,优化组织设置,扩大组织覆盖,创新活动方式,充分发挥基层党组织推动发展、服务群众、凝聚人心、促进和谐的作用。

千帆竞发看宜宾

长江、金沙江、岷江三江交汇的万里长江第一城宜宾,居于长江经济带、成渝经济区、南贵昆经济区的叠合部,是四川省建设综合交通枢纽、"7+3"产业规划、川南经济区及川南城市群建设等战略部署的重点发展区域。

近年来,宜宾紧紧抓住历史机遇,加速推进长江上游川滇黔结合部经济强市建设,该市经济总量自 2000 年以来一直稳居四川省第四位和川滇黔三省结合部城市第一位。

依托黄金水道打造沿江经济带

宜宾市拥有长江、金沙江和岷江岸线约 493 公里,其中拥有长江岸线 180 公里。该市依托沿江优势,进一步优化工业区域布局,沿江规划布局了五粮液、阳春、罗龙、白沙、盐坪坝、福溪、向家坝等7 个集约化、规模化、专业化的特色工业园区。目前,沿江工业园区入驻企业超过 130 家,五粮液工业园区入驻企业 21 家,2008 年实现销售收入 300.5 亿元,利税 60 亿元;罗龙产业园区入驻企业

19家,2008年实现销售收入11亿元;江安阳春产业园区已入驻企业9家,总投资达到51亿元,形成70亿元的工业产值能力。

为对接成渝经济区和川南经济区建设,宜宾市对沿江经济带发展作出了总体规划,到2015年,宜宾将在沿江经济带建成100亿级工业园区7个,其中五粮液工业园区工业产值2015年将达700亿元、罗龙工业园区和阳春坝工业园区分别达300亿元,白沙、盐坪坝、福溪、向家坝园区达到100亿至200亿元。

依托黄金水道,一个长江上游重要的临江产业基地正在加快形成。

围绕支柱产业大抓项目、抓大项目

宜宾资源丰富,水、火、核能资源富集配套,是四川最大的煤炭生产基地,也是金沙江滚动开发的依托城市和西电东送的重要基地,具有建设和发展酒类食品、综合能源、化工轻纺、机械制造、建材等产业的显著优势。

经过多年的发展,宜宾已经培育形成了以五粮液集团公司为代表的一批名优酒企业集群,全国成本最低效益最好的氯碱生产企业——天原股份有限公司,全球规模最大的维卡纤维生产企业——丝丽雅集团有限公司,全国唯一的压水堆核电燃料组件定点企业——建中化工总公司等优势骨干企业。

面对2008年下半年以来的国际金融危机,宜宾进一步围绕支柱产业大抓项目、抓大项目,加快承接发达经济区产业转移。酒类食品、综合能源、化工轻纺和机械制造四大基地和13个工业集中区的聚集效应,正吸引着无数外来投资者和企业入驻宜宾。国家电网、华电、中电国际、美国沃尔玛、胜腾集团、法国雅高集团、意大利 M&G 公司、韩国锦湖集团以及浪莎集团、中建集团、浙江粤华集团、攀枝花钢城企业总公司、拉法基瑞安集团、浙江红狮集团、川煤集团等大型企业已云集宜宾,参与美好新宜宾建设。

当优势工业正发生着前所未有的聚集效应时,宜宾市的决策者们开始谋划着更美好的明天。在不久前结束的中共宜宾市委三届十一次全会上,"四个千亿"的奋斗目标高调亮相,令人振奋。即到 2012 年,宜宾地区生产总值将突破 1000 亿元;到 2015 年,规模以上工业增加值达到 1000 亿元以上,五粮液集团发展为销售收入超 1000 亿元的航母级企业,临港经济区产值达到 1000 亿元以上。

"富县"战略助推县域经济华丽转身

短短几年时间,宜宾县域经济就跑出了加速度,现正以千帆竞发争一流的发展趋势,发生着令人瞩目的巨大变化,市县共荣成为宜宾经济发展的新亮点。

2008 年,宜宾新增珙县、筠连、江安 3 个一般预算收入上亿元的县,使全市一般预算收入亿元以上的县达到了 6 个。宜宾一般预算收入在四川省市州排名中,也由 2007 年的第六位上升到第三位,仅次于成都市和凉山州。

2009 年,宜宾市抓住扩权强县试点契机,加大支持区县发展县域经济力度,区县属规模以上企业达 419 个,销售收入上亿元的企业 78 家,一批区县属骨干企业不断崛起,区县属规模以上工业增加值和利税增速为 35.1% 和 32.6%。

2009 年上半年,5 个县的地方财政一般预算收入增幅超过30%,最高达到 66%。2009 年年底,8 个区县的地方财政一般预算收入将有望进入亿元俱乐部。

培育旅游业发展新支柱

"蜀南竹海"的旖旎景致、"兴文石海"的神奇独特、"僰人故里"的扑朔迷离、"十里酒城"的醉人芬芳……多姿多彩的旅游资源,绘就了宜宾这座"中国优秀旅游城市"的迷人画卷,令人流连忘返。

在青山绿水间,宜宾云集了3处世界级旅游景点、11处国家级旅游景点、100处省级风景名胜区和重点文物保护单位,是四川省旅游业优先发展和可进入世界品牌的四个地区之一。

刚刚结束的首个国庆中秋长假,宜宾共接待市内外游客151.84万人次,实现旅游收入4.41亿元,同比增长均超过20%,并呈现出主要景区游人如织、近郊游异军突起、特色游备受青睐等特点。

回眸2008年,宜宾共接待游客862万人次,同比增长16%,实现旅游总收入55亿元,同比增长20%,在四川21个市州中位列第三。

链 接:

2008年宜宾市实现生产总值645.86亿元,比上年增长14.6%。其中,第一产业增加值124.44亿元,增长4.2%;第二产业增加值356.66亿元,增长19.4%;第三产业增加值164.75亿元,增长12.0%。三次产业对经济增长的贡献率分别为5.2%、71.9%和22.9%。三次产业结构由上年的20.3:52.3:27.4调整为19.3:55.2:25.5。

　　宜宾西博会引资创新高。西博会期间,在"四川—央企对接座谈会暨签约仪式"、"西部十二省区及新疆建设兵团投资合作会暨签约仪式"和"宜宾市产业投资项目推介会暨签约仪式"上,宜宾市签约项目共计58个,总金额达236亿元,签约项目数和引资额创宜宾历届参会新高。这58个项目,涉及高新技术、能源、化工、食品饮料、现代农业、基础设施、教育、文化、旅游等多个领域。签订的项目主要有浮法玻璃生产线项目、建筑陶瓷生产项目、水泥生产项目、氧化钙及重钙生产项目等。项目体现出技术起点高、产出效益高、对产业发展支撑性强等特点。

　　　　　　　　　　　　　　《人民日报》2009年10月21日

　　　　　　　　　　　　　　　　　　　　记者:郑德刚

宜宾,书写又一个惊叹

笔者第一次到宜宾是1996年。宜宾人打响小企业改制第一枪的改革锐气,令人惊叹不已。

第二次去宜宾是2004年。总发电量超过三峡工程的溪洛渡、向家坝电站即将上马,区域板块撬动在望,"中国将聚焦宜宾"的豪迈气势,同样令人惊叹。

前不久,笔者三访宜宾,走进一个个"工业集中区",感受宜宾市各区县2008年上半年工业增加值平均增速57.77%的蓬勃气势,领略了一直是"软肋"的县域经济正在快速崛起的又一个惊叹。

高点起跳:立足资源的比较优势,开发市场的
竞争优势,初级工业化的挺进,
也是新型工业化的起步

宜宾人最富有的是资源。煤炭、磷矿、硫铁矿、石英砂、石灰石……川南聚集了四川省主要矿产资源和水电资源。

宜宾人最珍惜的也是资源。市委杨冬生书记介绍说:我们的着力点是提高利用率,增加附加值。过去单是卖原煤,把路都压坏

了;现在搞坑口电站,煤从天上走,增值1—2倍;这里有电有水,发展煤化工,增值8—10倍,最多二十多倍。高县正在努力加快建设年产100万吨甲醇的煤化工产业。

开发资源,还当培育资源。珙县在引进外商创设申宇木业的同时,引进林业开发公司,从事以巨桉为主的工业原料林栽培技术研究、生产、推广,"把树当菜种",5万亩巨桉工业原料林,一年成林、三年成材、五年见效。

初加工、高消耗、高污染是资源型工业的显著特征。但是,"生态标准"已经深深烙印在宜宾人的发展意识中,"循环经济"已是宜宾产业推进中的"主题词"。在高县,华盛纸业在全国竹浆造纸行业第一家从废水黑液中提取出市场紧缺的木质素磺酸盐,开发高附加值产品,实现了循环用水,节电节水。在珙县,走进世界500强企业拉法基瑞安投资兼并的水泥厂,余热回收发电,不见一缕烟尘。在江安,阳春工业集中区发挥临港优势,建设省级循环经济试点的化工园区,塑造西部资源型产业的绿色形象。

宜宾地处川滇黔三省资源富集区,享誉"万里长江第一城"。宜宾人打破区划限制,打通出川通道,打造资源经济开发带。同时,加快建设宜宾港、沿江高速公路,要做四川通江达海的"桥头堡",打造沿江产业经济带。

项目起步集约化,产业推进生态化,县域经济区域化,由此,宜宾县域经济实现了更高起点上的跃进。

精度转移:不是承接而是对接,不是照搬 而是提升,不是放飞而是寻根

当下,东部地区成本顶托,外需告急,正是转型升级之时,四川

成(都)德(阳)绵(阳)地区"因震谋变",产业空间亟待重新布局；宜宾市属企业株守市区老城，也在图谋另辟天地、做大做强之举。

宜宾人以自己创造性的实践，诠释着抢抓机遇、迎接转移的崭新内涵。

宜宾不是无条件接受外地甩来的包袱。项目进入集中区，厂房要讲高度，投资要讲亩产，环保要讲门槛。

转移也是提升。笔者走进江安阳春园区，参观了天原集团前来投资的海丰和锐公司。"干法制乙炔"比起原先的"湿法"更环保，更节能节水；利用自主研发的技术，建成国内最大的全废渣水泥环保项目，形成了集能源、热电、化工、建材为一体的循环经济发展模式。同时，公司通过自身产业发展，已带动化工、物流、建筑、竹纤维等7个相关产业企业入驻园区，总投资超过10亿元。通过转移，一批外来集团既扩张了产能，又提升了价值。

转移更是寻根，根在哪里？根在资源。接连上马的华电珙县电厂、高县福溪电厂正是得益于此。根在市场，金沙江水电资源开发，云贵川交通枢纽建设，长江经济带的起飞，都为众多企业内需导向的及时转型，地缘市场的战略布局，展示出巨大的魅力。根在链接，重在产业的互补、关联和带动。南溪豆腐干加工历史已有100多年，2005年牵手成都的徽记公司，原料、工艺、品牌、营销优化整合，小产业做出大市场，2008年可以做出的规模达1.6亿元。

链式成长：以市场化的机制、能量去开辟农业现代化的道路，以产业链的互动、共生去助推城乡一体化的进程

县域的主体是农民，县域经济的发展更要富裕农民。正是从

这里,宜宾找到了县域发展更坚实的基础和产业生长更丰厚的土壤。

走进高县四烈乡苗儿村,四组组长严为学说:竹子是我们的致富产业,协会是我们的发展桥梁。政府与华盛纸业一道,帮我们培训栽培技术,发放竹业补贴,签订购销合同,确定最低保护价。全组人均3亩竹园,每亩收入七八百元,已是"小富"的日子。全市110多家重点龙头企业立足乡土,牵手中国农民,发展现代农业。看一看高洲酒厂,这里不断完善与农民的利益联结机制,拉动农业产业结构调整。自1999年,公司先后投资2000多万元,发展红粱基地5万亩,辐射带动26128户农户;新建年产1000吨食用油厂,发展油菜基地1万亩,年均助农增收200万元。工业化生产、产业链拉动,从川南广大的山野中召唤出一个个各具特色的经济板块:珙县的"林海竹荪"、"上罗岩桂"、"下罗土鸡"、"洛表鲜果";南溪的"优质无公害蔬菜基地"、"四川白鹅之乡"、"中国豆腐干之乡";高县的山区茶叶经济带、平坝蚕桑经济带、河谷竹业经济带等。

环境优势:政府是第一助推力,服务是第一竞争力

在资本如潮流向东部、涌向城市、涌向垄断企业之际,宜宾的领导痛下决心,首先必须为县域中小民营企业打破"融资"瓶颈。政府出资引导,组建4个政府主体、7家民间会员制的担保公司,搭建融资平台;政府搭台,银企合作,年初的"银企项目对接会",一次推介170多个项目,意向融资70亿元;再就是招商引资。最终,中电国际、攀钢集团、苏宁电器等一批知名企业进驻宜宾。

中国经济已经步入人才时代,宜宾的领导奋起直追,加快培育

人力资本。南溪县委破天荒地组织县乡干部去清华大学培训工业经济,去寿光观摩现代农业;宜宾市连续开办"企业家课堂",要让本土企业从小作坊式经营中闯将出来,走进现代市场经济,走进全球化时代;全市"智力农民培训"、"农转非"培训等也已形成机制。南溪职中走"扩建资源、产教结合、前校后厂"的道路,精心打造现代蓝领基地品牌。珙县实施校企合作和企地联姻,由龙头企业选派技术人员到乡村任助理,并实施"万名职业农民培训工程"。

加快工业化、城市化进程,农民的转移、土地的流转不可避免。宜宾的领导紧贴民生,务必切实保障农民的发展权益。杨冬生书记的"发展移民"观很有眼光。全市仅电站建设移民就有6万人。"补偿政策当然必须到位,更重要的是走发展移民的路子。给多少补贴都不够,关键是让农民有业可就,一家有一两人就业就能支撑起来、发展起来。这就要创业优先,产业富民。"我想,这也正是宜宾县域经济在短时期内快速崛起的一个强大推力。

风更高,潮再涌。宜宾县域经济令人惊叹的崛起振奋着我,也启示着我:我们在面对全球金融危机的冲击、求解东部经济的应对之时,是否还应该看到西部潜藏的热流和希望?我们将西部开发聚焦于大中城市、交通沿线之际,是否应该更多地去关注、去助推西部县域经济的躁动、潮涌?

《半月谈》2008 年第 22 期

作者:张正宪

支撑

——集聚科学发展的强大动力

努力把宜宾建成长江上游经济强市[*]

四川省宜宾市的发展定位是建设长江上游川滇黔结合部经济强市。近年来,我们实施工业强市战略,遵循工业发展规律,坚持统筹兼顾的科学方法,协调推进"四个结合",重点突破"三个关键"。2007 年,全市规模以上工业增加值完成 230.8 亿元,增长 25%,总量居四川省第三位,为全市经济社会又好又快发展提供了有力的产业支撑和物质基础。

推进"四个结合"

一是推进工业化与城镇化相结合。工业化、城镇化是区域发展的两个轮子。由于历史原因,宜宾的城镇化步伐滞后于工业发展,工业企业过度集中于中心城区,既给环境造成了压力,也制约了企业规模的扩大和城市的进一步发展。我们紧紧抓住中共四川省委、省政府加快川南城市群发展、建设百万人口大城市的重大机遇,把工业发展与城镇发展统筹起来。一方面,加强城镇基础设施

* 本文发表于 2008 年 8 月 7 日《经济日报》。

建设,不断健全城镇公共服务网络和综合配套功能;另一方面,通过工业的集聚繁荣城镇商业和服务业等市场,大力发展生产性服务业和民生性服务业,为城镇的快速发展注入新的活力和物质技术支持。2007年年末,全市城镇化率达到32%,比上年提高2个百分点,城镇集聚要素和支撑工业发展的能力不断增强。

二是推进借助外力与激发内力相结合。外向扩张与内生发展是一个地区发展的双翼。一方面,我们坚持大中小并举,大力实施工业"百亿工程",积极支持五粮液集团公司、天原集团公司、宜宾丝丽雅集团公司等一批重点行业和领域的龙头企业做强做大,围绕大企业发展配套企业,向区县延伸产业链。另一方面,推进工业集中区建设,主动而有选择地承接沿海地区产业转移,吸引国内外投资者带资金、带项目、带技术来我市投资兴业,加强与战略投资者的合资合作,实现嵌入式发展。2007年,我市招商引资履约项目508个,到位市外资金136.79亿元,增长53.78%,大大加快了工业做大做强的进程。

三是推进量的扩张与质的提升相结合。我们实施项目带动、民资推动、盘活存量促动的"三步联动"战略,加速各类要素向工业聚集,尽快做大工业总量。同时,着力改变重开发、轻节约,重速度、轻效益,重眼前、轻长远的传统发展模式,坚定不移地走新型工业化道路,提高自主创新能力,增强核心竞争力。目前,全市有国家级企业技术中心3家、省级企业技术中心4家、省级以上创新型企业5家,五粮液、丝丽雅、天原三家企业被列为全国循环经济试点企业。全市已拥有中国驰名商标3个、中国名牌2个、省级名牌25个,五粮液品牌被列为首批"全国重点保护品牌"。

四是推进块状开发与点状开发相结合。我们坚决打破行政区划限制,坚持块状开发与点状开发相结合,推动工业布局向集约化、集群式发展,把工业发展同产业培育、产业发展、区域发展、城市扩张有机结合起来,构建地域开放、要素流通、产业互补的新格局。特别是充分发挥沿长江、岷江、金沙江长达295公里的岸线资源和开阔的纵深腹地优势,积极建设沿江经济带,发展大投资量、大运输量产业,鼓励支持重大装备制造、高载能、劳动密集型企业发展,努力把沿江地区建设成为推进新型工业化和全市经济发展的先行区。

突破"三个关键"

加强工业集中区建设。我们按照"统一规划、资源共享、产业集聚、集约发展"的原则,规划建设了五粮液、盐坪坝、阳春坝等13个重点工业集中区。全市工业集中区规划面积达到100平方公里以上,成为促进宜宾工业经济新跨越的主战场。在工业集中区建设中,我们积极推行"政府引导、市场运作、一区多园、一园多制、企业化管理"模式,采取区县为主、市上支持的办法,加快推进重点工业园区建设,确保2010年建成4个百亿工业园区。

加快产业集群发展。我们立足资源禀赋、产业基础和区位优势,主动融入四川省的产业发展规划,以优势产业、骨干企业、特色产品为重点,加快优势资源的开发转化,进一步发展壮大优势产业链,促进生产要素的集中集聚,加快建设酒类食品基地、综合能源基地、化工轻纺基地、机械制造基地和新型建材基地。充分发挥龙头企业在产业集群中的带动示范作用,围绕龙头企业构建初加工、精加工、深加工配套协作体系,构建产前、产中、产后相衔接的专业生产体系,构建产、加、销"一条龙"配套经营体系,形成大中小企业协调配套、共生共赢的产业集群发展格局。

推进县域工业新跨越。按照简政、放权、让利的原则,我们进一步下放市级经济管理权限,减少审批项目,简化审批程序,让区县拥有更多的经济管理自主权,在重大项目安排、基础设施建设、财政转移支付、税收分成等方面向区县倾斜,引导市属骨干企业向县域延伸,有效激发了县域工业发展活力。各区县发挥比较优势,强化项目带动,加强招商引资,积极发展一批资源加工型、科技应用型、劳动密集型、产业配套型的工业企业,县域经济高效快速发展。2007 年,全市区县属规模以上工业增加值增速达到 52.1%;区县财政一般预算收入占全市财政一般预算收入的 50.21%,全面消除了历年滚存债务。

突破发展看"四抓"*

　　省第九次党代会提出了"一年有新进展、三年有新突破、五年上新台阶"的新要求,并把加快县域经济发展作为推动四川跨越发展的重大战略。我们一定要抓住机遇,进一步深化"强工、重农、壮旅、活商、兴城、富县"的经济发展思路,抓住关键点,集中力量求突破,力促县域经济跨越发展。

　　抓规划,提升县域经济发展层次。发展县域经济,必须在深入研究和思考县域经济发展中的重大问题的基础上,创新思维,拓宽眼界,站在更高的层面、放在更宽的领域整体谋划。一是坚持科学谋划。坚持用科学的眼光审视发展、用科学的方法统筹发展、用科学的规律谋划发展,立足自身的资源禀赋、区位特点和现有基础,进一步明确发展定位、发展思路、发展目标和发展任务,制定发展规划。二是坚持优势优先。从最有利的资源、产业、区位等优势出发,加强对县域经济发展的引导,加快潜在优势向现实优势、比较优势向竞争与发展优势的转化。三是坚持错位发展。要重视市场细分和产业细化,根据不同的资源条件、地理区位、产业基础,充分

---

　　* 本文发表于 2007 年 7 月 2 日《四川日报》。

考虑资源环境承载能力,准确把握开发的潜力和强度,形成各展其长、错位发展、优势互补、良性互动的格局。

抓统筹,提高县域经济发展水平。统筹发展是科学发展观的重要组成部分,要坚持把县域经济纳入全市经济社会发展的总体规划,统一部署,形成城乡互动、产业相融的整体发展格局。一要统筹城乡发展。既要重视城市、乡镇的建设,更要重视农村的发展,加快建立改变城乡二元结构的体制机制,促进城乡协调发展。二要统筹产业发展。要坚定不移地推进工业强县战略,依托资源优势,促进一、二、三产业互动,形成合理的产业布局和产业分工。三要统筹对内改革和对外开放。一方面,要坚持体制创新,完善市场机制,统筹推进县域各项改革,不断激发内部活力;另一方面,要坚持开放推动、借力发展,通过开放加速破除发展中的观念约束、体制约束和市场约束,为县域经济的跨越式发展开辟道路。

抓重点,从关键突破带动全面发展。要在重点领域和关键环节率先突破,以重点突破带动全面发展。一是在工业强县上求突破。优化工业发展环境,推动企业聚集和产业集群发展。各区县要从实际出发,积极探索具有本地特色的工业化发展路子,重点发展优势资源产业和农产品加工业。二是在农业产业化上求突破。坚持以市场为导向、龙头企业为重点、特色农产品基地为基础、专合组织为纽带、科技为支撑、机制创新为动力,促进经济结构的优化调整升级,推进传统农业向现代农业转变。三是在城市经济上求突破。构建以中心城市为龙头,以县城和重点小城镇为重点,以一批中心村为基础的布局合理、功能配套、特色鲜明的城镇体系,加快二、三产业的聚集和农村劳动力的转移步伐。四是在民营经济上求突破。充分发挥民营经济的主体作用,进一步创新体制机制,全力推动民营经济上规模、上水平、上档次,推动全民创业、自主创业、艰苦创业,形成充满活力的富民经济。

抓环境,在扶持引导中壮大县域经济。加强领导,引领发展。职能部门要为县域经济发展"开绿灯",尤其要从审批权限、项目安排、资金扶持、信贷投入、能源调度、人才管理和推动全民创业等方面给予县域经济更多的支持。坚持简政、放权、让利,减少审批层级,精简和下放市场经济管理权限,使区县拥有更多的经济管理自主权,增强区县的积极性和主动性。保持区县领导班子和干部队伍的相对稳定,从制度上防止急功近利、短期行为的发生,市委、市政府要坚决支持区县开展工作,始终做他们的坚强后盾,并建立健全激励机制,尊重鼓励创新精神,宽容失误,保护好基层和基层干部的积极性、主动性和创造性。

坚持"四个着力"
做大宜宾工业经济增量

　　工业化是生产力发展的必然要求,是实现现代化的必经阶段和必由之路。多年来,我们始终坚持工业强市不动摇,把工业摆在经济发展重中之重的位置,工业在全市特别是县域经济发展中的支撑作用日益凸显,已经成为宜宾市经济社会发展的主要推动力和财政收入的重要来源。实践证明,工业强,宜宾经济才强,财力才强,发展才有希望。当前,宜宾工业正处在提速扩张期,做大总量、做强实力是我市工业发展的首要任务。应在发挥既有优势、巩固已有基础的同时,把抓增量放在更加突出的位置,通过不断引入增量资源,激活、优化存量资源,推动工业经济量的扩张、质的提升、结构优化,不断提升宜宾工业核心竞争力。

　　着力培育新产业。资源富集配套是宜宾工业发展最大的比较优势。依托资源深度开发和综合利用,我市基本已形成了以酒类食品、综合能源、化工轻纺、机械制造等为特色的优势产业,培育了以五粮液、天原、丝丽雅等为代表的骨干企业,在推动宜宾经济社会发展中发挥了重要作用。但我市资源利用和转化水平还较低,多数产业处于产业链前端,产品附加值不高,结构性矛盾突出,工业经济增长更多的还是靠存量，而不是增量。为此，要把培育新兴产业作为主攻方向，立足我市资源禀赋、产业基础和区位优势，围绕"四基地"建设，以优势产业、骨干企业、特色产品为重点，引进战略投资者，引进大项目，延伸产业链，加快水能、煤炭、硫铁矿、石灰石、岩盐矿、天然气、烤烟、茶桑、林竹等优势资源的深度开发，着力培育壮大煤化工、重大装备制造、建筑建材、特色农产品加工等新兴产业，切实把资源优势转变为经济优势，形成宜宾新的支柱产业。

着力培育新企业。中小企业是拓展延伸产业、培育产业集群的基础。当前，我市工业发展中一个突出的问题就是大企业不多，中小企业少，支撑工业经济持续稳定快速发展的基础还不牢固。要进一步坚持和深化大中小企业并举的工业发展思路，既从"点"上抓好五粮液、天原、丝丽雅等一批大企业、大集团，也从"面"上培育更多的具有较强竞争力的中小企业。要大力实施"小巨人"企业发展计划，对成长性好、科技含量高、市场占有率大、出口创汇增长快、就业容量大的中小企业，在用地、资金、技术创新、产业配套、产业升级等方面给予特殊扶持，引导企业向"专精特新"方向发展，为工业经济积蓄更加充足的后续动能，形成既有"航空母舰"，又有一批"快艇"的企业舰队，造就具有宜宾特色的企业集群。

着力招商引资。破解资金难题，招商引资是最主要的途径。宜宾工业要谋求更大的发展，必须舍得拿出更好的资源、更好的项目去招商，在更大范围、更宽领域、更高层次上承接产业，利用外部资本，拓宽发展空间。要进一步实施全方位开放合作战略，充分借势、借力、借智，以我市的优势骨干企业为主体，以13个重点工业园区为载体，主动加强与周边地区的合作，加强与沿海地区和东南亚的经济技术交流与合作,有针对性地完善招商引资项目库,精心推出一批科技含量高、市场前景好、可持续发展能力强的大项目、好项目、新项目,提高招商引资、承接产业的成功率。尤其要搞好项目引进后、投资者进入后的跟踪服务,主动协调解决资金投入、开工建设、投资运行中的困难和问题,帮助投资者降低成本,尽快投入,尽快达产,真正让其在宽松环境中放心创业、在享受实惠中扩大投资、在多方帮助中无障碍发展,形成"引来一个、带来一批、辐射一片"的磁场效应,推动以商招商。

着力推进技术创新。科技进步与创新是经济社会发展的决定性力量,既可以给企业带来新的活力,又能催生新的增长点。要进一步完善支持和鼓励科技创新的政策体系,引导企业运用市场"倒逼"机制,加大技术研发投入,建设研发机构,强化技术创新能力、产品开发能力、市场开拓能力建设,不断增强核心竞争力。要继续建立完善以企业为主体、市场为导向、产学研结合的技术创新体系,围绕我市产业发展的重点领域、重点方向,切实抓好一批重大技术创新项目的实施,改造提升技术水平,开发新产品,拓展新市场,在技术创新中转变工业发展方式,不断创造新的增长点。要积极实施品牌战略,培育更多的省级、国家级品牌,依托品牌提高效益,增强竞争力。要切实抓好创新型员工和技术骨干的培养力度,着力造就一大批高技能、适用性强的技术工人,引进一批掌握核心技术、擅长科技攻关和集成的科技领军人才,为企业提质增效、转型升级提供坚强的人才保障和智力支持。特别是要把培养壮大企业家队伍放在突出地位,真心支持、保护企业家们的创新创造,通过充分发挥企业家的能动性、创造性,集聚更多的资金、人才、技术,推动宜宾企业的发展和工业的腾飞。

强力推进农产品加工业
实现县域经济发展新突破*

　　农产品加工是联系生产与消费的纽带,也是提高农产品附加值、促进农民增收致富、推动县域经济又好又快发展的重要途径。近年来,宜宾市立足市情,充分发挥农村劳动力和农产品资源丰富的优势,把农产品加工业作为推动县域经济发展的突破口,创新发展思路,加大扶持力度,优化发展环境,初步探索出一条欠发达山区加快县域经济发展的新路子。2007 年,全市 10 县(区)国内生产总值增速有 8 个超过全市平均水平,最高达到 18.2%;规模以上工业增加值增速达到 52.1%,高于全市平均水平 27.1 个百分点,其中农产品加工业贡献率达到 45%;农民人均纯收入 3930.7元,其中农产品加工业带动农户户均增收 1195 元,增长 17.7%。

一、大力发展优质农产品,实现加工原料基地化

　　培育产业基地、大力发展优质农产品,直接关系着农产品加工

---

　　* 本文发表于《县域经济》2008 年第 11 期。

业的产品质量和市场信誉,是推动农产品加工业快速发展的重要基础。宜宾市充分发挥自然优势,以优质、高效、生态、安全为目标,制定了《宜宾市江南特色效益农业基础规划》,加快建设沿江特色效益农业带,高标准建设优质畜禽、林竹、烤烟、茶桑、粮油、果蔬等山区特色效益农业基地,确保农产品加工企业的原料供应。2007 年,全市粮油播种面积居全省第七位,生猪、四川白鹅产量分别居全省第六位和第一位,蚕茧、烤烟均列全省第四位,茶叶产量居全省第二位,竹林面积为全省第一位,为发展农产品加工提供了优质原材料保障。

一是着力建设特色专业村,推进产业集中发展。集中发展特色产业,形成产业集群,是优化农产品加工业组织结构,提高农产品加工企业规模和水平的重要手段。近年来,宜宾以打造"百万元产值村、千万元产值村、一村一品专业村"为切入点,推进优势农产品和特色农产品向优势产区集中,初步形成了一村一品、一乡一业的发展格局。目前,全市已建成 529 个主导产业产值超百万元村、88 个"一村一品"专业村,占行政村总数的 21%,专业村主导产业收入占总收入的比重达到 69.1%。预计 2008 年"百万元村"达到 800 个,"千万元产值村"达到 10 个,"一村一品"专业村达到 135 个。

二是实行标准化生产,提升农产品的质量和档次。标准化生产是提高农产品品质,增强农产品市场竞争力的有效途径。宜宾主动适应农产品加工业需要,大打品种牌,着力推进标准化生产。2007 年,宜宾市农科院新育成的杂交玉米宜单十号通过四川省审定,有 10 个植物新品种获得品种权证书,具有完全自主知识产权的宜香优系列优质高产水稻在农产品基地推广面积达 15 万亩以上。南溪、兴文整体申报为无公害农产品基地县,新增 24 个、50.1

万亩无公害农(畜、水)产品生产基地。五粮液、叙府龙芽、碎米芽菜等一大批名牌食品享誉国内外,目前全市已有中国名牌1个、四川名牌9个、四川省著名商标11个、四川省知名商标17个。

三是大力发展订单农业,提高农产品转化率。发展订单农业是实现农业规模化生产,保证农产品加工原料供应和质量稳定的重要保障。宜宾大力发展订单农业,认真搞好订单农业的规范、引导、服务和监督工作,确保了农产品质量和加工企业的原料供应。2007年,落实优质专用粮食订单85.2万亩,占水稻种植面积的38%;多经生产订单面积近90万亩,同比扩大17万亩,订单农户61.3万户,占农户总数的51%,其中烤烟、蚕桑百分之百实现了订单生产。2008年,订单农业面积达到171.87万亩,比上年增加51.35万亩。

二、做强龙头企业,提升加工能力

龙头企业是农业产业化的中心环节。培育龙头企业是推进农产品加工业发展,带动农民致富,建设社会主义新农村的重大举措。近年来,宜宾市大力实施农产品加工企业成长工程,做大做强龙头企业,增强精深加工能力,形成了龙头带动、产业发展、农民和财政增收的良好格局。目前,全市畜禽、林竹、烤烟、桑茶、粮油、果蔬等特色效益农业都有了实力较强的龙头带动。2007年,全市规模以上农产品加工企业发展到176家,比上年增加69家,实现利税4.7亿元,增长62.1%。其中国家级龙头企业1家、省级14家,市级45家;年销售收入过亿元的农业产业化龙头企业16家,增加4家。一批以农产品精深加工业为主的龙头企业快速崛起,有力地推动了县域经济的快速发展。预计今年新增销售收入上亿元的龙头企业 4 家,规模以上龙头企业 15 家。

一是搭建政策平台,鼓励创优争先。全面、有力的政策体系是鼓励和支持龙头企业做强做优的体制保障。为加速培育县域龙头企业,我们以富民、强县作为最终衡量标准,结合宜宾实际出台了《关于进一步促进中小企业发展的意见》,对发展农产品加工企业采取了"三个放宽、五个鼓励"的政策。即:放宽市场准入、放宽审批前置条件、放宽注册资本认缴期限,凡注册资本在 500 万元以下的农产品加工企业,可实行零首付注册。对前置审批事项多、符合条件的农产品加工企业,在筹办期间可核发有效期 1 年的营业执照;每年科技三项经费、技术创新资金总额的 80% 用于扶持农产品加工企业技术创新;对新批准的国家级、省级、市级农产品加工龙头企业,市政府分别奖励 20 万元、10 万元和 5 万元;首次获得中国名牌等国家级品牌、四川省著名商标等省级品牌的企业,分别奖励 100 万元和 50 万元;获得有机食品标志和绿色食品标志的产品,分别奖励 5 万元和 2 万元。

二是搭建融资平台,突破资金瓶颈。资金是龙头企业发展最大的障碍。宜宾市针对农产品加工企业季节性资金需求量大、投资项目回收周期长、流动资产难以抵押变现的特点,积极发展各类担保组织,为企业排忧解难。目前,全市已组建 10 个担保机构,市财政共安排 9000 多万元资金注入市级担保机构,通过放大贷款比例,累计为中小农产品加工企业提供担保 6.1 亿元。对市级以上农业产业化龙头企业的技改资金和发展订单所使用的农产品收购资金贷款均按银行贷款利率 50% 以内给予贴息支持;允许农产品加工龙头企业以自有不动产、动产和注册商标等无形资产进行抵(质)押贷款;农户小额贷款可以由龙头企业提供担保,或者由龙头企业承贷承还。

三是搭建园区平台,形成集聚效应。"经济园区化、园区产业化、产业集群化"已成为经济发展的新趋势,以园区带动农产品加工业是农业发展的成功经验。近年来,宜宾市出台了一系列鼓励农产品加工企业向工业集中区集聚的优惠政策,促进农产品加工企业集聚发展。阳春坝、罗龙等13个工业集中区建设步伐加快,五粮液工业集中区去年实现销售收入252亿元、利税53亿元,综合经济效益列全国同行业第1位;建设中的福溪工业集中区,已有一批省、市、县级农产品加工龙头企业入驻,占入驻企业总数的1/3。

三、创新体制机制,增强发展活力

创新体制机制,是增强农产品加工业发展活力,维护龙头企业和农户利益的重要保障。宜宾市在推进农产品加工业发展中,以体制机制的创新调动各方积极性,有力地推动了农产品加工业的快速发展。

一是创新管理体制,激发区县发展潜力。推进农产品加工业发展,最根本的是注入改革创新活力。宜宾市按照"大农业、大食品、大加工"的新观念,积极采取措施,推动农产品加工业管理体制的创新,逐步改变农产品加工业条块分割、多头管理的局面,构建有效整合资源、整合管理的农产品加工管理新格局。按照责权统一、运转协调的原则,凡省上下放给宜宾市的审批权,除国家另有明确规定外,一律下放给各区县。对建设性项目、技改项目和外资项目的审批权,凡省上已下放给宜宾市的,一律下放到区县,实行属地管理。市财政每年安排5000万元用于扶持县域经济的发展,重点扶持各区县龙头企业、支柱产业和特色经济;对进入全国百强县或全省十强县的区县,市政府奖励 200 万元。

二是创新投资机制,加大开放力度。建立多元化的投资制度和树立开放合作的理念,是农产品加工业实现快速稳步发展的前提。宜宾市出台了《关于鼓励投资的暂行规定》,从土地支持、财税扶持、规费优惠各个方面鼓励企业或个人发展农产品加工业。农业产业化龙头企业上缴的增值税、所得税地方实得部分,由同级政府安排资金,按 2 奖 3 减半(即前 2 年全额奖励,后 3 年减半奖励)予以扶持;新办农业产业化项目,到位固定资产投资额在 5000 万元以上的,免收一切行政事业性收费;引进的农产品加工企业实行一窗受理、全程代理、并联审批的全程跟踪服务,其高层管理人员及其配偶、子女,可享受在市域范围内自由落户等优惠政策。四川申宇木业、成都明珠家具集团、安徽亚普竹业等多家知名企业先后到宜宾办厂或投资,农产品加工企业的整体规模、产品档次、外向程度、管理水平进一步提升。

三是创新利益联结机制,实现多赢发展。建立有效的利益联结机制,是谋求"农户利益链"与"企业产业链"相融合,实现多方共赢的现实选择。宜宾市大力推行以公司+专合组织+基地+农户、公司+经纪人+基地+农户为主的多种利益联结模式,引导、帮助农产品加工企业建立稳定的利益联结机制,探索出政府搭台、科技助推、企业、专合组织、农民同台唱戏五方合作粮油产业化模式,成效明显。2007 年,全市规模以上农产品加工企业投向"三农"的资金占产值的比重为 27.2%,占规模以上工业投入"三农"资金的比重高达 83%。各级农业产业化龙头企业直接带动农户达 128 万多户(次),带动优质农产品种植基地 770 个、314 万余亩,养殖基地 260 个,带动农户户均增收 1405 元,同比增长 60%以上,取得了企业和农户双赢的良好局面。

"四轮"驱动建设新农村

　　长期以来,宜宾市始终把"三农"工作放在重中之重的位置,紧紧围绕统筹城乡发展、促进农民增收这个中心,农业、农村工作不断取得新成效。但随着工业化、城镇化进程的加快,城乡之间的差距呈现出扩大的趋势,农业、农村经济出现了不少新问题。在这个新的历史时期,党的十六届五中全会提出了建设社会主义新农村的重大历史任务,为做好当前和今后一个时期的"三农"工作指明了方向。我们必须站在贯彻科学发展观、构建和谐社会的高度,深刻认识其精神实质和丰富内涵,从宜宾农业、农村的发展特点和发展阶段出发,坚持产业发展强农、基础设施促农、公共服务兴农、制度建设活农"四轮"驱动,以"一路二水三产业"为切入点,全面推进农业和农村工作,确保新农村建设取得实效,确保农民群众得到实实在在的好处,确保农民增收、农业发展、农村和谐。

　　产业发展强农,千方百计促进农民增收。产业发展是农民增收致富的基础,是社会主义新农村建设的重要支撑。从宜宾的实际来看,农民艰苦、农业薄弱、农村落后最核心的问题是产业发展滞后。为此,必须突出产业发展这个重点,坚持市场化配置资源,充分发挥我市的农业资源优势,积极培育壮大优势产业,为富裕农民、促进农民增收提供有力支撑。一是加快农业产业结构调整。在稳定粮食生产能力的基础上，抓住"东桑西移"、"北烟南移"等机遇，大力调整粮经结构、养殖业结构、品种结构、区域结构，重点培育壮大畜禽、林竹、烤烟、茶桑、粮油、果蔬等特色种养业，尽快形成"一乡一业、一村一品"的发展格局。二是大力发展农业产业化经营。坚持用工业的理念抓农业，充分发挥五粮液、叙府茶业等龙头企业的带动作用，重点发展农产品加工业和劳动密集型产业、生态旅游观光农业等，做大做强"酒业经济"、"竹业经济"、"畜牧业经济"、"茶业经济"。三是大力发展劳务经济。坚持以市场为导向，建立和完善"订单培训、定向输出、跟踪服务"一体化工作机制和劳务产业化服务链条，认真做好农民工外派与回乡创业工作，拓展农民增收的外部空间。四是大力发展农民专业合作经济组织。加大对农民专业合作经济组织的引导、支持力度，充分发挥它们在技术推广、运销服务、市场开拓、资源整合等方面的积极作用，让农民从加工、贮运、销售等环节获得更多的后续效益。

基础设施促农，改善农村生产生活条件。改善农业生产条件和农民生活条件，是增强农业综合生产能力，增加农民收入，实现农村经济社会可持续发展的前提和基础。我们立足宜宾实际，突出"路"、"水"两个重点，实行山、水、田、林、路、气、园综合治理开发，坚持不懈地抓好农村基础设施建设，不断改善农村的生产生活条件。一是以"通达通畅工程"为抓手，大力加强以通乡通村公路为主的农村公路建设，抓好新农村建设示范村的公路硬化、入户路和联户路美化工程建设，改善农村的生产条件和出行条件。二是在积极抓好向家坝水电站灌溉工程前期工作的同时，加快推进中型水库枢纽工程、烟水配套工程、水保工程、旱山村工程等重点水利工程建设，抓好水毁工程设施和病险水库的整治修复，加强小型水利和减灾节水灌溉工程建设。同时,搞好天然林保护和退耕还林工程,有序扩大"沃土工程"和"金土地"工程实施规模,继续开展好红土层找水,不断提高农业综合生产能力和防灾减灾能力。三是加快以沼气、农网改造为重点的生活设施建设。继续落实好富民生态家园沼气项目,以沼气池建设带动户办工程"六个一"项目(每户硬化一条进出便道,每户建一个硬化院坝,每户建一口沼气池,每户建一口卫生水井,每户建一口防旱蓄水池,每户建一个家园经济项目)的落实;加大农村广播、电视、通信建设和农网改造力度,逐步改善农民的生活条件。

公共服务兴农,促进农村协调发展。农村公共服务体系建设是社会主义新农村建设的重要内容,也是提高农民生活质量、统筹城乡发展的重要环节。宜宾市从解决好医疗、教育、社保等农民群众最直接、最现实、最迫切的问题入手,加快农村公共服务体系建设,确保农民群众共享改革发展成果。一是加快农村公共卫生、教育、文化等服务体系建设。总结、推广宜宾县、南溪县、珙县新型农村合作医疗制度试点经验,深化农村医疗卫生体制改革,不断完善村卫生室、乡镇卫生院和区县中心医院有机结合的农村公共卫生服务体系。不断改善农村办学条件,全面落实义务教育"两免一补"政策,缩小城乡教育发展差距。着眼于培育新型农民,大力发展面向农村的职业教育,重点抓好农民工劳务品牌培训、劳务扶贫培训、"阳光工程"培训和农业"科技入户"培训,不断提高农民的增收致富本领。统筹推进村级阵地建设和文化设施建设,大力建设村级活动室、图书室、宣传栏、休闲娱乐场所等文化设施,丰富农民群众的精神文化生活。二是加强农村扶贫和社会保障体系建设。积极实施新村扶贫、劳务扶贫、产业扶贫、移民扶贫、以工代赈等扶贫工程,加大农村社会保障工作力度,逐步扩大农村最低生活保障和农民工基本养老保险、失业保险、工伤保险的覆盖面并提高保障水平,加快农村敬老院建设步伐,不断改善农村困难群众的生活条件。三是完善农村社会化服务体系。以推进"万村千乡市场工程"为重点,加强市场服务体系建设,构筑农村现代流通体系和社会化服务体系,促进生产和市场有机对接,推动传统农业向现代农业迈进。

制度建设活农,形成新农村建设的体制保障。建设社会主义新农村,必须在工作思路和重点上有一个大的转变,通过全面推进体制改革与制度创新,使建设资金更多地向"三农"倾斜,公共服务更大范围地覆盖农村。一是全面落实党的各项强农惠农政策,特别是在建设项目、财政资金、银行信贷等方面进一步向农村倾斜,切实加大对农业和农村的投入,并逐步把行之有效的措施规范化、制度化。二是加快农村财政制度创新和金融体制改革,积极转变涉农资金的投入机制,以财政资金和金融资金撬动工商资本、民间资本、外商资本投资开发农业,逐步形成国家、个人和社会力量多元化的投入机制。三是进一步落实村民自治制度,健全村务公开和民主管理制度,完善农村"一事一议"筹资筹劳办法,切实尊重农民群众的主体地位,更好地发动群众投身于新农村建设。四是加快改革以户口管制为标志的城乡分治二元体制,进一步清理和取消各种针对务工农民流动和进城就业的歧视性规定,降低农民进城的"门槛"。同时,建立农民工最低工资制度和工资发放保障机制,彻底解决务工农民工资偏低和工资拖欠问题。四是抓住停征农业税的契机,深化乡镇机构改革,完善农村行政管理体制,转变农村基层政府职能,使其尽快转变到维护社会稳定和组织引导农民进行新农村建设上来。

实施"壮旅、活商"战略
提升旅游商贸业发展水平

建设长江上游川、滇、黔三省结合部经济强市,培育壮大旅游、商贸物流产业,提高现代服务业对全市经济发展的支撑力至关重要。面对加快发展的新任务新要求,我们必须坚持一、二、三产业互动,大力推进"壮旅"、"活商"战略,加快提升宜宾旅游、商贸物流业发展水平,为建设美好新宜宾注入强大活力。

一个地方的经济是否具有活力,很大程度上取决于旅游、商贸物流业的发达程度。旅游是城市的名片,发展旅游可以提升一个城市的知名度和美誉度;商贸是城市的"血肉",繁荣商贸将使一个城市旺商气、添人气、聚财气。旅游、商贸物流业的发展,不仅可以促进一、二、三产业相互渗透合作,谋求共同发展,形成新的经济增长点,而且有利于城市功能的完善和综合承载能力的提升,有利于营造良好的人居环境和投资环境,增强城市的辐射带动能力。

旅游、商贸物流业属典型的劳动密集型产业,具有分布广泛、类别众多、门槛低、就业容量大的特点,对不同类型、不同层次的劳动力都有需求。据统计,旅游业每增加 1 个直接从业人员,就能带动增加 5 个就业岗位。因此,大力发展旅游、商贸物流业,不仅可以极大地拓展就业空间、增加就业岗位,带动群众增收致富,而且对提高城乡居民的生活质量也具有积极的促进作用。作为环境友好型和资源节约型产业,发展旅游、商贸物流业也是经济结构优化和产业结构调整的重要内容。旅游、商贸物流业是一个产业关联度高、融合性强的产业,在国民经济体系中表现出鲜明的辐射性、交叉性、带动性,对产业结构调整、拉动经济增长具有重要的促进作用。据世界旅游组织测算,旅游业每直接收入1元,相关行业就可以增收4.3元。大力发展旅游、商贸物流业,不仅可以扩大服务业规模,改造提升传统服务业,加快金融、信息、中介等现代服务业发展,还可以直接推动交通、通信、能源等基础产业发展,并间接推动农业、工业和城市发展,在推动经济发展方式向低消耗、高效益方向转变方面具有重要作用。

从四川特别是川南地区的比较来看,宜宾在发展旅游、商贸物流业上具有显著优势。一是有优越的区位条件。宜宾地处川、滇、黔三省结合部,位于金沙江、岷江、长江三江交汇处,是长江黄金水道的起点,是长江经济带的重要组成部分,还是长江经济带西延的理想生长点,具有借势成渝、辐射滇黔的显著优势,有利于吸引各类生产要素的集中集聚。同时,宜宾市是金沙江滚动开发的依托城市和前方指挥基地、后勤保障基地,特别是随着成渝经济区和全省重点规划建设的沿江产业带、川南经济区的发展融合,宜宾在省内、区际间的战略位置更加突出,发展旅游、商贸物流业得天独厚、潜力巨大。二是具备较完善的交通网络。宜宾是国家"五纵七横"交通规划中南北干线与长江东西轴线的交汇点,是国家规划的长江六大重要枢纽港之一,随着内昆铁路、宜水高速公路等一批重大项目的建成,乐宜和宜泸渝沿江高速公路、长江航道整治、四川宜宾港、宜宾机场迁建、成贵铁路的加快推进,铁路、公路、航空、水运相配套的综合立体交通网络更加完备,宜宾正成为我国东南沿海、中原腹心与西南地区交流的要冲,为旅游、商贸物流业发展提供了强有力的支撑。三是旅游资源富集。作为国家历史文化名城、中国优秀旅游城市,宜宾山水资源与人文景观交相辉映,独具魅力,生态旅游、人文旅游、产业旅游、红色旅游等特色资源丰富,有国家级、省级风景名胜33处,是中国最佳文化生态旅游城市、四川省新五大精品旅游区之一。经过多年的发展,宜宾市旅游业规模不断扩大,已形成了以4A级旅游区蜀南竹海和世界地质公园兴文石海、全国工业旅游示范点五粮液工业园区等为代表的一批有影响力的知名品牌,旅游业已经具备了跨越发展的良好基础。四是有深厚的文化底蕴。宜宾有经商、重商的传统,自古就是商贸重地,是南丝绸之路、茶马古道的重要通道,是西南地区的重要物资集散地,素有"填不满的叙府"之赞誉。广东会馆、云南会馆、陕西会馆、浙江会馆等见证了宜宾往日商贾云集、舟楫如林的繁华景象,形成了独特的川南商贸文化。而以柯桥筼连老板为代表的宜宾商人,更显示出当代宜宾人卓越的商业才华。宜宾市旅游文化独具魅力,国家历史文化名城数千年的时空传承,凝练了丰富的历史文化遗存、风格独特的地域文化和钟灵毓秀的民俗风情,形成了酒文化、竹文化、抗战文化等独树一帜的旅游文化,构成了宜宾旅游业的独特内核和核心竞争力。五是有坚实的发展基础。宜宾市经济总量居四川省第四位,经济呈加速上升态势,为旅游、商贸物流业的发展提供了坚实的物质基础和商业流量。随着川南城市群发展带来的人口集聚和城乡居民收入水平的不断提高,还将为旅游、商贸物流业的发展提供相当规模的消费群和购买力,开拓广阔的产业发展空间。

发展旅游、商贸物流业是一项综合性的系统工程,必须抓住关键环节,实施重点突破。

要突出规划龙头。规划的档次和水平决定了旅游、商贸物流业发展的档次和水平。围绕把宜宾市打造成为国家级自然生态和历史文化旅游目的地、区域性商贸物流中心这个目标,统筹考虑区域资源整合和要素优化配置,高标准、高起点、高水平编制好旅游、商贸和物流发展规划,并与全市经济社会发展规划相衔接,与工业、农业、交通、城市、环保、文化等规划相协调,做到一流水平规划、一流品位建设、一流标准管理,体现科学性、前瞻性和进取精神的统一。特别应突出旅游、商贸、物流的富民功能,在规划中充分考虑群众就业和改善群众生产生活基础设施,使旅游、商贸物流业真正成为就业产业、致富产业,成为全民创业的重要支点。同时,规划尤其是旅游规划应充分体现人文、历史、自然、生态特点,按照"以特色定规划,以开发出精品,以精品塑形象"的要求,以文化为魂,突出世界性、民族性、地域性,积极实施精品战略,着力打造精品景区、精品线路,增强宜宾市旅游的吸引力和竞争力。

要强化基础支撑。基础设施是产业发展的重要保障。要切实加强以交通为重点的基础设施建设。对外,立足融入成渝、辐射滇黔、面向全国,加大对外通道建设力度,构建公路、铁路、航空、水运相衔接、安全便捷的立体交通网络;对内,立足资源整合,加快旅游快速通道建设,进一步改善市内交通状况,增强旅游的可进入性和通达性。同时,加快重点景区及城镇的基础设施建设,完善配套服务设施。加快口岸基础设施和物流园区、物流公共信息平台建设,构建高效衔接的综合物流运输体系,把宜宾市建设成为川滇黔结合部的物流中心。在加强硬件建设的同时,进一步健全产业发展引导政策,加强管理,提高服务质量,充分体现以人为本的理念,努力创造充满人文关怀的发展环境。

要培育市场主体。加快培育市场主体,是促进旅游、商贸、物流业发展的关键所在。针对我市现有旅游企业小、散、弱的状况,要以建立现代企业制度为目标,继续探索推行"政府出资源,企业出资金,市场化运作,规范化管理"的开发机制和模式,走景区开发所有权、经营权和管理权相分离的改革之路,吸引大集团、大公司投资参与景区经营管理,扩大规模,提高档次。采取联合、兼并、收购或股份制改造等灵活多样的形式,推进旅游企业的优化重组、强强联合,提高旅游企业的规模化和组织化程度,引导和支持实力强、管理规范的旅行社、酒店、餐饮企业向集团化、网络化、品牌化、国际化经营方向发展,形成一批有较强竞争力的旅游企业集团。充分发挥中小企业在参与分工协作经营中的优势,做专做精一批中小企业,形成以大企业为主导、中小企业为支撑的旅游企业发展格局。瞄准现代商贸物流业发展方向,加大国有商贸企业战略性调整和改组力度,通过资产流动和重组,使国有资本从分散的中小企业、劣势企业、低效领域向实力型企业、优势企业和高效领域集中。特别是应在进一步做大做强我市现有的安吉物流、天畅物流等商贸流通企业的同时,大力引进大型连锁商贸流通企业进驻宜宾,形成大集团带动、大市场拉动、大连锁联动的发展格局,促进商贸业高级化。

要健全市场体系。结合城市功能分区的调整和城市空间范围的拓展,进一步完善城市商业网点规划,合理布局中央商业区、特色商业街区和大中型零售商业网点、居民住宅小区配套商业网点、商品市场,形成与我市经济发展水平和人口分布相适应的市场体系骨架,把宜宾市建设成为区域性的购物中心和会展商务中心。进一步开拓旅游市场,抓住四川省打造五大精品旅游区的契机,强化旅游整体营销,大力开拓市外客源市场,不断提高宜宾市旅游的知名度、美誉度,使宜宾旅游走出四川、走向全国、走向世界。

要坚持开放突破。旅游、商贸物流本身就是高度开放的产业,而开放更是发展壮大旅游、商贸物流业的重要途径。要树立全方位开放的新理念,以大项目为载体,以企业为主体,以产业为平台,以资本为纽带,大力引进战略投资合作者,尤其要把培养、引进高层次专业人才放在突出位置,通过人才开发开放,注入先进理念、管理和技术、资金等关键发展要素,不断提高我市旅游、商贸物流业现代化水平,提升整体竞争力。要树立资源共享、优势互补、协作竞争的新观念,着力打造无障碍旅游区。加强商贸区域合作,进一步密切与区域周边地区的合作,共同打造蜀南竹海、石海生态文化度假旅游区和川南商业圈。加强与省内特别是与乐峨、九黄等旅游区及大西南滇黔渝藏区域的合作,规划和推出精品旅游线路,实现旅游资源、客源、商机的互补与共享。加强与东部沿海和港澳的旅游、商贸合作,利用泛珠三角区域合作平台,把市场开拓的主攻方向放在沿海发达地区和中国—东盟自由贸易区,在拓展东南亚市场上取得突破性进展。

把宜宾建设成为国家级自然生态和
历史文化旅游目的地

旅游文化业是极具发展潜力的朝阳产业,具有关联度高、产业链长、带动力强的特点,在推动产业结构调整和发展方式转变中占有举足轻重的地位。近年来,我们充分发挥宜宾市独特丰富的旅游文化资源优势,大力发展旅游经济,旅游文化业规模不断壮大,宜宾市先后荣获中国优秀旅游城市、中国旅游竞争力百强城市、中国最佳文化生态旅游城市等殊荣。站在新的起点上,进一步加快宜宾市旅游文化业发展,必须坚持以科学发展观为统领,开阔视野,发挥优势,创新机制,增强可持续发展的内在动力,加快把宜宾市建设成为国家级自然生态和历史文化旅游目的地。

当今时代,经济全球化向纵深推进,区域经济合作步伐加快,为宜宾市旅游文化业发展提供了新的平台和商机。抓住新机遇,实现新跨越,关键要创新发展理念,以大胸怀、大视野、大气魄来抓旅游。

(一)建设大旅游、大市场、大产业,促进又好又快发展。现代旅游文化业是一个关联带动性强的产业聚合体,发展旅游文化业必须牢固树立大旅游的理念,通过分类指导、重点打造、品牌整合、综合开发来谋划创新、推进发展。要坚持旅游产业化、产业旅游化,加强重点景区景点的打造,合理确定旅游功能分区,使旅游文化产业的发展落实到空间布局上。要坚持产业互动、产业相融,充分放大旅游文化业的乘数效应,以旅游文化业为牵引,吸引更多的海内外人士来宜宾休闲度假、购物置业、健身疗养、商务洽谈,吸引更多的人流、物流、商流、资金流、信息流在宜宾集聚扩散,推动宜宾市酒类食品、综合能源、机械制造、化工轻纺、现代商贸物流业的快速发展,促进产业层次提升和经济结构优化,不断提高旅游文化业对全市经济发展的贡献率,实现经济、社会、生态效益的完美统一,增强经济增长的持久动力和活力。

（二）**突出世界性、民族性、地域性,彰显独特魅力。**越是具有地域性,就越具有民族性;越是具有民族性,就越具有世界性。千古人文,天地润墨,自然宜宾。酒文化、竹文化、石文化的"雅",李庄古镇的"魂",以及万里长江第一城、蜀南竹海天下翠、石海洞乡天下奇、僰人悬棺天下谜、神州琼浆五粮液等品牌,都是独具宜宾地方特色的稀缺资源,为宜宾市旅游文化业发展注入了旺盛的生命力,也是宜宾走向世界、与国际接轨的关键。要在传承历史的基础上,用全球思维、世界眼光来审视、谋划宜宾旅游,认真研究不同文化背景游客的旅游心理和需求,以国际标准定位,打造具有浓郁地域风情、民族特色、国际一流的旅游产品,让宜宾走向世界,让世界畅享宜宾,把宜宾旅游文化业推向更高更广阔的发展空间。

（三）**提升城市形象、市民形象、品牌形象,放大综合效应。**人、城、景是推动旅游文化业发展的重要因素。要把旅游文化业的发展与加快城市化进程有机结合起来,围绕把宜宾市建设成为区域性中心城市,坚持"以城市带动旅游、以旅游促进发展",科学确定城市功能分区,切实加强公共基础设施和市政设施建设,打造城市特色、景观、亮点,使城市功能更优、城市容量更大、城市品位更高、城市辐射能力更强,城市形象显著提升,为旅游文化业的发展搭建坚实平台。城市因人而生动,旅游因人文而精彩。市民素质决定着城市的文明程度,市民形象体现着旅游的人文特质。要坚持以人为本,把提高市民素质、提升市民形象放在突出位置,弘扬文化名城诚信、包容、智慧、创新的精神特质,深入开展各种精神文明创建活动和道德实践活动,不断改善人文环境,树立人美、城新、景秀的新形象。

宜宾市旅游资源富集配套,区位优势突出,可进入条件好,旅游要素齐备,具有发展旅游支柱产业的显著优势。围绕把宜宾打造成为国家级自然生态和历史文化旅游目的地,要进一步加强旅游基础设施建设,积极参与区域合作,加大营销力度,推动旅游文化产业强势崛起。

(一)发挥城景一体优势,全面提升城镇旅游功能。"旅游即城市",城市是最大的旅游产品。宜宾是一座滨江城市,大自然赐予了它"灵山秀水总宜宾"的独特魅力,境内国家级、省级风景名胜区众多,特别是中心城区江、山、塔、桥交相辉映,城景交融、相映成趣。要充分发挥城景浑然天成的优势,把国家历史文化名城、全国卫生城市、生态型山水园林城市建设与打造旅游目的地城市统筹起来,进一步完善城市规划,精心做好城市设计,优化城市环境和服务体系,强化中心城市的集散功能、生产功能、服务功能,不断增强城市的旅游承载力、集聚力和辐射力。要把蜀南竹海、兴文石海等重点景区的县城、小城镇建设作为重点,将城镇的风格、个性与景区景点协调起来。特别是要针对自助游、休闲游等新兴旅游方式的蓬勃兴起,建设一批汽车旅馆、农家旅馆,适度合理发展产权酒店、养老型酒店、温泉度假村、游钓度假村等不同形态的旅游物业,使其成为景区、景点的有力依托,实现旅游与城镇发展的良性互动。

(二)加强旅游交通环线建设,全面提升旅游通达水平。把区位优势转变为旅游经济发展优势,交通是关键。要把构建外通内畅、便捷高效的立体交通体系与打造半小时经济圈、一小时经济圈相结合,加快构筑网络化旅游通道,不断完善市内旅游小环线、中环线,并积极推进旅游景区路面的柔化、美化,提高舒适度,形成功能合理、配套有序、四通八达的市域旅游交通体系。要着眼于宜宾市旅游文化业的区域化、国际化发展,按照突出南向、西向,拓展北向、东向的思路,重点加强连通川滇、川黔、攀西的铁路和高速公路大通道建设,加快推进宜宾机场迁建,缩短宜宾与省内外、海内外市场的时空距离,打造无障碍旅游区,增强旅游市场的吸引力和竞争力。

(三)强化整体营销,提升宜宾旅游的整体形象和知名度。旅游经济是"概念经济"、"眼球经济"、"注意力经济",宣传推介是旅游文化业发展的助推器。要坚持高品位、高质量、高水平,加强对旅游特色、旅游主题、旅游口号、旅游标识、旅游歌曲等的策划包装和形象设计,打造宜宾市整体旅游品牌,不断提高宜宾市旅游的美誉度。要创新宣传营销方式,坚持传统方式与现代手段相结合,走出去与请进来相结合,独立促销与联合促销相结合,日常促销与节庆促销相结合,综合运用多种方法提高宜宾市旅游的知名度。要坚持市场化运作,大力推行"区域联动,行业联合,企业联手,媒体联姻,电子联网"的大旅游营销战略,充分调动旅行社、旅游景区、宾馆酒店等各类旅游企业的积极性,统一向外展示和推介宜宾旅游整体形象。

随着经济社会的发展,旅游消费日益呈现出多元化、高品位的特点,更加注重娱乐性、参与性、体验性,休闲度假旅游渐成潮流。要顺应旅游方式的转变,加大休闲度假旅游项目开发力度,积极推动旅游度假区升级转型,加快把宜宾市建设为区域性旅游度假中心和最适宜旅游度假的休闲名城。

(一)突出特色性,打造旅游精品。特色是旅游文化产业的生命。宜宾旅游资源丰富,空间组合理想,名城、名江、名酒、名景、名人荟萃,具有时代、人文、自然条件等多重象性,发展休闲度假旅游条件优越。要结合建设生态型山水园林城市,加大三江六岸滨河休闲带改造力度,建设长江地标景观节点,倾力打造万里长江第一城都市观光休闲游;以蜀南竹海国家自然保护区为基础,突出回归自然、天人合一,加强竹文化、竹生态开发,倾力打造蜀南竹海生态休闲度假游;以世界地质公园兴文石海为基础,整合僰王山、太安石林资源,深度挖掘独具特色的苗族文化,倾力打造兴文石海民俗风情休闲游;以珙县、兴文等地的僰人悬棺和生活场景遗址为基础,深度挖掘神秘久远的僰文化,倾力打造僰人文化探秘体验游;以向家坝水利设施人工生态系统为基础,精心包装向家坝库区"高峡出平湖"盛景,倾力打造向家坝水文化休闲旅游;以李硕勋、余泽鸿、赵一曼、阳翰笙、孙炳文、卢德铭、郑佑之等革命先驱的事迹、红军长征遗迹和川南游击纵队历史为基础,倾力打造革命老区红色旅游。

(二)突出文化性,打造旅游名品。旅游文化业不仅仅是一种经济现象,同时也是一种文化现象,旅游的过程就是文化交流与传播的过程。宜宾是国家历史文化名城,数千年的时空传承,凝练出丰富的历史文化遗存、风格独特的地域文化和钟灵毓秀的民俗风情,成为宜宾市旅游持久的吸引力和核心竞争力。要把三江文化作为宜宾市旅游的第一文化元素,精心打造标志性建筑,展示三江文化兼容并蓄的磅礴气势。以全国工业旅游示范点五粮液工业园区为重点,保护和开发五粮液明代窖池景点,建设流杯池酒文化公园,铸造现代与传统联姻、跨越 3000 年悠远时空的酒文化。充分发挥宜宾市作为僰侯故里和四川省最大的苗族聚居区的优势,深度挖掘古朴多姿、奇异多彩的僰苗文化,加快建设中华僰人文化村和苗族民俗风情园,探寻悲情壮美的僰文化和豪迈奔放的苗文化。突出拥有九宫十八庙古建筑精品的"土木建筑圣地"李庄古镇及"中国民间建筑活化石"夕佳山古民居,充分展现中国传统建筑文化的精髓。打好哪吒牌,综合开发真武山古庙群、禹王宫、千佛岩和屏山龙华世界第一立佛等景区景点,展示博大精深的儒、佛、道文化,让游客在求真、求善、求美中陶冶性情、修身养性。

(三)突出体验性,打造旅游新品。旅游消费是综合性消费,必须拓展延伸消费环节,开发多样化的旅游产品,推动单一的观光旅游向综合性的休闲度假转变。要抓住购物、娱乐、餐饮、商务等环节,重点开发融观赏性、参与性、体验性、娱乐性为一体的多元化休闲度假旅游产品,丰富游客的精神文化生活,增强游客的观光乐趣,延长游客停留时间,争取"回头客"。要立足宜宾的山水、生态、环境优势,建设人与自然和谐相处的"绿色旅游目的地",发展绿色生态体验旅游;推出文化探源与神秘发现之旅,为旅游者提供具有知识价值、文化价值、审美价值的旅游产品。以宜宾丰富的水资源为依托,发展水上休闲度假旅游。立足丰富独特的民俗文化资源,办好彝族年、苗年、苗族花山节,发展民俗风情体验旅游。同时,积极开发自驾休闲旅游,精心包装自驾旅游线路,满足游客的多样化需求。

(四)突出个性化,打造旅游佳品。要坚持亲情化、人性化、个性化服务,调整旅游宾馆的布局和档次结构,加强旅游商品开发和市场建设,开发具有地方特色的娱乐项目,促进旅游服务的无缝衔接和旅游要素的完美整合,让游客在"品宜宾美食、栖三江仙境、行生态通道、游品牌景区、购五粮美酒、娱僰苗文化"中感受宜宾的独特魅力。要从细微处见真情,推出自助式、定制化、一条龙的旅游服务新模式,让游客处处感到温馨、处处得到尊重、处处游得尽兴。要把旅游人才资源作为最重要的旅游资源,加强旅游人才队伍开发,全面推行旅游服务专业化、职业化,加强旅行社、景区、酒店工作人员和出租车司机等旅游从业人员培训,造就一支高素质旅游从业人员队伍。

培育旅游支柱产业,建设旅游强市,必须走改革之路,行创新之策,加快旅游发展方式转变,不断增强宜宾旅游文化业发展活力。

(一)创新管理模式,实施政府主导型战略。要在加强政策扶持的同时,转变政府职能,把旅游管理工作的重心转到高起点规划、实施宏观产业指导、搞好综合协调、加强市场监管上来,大力发展行业协会等中介组织,加强行业自律,努力提高行业管理和服务水平。要坚持高起点规划,统筹考虑区域旅游资源,优化要素配置,使旅游文化业的发展与全市发展战略和定位相协调,旅游规划与土地利用规划、交通发展规划、城市总体规划相衔接,旅游设施建设与城市化进程相配套,实现旅游文化业可持续健康发展。要加快旅游投融资体制改革,鼓励民间资本、外商资本和社会资本开发旅游资源,兴办旅游项目,参股旅游企业,实现资本与资源的最佳结合。要严格遵循"科学开发、合理保护、永续利用"的原则,在旅游资源的开发中保护好原生态、原住民,大力发展资源节约型、环境友好型的现代旅游产业,最终实现经济效益、社会效益和环境效益的有机统一。

（二）坚持市场化运作,培育壮大企业主体。改变政府包、政府投、政府办的做法,充分发挥市场在资源配置中的基础性作用,让企业上前台、唱主角。以建立现代企业制度为目标,以重要景区景点和国有旅游企业为重点,探索推行"政府出资源,企业出资金,市场化运作,规范化管理"的开发机制和模式,走景区开发所有权、经营权和管理权相分离的改革之路。通过上市、兼并、联合、重组、加盟和中外合资合作等方式,引进国际知名品牌和战略投资者,加快推进旅游企业市场化、现代化、国际化。要推进旅行社的集约化和专业化,扶持一批上档次、上等级的旅行社企业。要加强资本运营,建立以资本为主要联结的旅游集团企业,形成经营统一联合体,使旅游企业实现产业升级、产品创新和企业组织结构优化。

（三）规范市场秩序,优化旅游发展环境。要坚持依法治旅,加大旅游执法力度,开展旅游市场秩序整顿,规范旅行社、导游人员等各类旅游经营单位和个人的经营服务行为,切实保护好游客的合法权益。要坚持以德治旅与依法治旅相结合,加强行风建设,构建旅游信用体系和旅游企业诚信评价体系,加大新闻媒体监督力度,畅通旅游投诉渠道,建立规范旅游市场秩序的长效机制。要牢固树立"安全是旅游的生命线"的观念,建立健全安全运行体系和应急机制,增强安全防范意识,加大安全监管力度,围绕平安宜宾、诚信宜宾、和谐宜宾目标建设,营造舒适、安全的旅游环境。

宜宾以循环经济促进新型工业化
——旧包袱抖出新财富

　　四川宜宾有"三绝"：五粮液酿酒不烧煤，天原的废渣是宝贝，丝丽雅烟囱口朝内。废渣、废水、废气，这些企业的旧包袱，如今却成了"摇钱树"。

　　"党的十七大提出建设生态文明和发展循环经济的思路，为我们提供了可持续发展的金钥匙。"中共宜宾市委书记杨冬生说。他还说："用循环经济的思路推进产业发展，是新型工业化的现实途径。循环经济既为企业提供了节能降耗和控制污染的动力，也为企业与地方找到了新的经济增长点。"

酿酒不烧煤

　　五粮液厂区的锅炉房里，丢弃的酒糟在炉膛中燃烧。"这些丢糟能代替12万吨煤，可以说，现在五粮液酿酒已经不用煤了。"宜宾五粮液股份有限公司副总经理刘友金不无得意。他还说："丢糟可以生产复糟酒，燃烧后的丢糟灰还能生产白炭黑，是代替石英砂做胶鞋底的好材料。"

1988 年至 1996 年,五粮液公司先后 3 次共投资 3128 万元新建和扩建饲料厂,结果是花钱的速度赶不上丢糟增长的速度。"那时候丢糟是个大包袱。我们租了 20 多亩地放丢糟,多大的一个坑啊!可是两三年就放不下了。"时任公司生产部部长的刘友金回忆说。

循环经济让五粮液尝到了甜头:"吃干"底锅水生产乳酸,每年不仅降低 COD(化学需氧量)排放量 7000 多吨,还新增销售收入 800 万元;"榨尽"经过乳酸工程的黄水、酒尾、底锅水等酿酒副产品,还可提取酒用香源 120 吨,酿酒过程的废物得到 100% 再利用。

废渣是宝贝

"高效的化学反应会最大限度地利用原料分子的每一个原子,使之结合到目标分子中,达到零排放。原子利用率越高,产生的废弃物越少,对环境造成的污染也越少。"宜宾天原集团股份有限公司总裁罗云对原子经济性的概念颇为推崇。

正是对高利用率的推崇,使天原集团成为氯碱行业中首个实现循环经济的企业:利用自主研发的全废渣制水泥技术,建成国内最大的全废渣水泥环保项目,形成了集能源、热电、化工、建材为一体的循环经济发展模式,每年消化电石渣 54 万吨、煤灰渣 16 万吨,创造经济效益 6000 万元。

"我们投资了 4 亿多元来搞循环经济,投资虽大,还是觉得划算,因为在这个过程中,我们掌握了行业的关键技术,拥有了核心竞争力,实现了产业升级。"罗云介绍,天原集团从 1998 年亏损5000 万元发展到 2006 年实现利税近 5 亿元,依靠的就是解决行业瓶颈技术和发展循环经济。

烟囱口朝内

宜宾丝丽雅集团有限公司副总裁邓传东也是循环经济的践行者。他说:"纺织企业本来利润空间就小,而且国外对你产品的环保要求非常高。因此,在丝丽雅,你找不到只用一次就放掉的水,找不到往外冒烟的烟囱,所有能量在这里都是梯级使用。"

通过采用以自主创新的"一锭多丝"为基础的循环经济模式,丝丽雅的产能翻了 1 倍,每月减少 COD 排放量 42 吨,每天节水 8000 吨,累计节约土地 1400 亩。

"依靠循环经济和自主技术,我们降低成本,在原材料涨价的情况下,依然保持了 30% 的年增长速度。"邓传东说。

2007 年前 9 个月,宜宾生产总值同比增长 14.5%,单位工业增加值综合能耗同比下降 12.7%,跻身四川省 39 个环境监测城市的前 10 名。

[记者感言]

宜宾人是"吝啬"的。企业与政府热衷于"三废"的循环利用,"吃干榨净"的程度令人钦羡。发展循环经济,使企业自觉地把节能减排转化为调整结构、提高效益的内在动力,更维护了宜宾作为长江上游生态屏障的美誉。自己"勒紧裤腰带"才能成就整个长江流域的生态保护,如此看来,宜宾人又是慷慨的。

《人民日报》2007 年 12 月 10 日

记者:陆娅楠 郑德刚

四川宜宾大力发展循环经济

两年前,四川宜宾市的两项排名让全市上下坐立不安:在国家环保总局重点监控的 113 个城市之中,宜宾名列污染最重的前 10 名;而作为四川工业大市,工业增速却首度居全省倒数第一。

两年后,当宜宾的老百姓为重新呼吸到穿城而过的长江带来的清新空气高兴时,宜宾市的经济社会发展也正向一个新的高度攀登。宜宾市从治污入手,从发展循环经济突破,做活开放和县域经济两篇文章,经济发展取得了新成绩。

宜宾多煤,年产量占四川省 1/3。靠煤吃煤,黄桷庄、豆坝两大火电厂担当了宜宾城区电力供应主力。但由于建造时间早,脱硫措施不配套,贡献大污染也大,全市二氧化硫排放总量 17 万吨,两大电厂就占了近 10 万吨。电厂周边的屋顶上、菜地里常年可见厚厚一层黑色积物,市民说"很少看到蓝天白云"。

现实让宜宾人开始清醒:国内生产总值的增长,不能用环保欠账来换取,不能以老百姓的健康为代价。一场事关 520 万宜宾人民生活质量的治污之战悄然打响。市委、市政府在每月召开经济形势分析会的同时,召开环境质量分析会。从 2006 年 4 月下旬开始,市里每周发出专项督察通报,期期都是环保排第一。

近两年来,宜宾在环保领域的投入高达 13 亿元,约占地方财政收入的 1/4。为了扼住烟尘的"喉咙",两大电厂投资 2 亿元配套了先进的脱硫装置,昔日滚滚黄烟变成了淡淡的白烟,二氧化氮、二氧化硫等污染物含量均实现达标排放。2007 年 4 月,宜宾再下决心,关掉了另外 3 家火电厂。"全国十大空气污染城市"的"帽子"终于被摘下。

成功"摘帽"仅仅是第一步,从治污入手调整工业结构和布局,转变经济发展方式是宜宾的奋斗目标。

调整以"腾笼换鸟"的方式进行,从发展循环经济入手。原位于中心城区的工业企业逐渐外迁,利用级差地租带来的收益进行大规模的技术改造。化工企业天原集团公司、化纤企业丝丽雅公司等都在搬迁改造中获得新生。

说起循环经济带来的收获,宜宾天原股份有限公司副总裁邓敏如数家珍——自主开发应用本体化生产聚氯乙烯新技术,每吨节水 4 立方米左右,产能则从原有年产 2 万吨提高到现在的 20 万吨规模,累计新增产值近 6 亿元;运用独创的大型电石专利技术和自主设计完成的大型国产化离子膜烧碱装置,建成无烟囱排放、粉尘回收的清洁生产电石基地,电耗每吨降低 200 千瓦时;首家研制成功并建成国内最大的全废渣水泥环保项目,不仅在行业率先解决电石渣环境污染问题,每年还产出上千万元的建材……这家曾经连年亏损 5000 余万元的大型企业,2008 年销售收入已过 40 亿元大关,利润 3.7 亿元。

五粮液集团公司自行研制出环保锅炉技术,用酿酒丢弃的酒糟为锅炉燃料生产蒸汽,每年可处理 20 万吨酒糟,生产锅炉蒸汽约 40 万吨,腾出丢糟堆放地约 20 亩,节约煤炭 4 万吨,减少煤渣 1.2 万吨,减少运输量约 25 万吨,减少二氧化硫排放量 800 吨。

分析两年前工业经济一度徘徊不前的原因,中共宜宾市委、市政府的结论是：中小企业发展慢，而大企业对外依存度大，对内辐射力有限，当大企业为调整自身经济结构放慢脚步后，中小企业又无法填补"空缺"。

10年前"抓大放小"是必然，今天"抓大扶小"、"强大活小"要提上日程，工业发展需要合理的结构和区域布局，中小企业群不可忽视。结合历史和现状，市委书记杨冬生分析道。

结构调整从开放破题。杨冬生就任宜宾市委书记不到一年，3次出省招商。资金、技术、人才、市场，都是宜宾大力引进的对象。浪莎、沃尔玛等企业先后落户宜宾。

布局调整则从"强县"着手。市长吴光镭告诉记者，宜宾经济的一个重要差距是县域经济不强，而县域经济又差在工业基础薄弱。为此，宜宾从各方面支持区县把工业经济做大做强。高县通过两年左右的时间，使全县规模以上的企业由15家增加到32家，2006年企业实现利润总额2.56亿元。筠连县立足煤炭资源开发，正在形成煤炭产业链；南溪等县则以丰富的农产品为原材料，发展农产品精深加工业，走出了农业产业化之路。

"活小"重在"扶"。宜宾市出台了一系列激励和扶持政策支持中小企业快速成长，起到积极推动作用。2007年，22家县属重点小企业通过"专、精、特、新"产品的创新开发，成了新崛起的"小巨人"。威力化工集团取得多项技术革新成果，年销售收入近亿元；红光化工公司正投资2亿元实施技改，技改完成后，销售收入可望达到10亿元；惊雷科技公司目前正在实施重装设备一期工程技改，明年销售收入可望突破10亿元，5年后可望实现50亿元目标。

《经济日报》2007年8月27日
作者：钟华林　夏先清

宜宾:崛起一座新兴"能源之城"

复龙镇,宜宾市一座总人口不足2.8万人的边陲小镇。

今天,这里成为四川水电版图上一个非常独特的坐标——拥有18项世界第一的国家重点工程,即四川—上海±800千伏特高压直流输电示范工程(简称"向上线")核心工程之一的换流站正坐落于此。

来自国家电网四川省电力公司的最新消息,向上线可望于年底实现单极投运。届时,源源不断的全球第三大水电站——向家坝水电站发出的电力,将借助这一换流站,由交流电转化为直流电,输送到约1900公里之外的上海,成为华东电网的有力补给。

伴随着全球首条±800千伏特高压直流输电示范工程的贯通,宜宾,一座新兴的能源之城也走入了大众视线之中。

关键词:川电外送

时光回到1926年,宜宾商家姜筱孚、廖继武等人,投资筹办了"光华电灯公司",购进一台20马力柴油机,带动一台15千瓦直流发电机发电,从此点亮了宜宾的第一盏灯。

在四川电网建设历史上,宜宾曾经留下了浓墨重彩的一笔:

1943年，这里诞生了四川第一条电压等级最高、距离最长的输电线路，宜宾电力第一次得以经由这条线路被送往自贡，以满足当地的盐业发展需求——尽管此时，整个宜宾发电容量仅有6000千瓦。

"宜宾作为全省能源基地的地位，不是今天才开始的。"已经退休的李均乐老人说。

1970年，西南最大的电厂——宜宾豆坝电厂30万千瓦火电发电机组投运。电厂落成当年，130多公里长的横跨宜宾、乐山两市的豆龚线路建成。两年后，230公里长的豆渝线落成，川南电网与川东电网第一次实现联网。无独有偶，两条线所承担的重任，都是将宜宾的富余电力送往外地。

造成宜宾开放式电网格局的原因：一是其所处的重要位置，濒临长江，又是经济发展较早的川南重镇，物资、信息往来频繁；二是得益于当地煤炭、水利等资源条件，电力供应相对充裕。

20世纪90年代，宜宾市9县1区与云南水富县，一同并入国家电网，跨省运行的大电网格局形成。相关方面透露："十二五"期间，宜宾境内还有望新增第二座500千伏变电站，从而打通宜宾与乐山、泸州的双通道，川南电网由此将步入"高速"时代。

关键词：电力"高速路"

2006年，宜宾市一个崭新的能源时代到来了！

当年，向家坝水电站开建；与此同时，向上线重点项目——复龙换流站开工建设。

省电力公司算了一笔账：截至目前，四川境内已开展前期项目的水电站装机，超过了4000万千瓦，这些项目绝大多数将在"十一五"期间开工建设；到 2020 年年底，四川全省水电装机容量将高达 7300 万千瓦左右。按四川本省负荷能力推算，2010 年、2015 年、2020 年，川电外送的总量将分别达到 750 万千瓦、1990 万千瓦和 2590 万千瓦。

向上线是我国自主设计、自主建设的世界上第一个电压等级最高、输送距离最远、容量最大、技术最先进的直流输电工程，预计 2010 年 6 月实现双极投运。据测算，该项工程建成后，每年可给上海输送电量约 305 亿度，可以替代约 1500 万吨煤炭，减少二氧化碳 2500 万吨、二氧化硫排放 20 万吨、氮氧化物 4 万吨。

在川电外送热潮中，宜宾市位置举足轻重。除向上线外，未来的锦屏一、二级水电站，以及装机容量 120 万千瓦的中电投高县福溪电厂、华电珙县坑口电厂一期 2×60 万千瓦机组电力，都将从宜宾走向全国。

如今，一年仅特高压建设给宜宾带来的相关投资就超过 100 亿元。未来 5 年，宜宾市能源建设总投资将高达 700 亿元，能源年产值超过 200 亿元。与此同时，电网建设还在新增就业、促进相关产业发展方面，扮演着日益重要的角色。

在大西南，一座世界级的能源基地正在崛起。

关键词:坚强电网

坚强电网，意味着不仅可以用电，还能用高质量的电。

谁能想象，就在 16 年前，宜宾还是全省唯一一个没有拥有 220 千伏变电站的市(州)府所在地。因此，在不断充实全省电网实力的同时，宜宾境内电网也在变"强"。

1995 年，国家电网在宜宾投资 4000 万元，用以建设当时居国内先进水平的 110 千伏变电工程;随后几年,5 座 220 千伏变电站陆续投运。"十五"期间,宜宾电业局累计完成各项高压输变电工程建设投资约 8.82 亿元,是"九五"期间的 2.56 倍,220 千伏变电容量从 2000 年末的 24 万千伏安增至 2005 年的 78 万千伏安。2007 年,宜宾首座 500 千伏变电站落成。次年,宜宾最大日供电量达到 1868.31 万千瓦时,同比增长 10.9%,创历史新高。

来自宜宾电业局的最新消息:到 2009 年年底,宜宾电网将形成以 500 千伏变电站为核心,围绕城市和负荷中心形成 220 千伏骨干双环网。大批变电站的建成和配网、农网的完善,将有力地缓解宜宾电网薄弱的局面,在保证电力需求的同时,宜宾电网也可望步入大电网、超高压的全新时代。

《四川日报》2009 年 9 月 23 日

记者:胡　敏

突破

——搭建科学发展的坚实平台

发挥优势　突出关键　打造长江上游
川滇黔结合部综合交通枢纽[*]

省委九届四次全会作出建设西部综合交通枢纽的重大部署，为宜宾市交通大发展带来了难得的机遇。抓住机遇，发挥优势，突出关键，加快把宜宾建设成为长江上游川滇黔结合部综合交通枢纽，其期已至，其力已聚。

一、科学研判形势，准确定位明目标

近年来，我们坚持把交通基础设施建设作为推动经济社会持续、快速、健康发展的先行工程和基础工程，有力地促进了交通事业的长足发展，铁路、公路、水路、航空、港口相配套，纵横交错、四通八达的现代综合立体交通网络基本形成。全市四级及以上公路总里程已达5052公里，水运通航总里程963公里。对外，四川经宜宾至广西防城港的陆上最短出海通道内昆铁路、宜宾至昆明高速公路相继建成，在四川南向拓展中发挥了重要作用；宜宾机场已

---

* 本文载于《调查与决策》2008年第9期。

开通至北京、上海、广州、深圳、昆明等大城市直通航线。宜宾正成为长江上游川、滇、黔三省区域沟通南北的重要交汇点和交通走廊。

围绕建设美好新宜宾的战略目标,宜宾作出了打造长江上游川滇黔结合部综合交通枢纽的战略决策,以乐宜、宜泸渝高速公路和成贵铁路、宜宾港、长江航道叙泸段整治、宜宾机场迁建等重大项目为支撑,加快建设成为四川出川的"南大门"和通江达海的"桥头堡"。

二、全力务实落实,完善网络建枢纽

市委、市政府将长远目标和当前工作结合起来,以超常规的办法,全力推进铁、公、水、空立体交通网络建设,着力构建大交通、大通道、大动脉,加快建设川滇黔结合部综合交通枢纽。

突出重点,有序推进。抓住制约全局、影响发展的具有决定意义的重点项目,实施重点突破、重点带动。一是抓内河大港口,尽快启动宜宾港建设。抓住重大机遇,把志诚作业区组合港作为"天字号"工程,正加紧完善港口及进出港区连接通道、港区产业布局等规划,积极做好征地、环保等前期工作,确保2008年按期开工。以此为牵引,力争到2011年,把四川宜宾港打造成为以志诚作业区为中心,专用码头和客货码头为补充,联动沿江工业集中区、物流园区的长江上游、四川最大的航运中心组合港。二是抓高速大通道,加快外连内通的高速公路和市内快速通道建设。对外,乐宜高速公路已于2007年全线动工,竣工后将成为四川由成都经宜宾至云南的第二条快速出海通道;宜宾—泸州—重庆沿江高速公路四川段将于年内开工。另一条重要的战略资源路——宜宾—

西昌—攀枝花沿金沙江高速公路也已纳入四川省重点支持项目。同时,继续加强与高速公路、铁路、港口相连接的市与县、县与县之间的快速通道建设,尽快全面打通省与省、市与市、县与县之间的"断头路",扩大"半小时核心圈"和"1小时经济圈"辐射范围。三是抓铁路大动脉和机场大空港,搭建参与大区域竞争与协作的更高平台。主动靠前,加快推进峨宜铁路等前期工作,成都—宜宾—贵阳铁路将于明年开工建设,建成后与成昆铁路、内昆铁路连接;争取成贵高速(宜宾至叙永)列入四川省高速公路网规划建设,协力打造四川向南通达"珠三角"、联结北部湾经济区的西南出海大通道,复兴"南方丝绸之路"。在完善现有航空运输综合配套功能的基础上,开辟新的航线航班,加大力度做好宜宾机场迁建前期工作。目前,4D级宜宾航空港选址报告已通过中国民航机场建设集团内审。

加强联动,形成合力。我们不断强化区域一体化意识,打破行政区划限制,加强与川南及毗邻的昭通等各城市的沟通协作,在互利合作中共建共享枢纽。为了抓好市内工作协调,加强督促,市委、市政府建立了由市委书记、市长抓总,市委常委牵头,市级四大班子领导共同参与的重大交通项目建设责任制。同时,还制定了对区县、市级各部门的奖惩办法,把各方面力量凝聚到打造交通枢纽上来,引导各级干部在建设枢纽中比实绩、比作为、比贡献,形成了凝心聚力建枢纽的生动局面。

自加压力,争取主动。我们坚持上下结合、内外结合、不等不靠,在奋力爬坡中抓机遇,在创新求进中求主动。一是着力向上争。主动加强了与国家和省发改委、国土、交通、环保等部门及成铁局、铁二院等有关单位的沟通衔接,争取上级政策、资金、技术支持。二是突出对外引。我们坚持以市场的方式抓建设,以项目为载体引投资,鼓励、吸引外来业主投资交通建设,较好地破解了资金难题,成功引进了中国建筑工程总公司所属的中建北新铁路建设公司,协议投资 30 亿元,建设宜宾港志诚作业区。三是主动抓配套。在工作中,我们牢固树立早抓早主动、抓早求突破的工作理念,确保项目一经批准,即可无障碍地开工建设。2007 年以来,市财政就投入 2000 多万元,主要用于宜宾港、宜泸渝高速公路等项目的前期工作;在自身财力十分困难的情况下,挤出 1.8 亿元,先期投入乐宜高速公路征地拆迁,确保了工程如期全线开工。

三、联动协调发展,壮大实力强支撑

我们不断强化枢纽意识、开放意识、竞争意识,坚持把宜宾的发展放在川南、全省乃至全国发展的大局中去谋划、比较和定位,坚持把打造枢纽作为加快建设长江上游川、滇、黔三省结合部经济强市的核心战略,主动与产业发展、资源开发、城镇建设、开放合作、生产力布局等协调联动、统筹推进。

坚持把建设枢纽与做强做大产业相结合。交通是产业发展的命脉。去年以来,我们以着力构建快捷畅达的骨干路网为主攻方向,以快速通道为纽带,五粮液、天原、丝丽雅等骨干支柱企业迅速向工业集中区集中、向区县延伸,并配套发展综合物流园区,不仅实现了资源就地就近优化配置与转化,促进了企业低成本扩张,而且推动了珙县电厂、福溪电厂等重大资源开发项目的尽早开工建设。依托骨干企业和重大产业项目,各区县大力实施错位发展,积极培育配套产业和企业,为县域经济增添了持续发展的强劲动力。2007 年,有 8 个区县地区生产总值增速超过全市平均水平。同时,我们坚持"一路二水三产业"思路,进一步加大农村交通建设力度,仅 2007 年就建成通村、通乡公路 2267 公里,农村公路正成为发展特色效益农业、推进农业产业化和现代化的致富路。

坚持把建设枢纽与扩大开放合作相结合。我们始终把加强交通基础设施建设作为提升区位、改善投资环境的关键,相继建成了金筠铁路和内昆铁路、内宜高速公路、宜水高速公路、宜宾机场等出市、出川大通道,配套建立了成都海关宜宾办事处、四川检验检疫局宜宾办事处和宜宾安阜水运口岸,使宜宾的可进入条件进一步改善、投资成本进一步降低、承接产业转移的优势进一步提升,增强了外来投资者的积极性和信心。近年来,拉法基、意大利M&G 公司等国内外知名企业相继落户宜宾;2007 年,全市招商引资履约项目 508 个,到位市外资金 136.79 亿元,增长 53.78%;外贸出口总额 4.17 亿美元,居全省第 3 位。可以预见,随着省委、省政府加快东向、南向出川大通道的建设,宜宾必将成为要素聚集的洼地和投资兴业的宝地。

坚持把建设枢纽与推进城镇化相结合。我们以组团式发展为方向,"拓展骨架、完善路网",通过实施城市环线工程和跨江工程,以路、桥为纽带,将各城市组团串联起来,不仅极大地拓展了城市空间,还进一步增强了城镇支撑工业的能力、延伸了城镇带动农村的纵深,为城乡、工农互动、互融、互促创造了有利条件。

坚持把建设枢纽与优化生产力布局相结合。我们坚持把交通建设与优化生产力布局结合起来,建设以高速公路、桥梁为纽带的市与县、县与县之间的快速通道,完善市域干线公路网,提高长江、岷江和金沙江运能,加快了生产要素在板块之间的流动和产业承接转移。特别是坚持优势优先,把沿江经济带建设作为宜宾新一轮经济空间布局调整和产业优化升级的重要载体,按照适度超前、优化结构、突出重点、配套完善的原则,统筹考虑港口布局和功能定位。随着宜宾港志诚综合作业区航运中心组合港建设和宜南快速通道、乐宜高速、宜泸渝沿江高速公路的建成,将构筑成跨江成环、沿江成束,呼应成渝、辐射滇黔周边的沿江综合交通体系,助推沿江经济带早日成为宜宾、川南甚至四川跨越发展的新增长极。

打造交通枢纽:经济强市的战略核心*

省委提出要建设西部经济发展高地,打造西部综合交通枢纽。地处川、滇、黔三省结合部,长江黄金水道起点,西南出海大通道与南方丝绸之路重要交汇点的宜宾,按照我省打造西部综合交通枢纽的总体部署,围绕把宜宾建设成为长江上游川、滇、黔三省结合部经济强市的发展定位,充分发挥地理区位优势,科学推进铁、公、水、空立体交通网络的规划和建设,确立了尽快形成"一道、二港、三铁、四路、六高速"的交通格局,把宜宾建设成为四川的"南大门"和通江达海的"桥头堡"的战略构想并制定了对策措施,为建设西部经济发展高地做出积极贡献。

转变思想观念。交通枢纽的形成可以显现和提升区位优势,可以在区域经济竞争和合作中抢占发展先机,同时能集聚更多的生产要素、整合更多的发展资源、开拓更广阔的发展空间。因此,要树立大交通、大发展的理念,把打造交通枢纽作为把宜宾市建设成为长江上游川、滇、黔三省结合部经济强市的战略核心。

制定完善建设规划。打造长江上游川、滇、黔三省结合部综合

---

* 本文发表于 2008 年 7 月 3 日《四川日报》。

交通枢纽必须认真做好建设规划。一是把宜宾打造成长江上游川、滇、黔三省结合部综合交通枢纽的建设规划同国家、四川省的经济社会发展规划,特别是交通发展规划有机结合起来。二是从区域经济合作与发展的角度出发,充分考虑川南区域经济、成渝区域经济、泛珠三角经济的发展现状及趋势,科学制定规划,达到基础设施效能最大化、交通网络化、特殊资源共享的目的。三是充分考虑水路、铁路、公路、航空的有效连接,充分考虑宜宾仓储、物流、商贸、金融、信息产业转移等现状和发展趋势,统筹规划,力争把打造交通枢纽的总体规划和各项配套规划做得科学、完善。

破解资金难题。进一步解放思想,大胆创新,努力破解资金难题。一是认真分析国家宏观经济政策,正确把握投资方向,认真做好与国家、省的项目对接,积极争取上级最大的资金、政策支持。二是积极推行 BOT 模式,加大招商引资力度。三是努力盘活交通存量资产,认真探索合作经营、路产路权经营权出让等形式,吸引民间资本进入交通建设领域。四是加强区域经济合作,探索并建立利益分享机制和协调联动自律机制,并形成长效机制,联动推进基础设施建设,联动搭建融资平台。

把宜宾建设成长江上游川、滇、黔三省结合部综合交通枢纽,是建设长江上游川滇黔接合部经济强市的核心组成部分。一要服务于构筑百万人口大城市。要把城市发展与优化人口、生产力布局结合起来,把工业化与城镇化统筹起来,加强城市交通基础设施建设,大力发展现代服务业,推动城市快速发展。二要服务于建设商贸和物流中心。要大力发展第三方物流,加快口岸基础设施和物流园区、物流公共平台建设,构建高效衔接的综合物流运输体系,形成"大物流、大通关、大口岸"的格局。三要服务于工业主导,把打造交通枢纽与加快建设酒类食品基地、综合能源基地、化工轻纺基地和机械制造基地紧密结合起来。在做强做大现有企业集团的同时,加快发展和引进一批大企业大集团,加大力度培育一批中小企业。要大力发展园区经济,加大项目投资力度,拓展延伸特色优势产业链,打造产业基地,培育支撑宜宾跨越发展的重要增长极。

加快推进新型城镇化
建设百万人口大城市 [*]

城镇是现代经济活动的重要载体,城镇化是现代化不可缺少的组成部分和不可逾越的发展阶段。宜宾市要想在新一轮竞争中赢得先机,必须加快推进新型城镇化,努力建设百万人口大城市,不断提升城市综合竞争实力,为建设长江上游川、滇、黔三省结合部经济强市奠定坚实的基础。

一、坚持科学统筹,提升城镇竞争力

新型城镇化绝非城镇规模和人口的简单扩张,而是涉及产业结构、社会结构重组变迁、生产方式转型和生活习惯转变的系统工程,必须坚持以科学发展观为统领,走符合宜宾实际的新型城镇化道路。

(一)坚持城镇化与工业化互动。当前,宜宾市城镇的发展与工业发展还不相适应,工业企业过度集中于中心城区,既给环境造

---

* 本文载于新华社《高管信息》2008 年第 45 期。

成了严重压力,更严重制约了企业的扩张和城镇的建设。因此,在推进新型城镇化进程中,必须牢固树立城镇化与工业化互动的理念,做到工业与城镇发展统一规划、配套建设,以工业化推动城镇化,以城镇化促进工业化,实现工业化与城镇化同频共振、协调发展、相互促进。

(二)坚持城镇与农村统筹发展。在推进新型城镇化进程中,必须牢固树立城乡统筹发展的理念,把城市和农村作为一个有机整体,以城乡建设统一规划为先导,以城乡基础设施统一建设为基础,以城乡产业统一布局为重点,以城乡社会事业均衡发展为保证,通过推进新型城镇化,打破城乡界限、消除城乡分割,促进社会资源向农村倾斜、公共设施向农村延伸、城市文明向农村辐射,建设新农村,发展新城镇。

(三)坚持中心城市与县城、小城镇协调发展。一抓中心城市建设,强化龙头作用。有序推进旧城改造,加快新区开发,加强城市功能区建设,不断增强中心城市的带动能力。二抓县城建设,强化支撑作用。把县城作为实施城镇化战略的重要支点,加快基础设施建设,完善综合服务功能,提升经济实力,增强县城的生机和活力,成为市域次区域中心。三抓重点小城镇建设,强化集聚作用。以基础条件好、发展潜力大的建制镇为重点,突出比较优势,找准自身定位,发展特色经济,创造更多的就业岗位,引导农村人口和各类要素向城镇集中集聚,使其成为带动农村发展,推动城乡统筹的桥头堡。

(四)坚持政府主导与市场运作相结合。城镇建设既具有公益性,也具有营利性,必须在发挥政府调控和指导作用的同时,充分利用好市场机制的作用,增强发展活力。一方面统筹抓好城市总体规划与产业、交通、土地、环保等规划的衔接配套;一方面充分运用市场机制,以资源换资金,以存量引增量,逐步实现投资主体多元化、融资手段市场化、资金来源多样化,大力吸引社会资本、民营资本、外资投入城镇基础设施建设,走以城建城、以城养城、以城兴城之路。

二、完善城镇功能,增强综合承载力

功能完善、基础设施齐备、产业支撑力强,是城镇可持续发展的前提,是增强城镇集聚辐射能力的基础。必须坚持规模扩张与提升质量、完善功能相统一,走集约发展之路,不断增强城镇的综合承载能力。

(一)强化产业服务功能,提升综合竞争力。城镇化不仅是建城,更重要的是发展壮大产业。要着力盘活存量土地,兴建各类市场、商业步行街和特色商业街区,大力发展商贸、物流、金融、信息等现代服务业,构筑现代商贸流通体系,增强城市的综合承载能力。要围绕建设长江上游川滇黔结合部经济强市的发展定位,着眼于在更大的空间、更高的层次配置资源,把打造枢纽作为核心战略,抓住省上优先安排出川大通道建设的机遇,积极配合、主动参与乐宜高速、宜泸渝高速、成贵铁路、宜宾港、宜宾机场迁建等重大项目建设,提升承接产业转移的区位条件,融入大区域发展。同时,加快以快速通道、桥梁为纽带的市到县、县与县之间的交通建设,完善市域干线公路网,促进市级骨干企业向区县延伸,壮大县域经济实力,推动县域城镇化进程。

(二)强化公共服务功能,增强集聚效应。要优先启动受益人群最多的工程项目,加大道路桥梁、公共交通、给排水、垃圾处理、燃气电力等市政基础设施和市场、医院、学校、文体场馆、公共绿地等服务设施建设力度,并把城市建设与完善城市产业、文化、旅游、水利、生态等功能结合起来,配套推进。特别是要以建设宜居、宜业城市为重要目标,着力构建方便市民基本生活的"10 分钟生活圈",享受商业、金融、中介等多种服务的"半小时办事圈",开展教育、文体、医疗、娱乐活动的"1 公里活动圈",逐步疏解旧城、繁荣新城。另一方面,要建立健全城镇住房保障体系,逐步增加经济适用房、廉租房和中低价位、中小套型普通商品住房供应,加强对房地产市场的调控和监管,扩大住房公积金制度覆盖面,有序推进棚户区改造和旧住宅区综合整治,改善群众的居住条件,促进城镇社区和谐稳定。

(三)拓展城市发展空间,加快构筑大城市骨架。一方面,做优做活中心城区,增强对人口的吸纳能力;另一方面,突破中心城区三江分割等地理条件的制约,以建设沿江经济带建设为载体,以东向拓展为重点,结合产业空间布局的转移和综合交通枢纽的打造,加快城市发展向沿江地区纵深推进,构筑大城市发展骨架,为建设百万人口大城市提供强有力的空间依托。

宜宾市城镇化建设必须加强城乡环境综合治理,以提升城市影响力。城乡环境是一个地区发展活力、文明程度和精神风貌的重要标志,也是一个地区综合竞争能力、可持续发展能力和政府社会管理能力的重要体现。必须深入扎实地开展好城乡环境综合治理,为建设美好新宜宾创建一流的发展环境和人文环境。

建设生态文明
增创生态环境新优势

在建设美好新宜宾的探索实践中,必须坚持做到既重视国内生产总值,又不只看国内生产总值;既讲经济发展,又讲社会进步;既要金山银山,又要绿水青山,走出一条生产发展、生活富裕、生态良好的文明发展道路。

一、以科学发展观为指导,
牢固树立生态文明理念

建设生态文明是深入贯彻落实科学发展观的重要内容。改革开放 30 年来,我国经济快速增长,综合国力不断增强,但也为此付出了极高的资源环境代价,主要原材料消耗量和污染物排放量居于世界前列,发达国家工业化进程中分阶段出现的环境问题,在我国也有集中体现。在严峻的环境形势下,党的十七大提出,要"建设生态文明,基本形成节约能源资源和保护生态环境的产业结构、增长方式、消费模式"。这是我们党继提出建设物质文明、精神文明、政治文明与构建社会主义和谐社会之后,第一次把生态文明建设作为一项重大战略任务明确提出,是中国特色社会主义理论体系的又一重大创新成果,是建设和谐社会理念在生态与经济发展方面的升华,必将推动生产方式的重大变革和拓展。

宜宾市是四川重要的工业城市,传统产业居多,产业层次偏低、资源依赖性强、产品科技含量和附加值不高等特征十分明显,同时还是长江上游生态保护屏障的重要组成部分,在推进长江流域生态文明建设中承担着重要责任。必须从更新观念入手,以科学发展观为指导,强化生态文明理念,深刻认识建设生态城市和创建四川省环境保护模范城市的重大意义;牢固树立生态成本观、环境大局观、绿色政绩观,把建设资源节约型、环境友好型社会放在突出位置;自觉遵循经济规律和自然规律,正确处理好经济发展与生态建设的关系,努力于快,服务于好,在发展中改善生态环境,在改善生态环境中推进经济增长,努力实现产业竞争力与环境竞争力共同提升、经济效益与环境效益同步增长、物质文明与生态文明协调发展,走生产发展、生活富裕、生态良好的文明发展之路。

二、以转变发展方式为核心,
坚持走可持续发展道路

经济发展是一个物质交换与能量循环的过程,在这个过程中,没有消耗和污染是不可能的。既要加快发展,又要保护生态,二者的结合点就是转变发展方式,走可持续发展之路。就宜宾的实际来看,要突出抓好三个关键环节。

加快调整经济发展布局。要着力推进沿江经济带和临港经济区建设,坚持港口、城镇、产业园区一体化发展,促进企业、资源、人口、要素向沿江集中,培育以临港工业、现代物流业和特色效益农业等为代表的沿江优势产业带，把沿江地区打造成为生态文明建设的示范区。同时，突出抓好工业集中区建设，健全配套设施，加快工业企业"退城进园"步伐，推动工业集中集约集群式发展。

深入推进产业结构优化。要坚定不移地走新型工业化道路，促进信息化与工业化融合，积极发展科技含量高、经济效益好、资源消耗低、环境污染少的项目，改造和提升酒类食品、能源、化工、轻纺、建材等传统产业，积极培育煤化工、机械制造等新兴产业，大力发展高新技术产业和现代服务业，不断巩固提高特色效益农业，构建具有宜宾特色和比较优势的现代产业体系，最大限度降低资源环境承载压力，实现由粗放型增长向集约型发展转变。

加强自主创新能力建设。要深入实施科教兴宜和人才立市战略，依托五粮液、天原、丝丽雅等国家级企业技术中心和市内外科研院所，积极开展环保科技创新，加强以企业为主体的环境工程技术中心、环保示范工程和环保产业示范基地建设，大力发展循环经济和清洁生产，推广应用节能减排新技术、新材料、新工艺、新装备和沼气、天然气、生物质等清洁能源，走出一条依靠科技创新建设生态文明的新路子。

三、以治理保护建设为手段，
不断改善生态环境质量

良好的生态环境，既是生态市建设的具体成果，也是提升宜宾形象和综合竞争力的重要支撑。要始终坚持治理、保护、建设并重的原则，统筹兼顾、标本兼治，突出抓好重点流域、重点区域、重点部位的环境整治和生态建设，努力做到"不欠新账，多还旧账"，不断改善全市的生态环境质量。

强化综合治理。切实抓好水污染防治,继续加强长江、金沙江、岷江及南广河、长宁河等重点流域的水污染防治工作,加强饮用水水源地环境保护,确保群众饮水安全。加大大气污染防治力度,以降低二氧化硫和可吸入颗粒物为重点,集中整治工业超标排放、油烟污染、噪音污染、建筑工地和道路运输扬尘污染,不断改善城市空气质量。加强环保基础设施建设,在加快建设城市污水处理厂和垃圾处理场的同时,同步建设重点集镇垃圾、污水处理设施和重点区域中水回用设施,提高污水处理率和垃圾无害化处理率。以开展城乡环境综合治理为契机,重点在城镇解决好垃圾乱扔、广告乱贴、摊位乱摆、车辆乱停、行人乱穿、工地乱象,在农村解决好垃圾乱扔、污水乱排、杂物乱堆等问题,确保城乡面貌尽快改观。

突出保护优先。根据不同区域的资源禀赋、环境容量、生态状况等特点,明确各区域的功能定位和发展方向,加强对重要区域的生态保护。坚持严格的环境准入制度,严把建设项目环评关,严格执行建设项目与环保设施"三同时"制度,从源头上防止污染。把农村生态环境保护作为新农村建设的重要内容,加大农村面源污染防治力度,积极发展生态效益农业。

坚持重在建设。认真落实《宜宾市生态市建设规划》,加大植树造林力度,继续深入推进退耕还林还草、防沙治沙、水土保持、石漠化治理、城镇绿化、道路绿化、水系绿化、长江防护林、长江上游生态屏障等重点生态建设工程,有效保护生物多样性,促进自然生态恢复。针对我市资源型经济特征明显的实际,切实加大矿产资源开采区的生态恢复和保护,积极构建绿色生态屏障。

四、以培育生态文化为基础，
增强全民生态文明意识

生态文化是一种价值观念，引导人与自然和谐相处；是一种伦理道德，既要对自己、对当代负责，又要对他人、对未来负责；也是一种行为准则，是一种生态化的消费理念和生活方式。因此，建设生态文明核心在人，基础在社会。

要加强全民生态教育。采取多种形式，加强对不同层次群众的生态教育，广泛宣传党和国家关于环境保护的方针、政策、法律法规，普及环境保护知识，引导群众树立善待生命、善待自然的伦理观，树立环境是资源、环境是资本、环境是资产的价值观，树立保护和改善环境就是保护和发展生产力的发展观，逐步形成崇尚自然、保护环境的行为规范。

要大力倡导绿色消费。积极倡导节约资源、文明健康的生活方式，引导群众自觉树立以"绿色、自然、和谐、健康"为宗旨的绿色消费观念，摒弃追求奢华的"高档消费"、铺张浪费的"攀比消费"、片面追求方便的"一次性消费"等消费陋习，让勤俭节约、绿色消费成为全社会的生活习惯、生活时尚。同时，要大力培育绿色产业，引导企业生产更多物美价廉的绿色消费品，减少对环境资源的破坏和浪费。

要强化生态文明实践。按照增强贴近性、注重教育性、把握层次性的要求，深入开展生态文明主题实践活动，加强基层生态文化建设，大力推进环境优美乡镇、生态村、生态家园、绿色社区、绿色学校等"生态细胞工程"建设，使生态文明建设真正转化为全社会的共同义务和自觉行动。

五、以创新体制机制为保障，
努力提高环保工作水平

从长远来讲，保护环境、优化生态，必须以健全和完善体制机制为保障。因此，要充分发挥政策的导向作用，探索建立市场化的投入机制，引导社会资金、民间资金参与生态建设和环境保护。坚持"谁开发谁保护、谁破坏谁恢复、谁受益谁补偿、谁排污谁付费"的原则，建立以政府为主导、企业为主体、全社会共同支持的生态补偿机制，促进企业自觉达标排放和保护环境，形成明确的经济导向。在有条件的区域探索开展生态补偿试点，多渠道多形式支持江河水系源头地区、重要生态功能区和自然保护区的发展，努力实现经济社会发展与生态环境保护的双赢。积极推进环保工作法治化，深入开展环保专项行动，对环境违法行为进行集中整治，推行环境违法企业"黑名单"制度，有效解决"污染生产成本低、清洁生产成本高"的问题。

科技和人才是推动科学发展的
重要战略支撑

实践证明,谁抢占了科技和人才的制高点,谁就掌握了发展的主动权,谁就能赢得未来的竞争优势。在建设美好新宜宾的新征途上,我们要切实把科技和人才工作放在更加突出的战略地位,牢固树立清洁发展、节约发展、安全发展、健康发展的理念,深入实施"科教兴宜"、"人才强市"战略,努力推动科技进步与创新的新突破,构筑集聚人才的新平台,促进经济增长由资源依赖型向创新驱动型转变,真正把经济发展和社会进步转到依靠科技和人才上来,推动经济社会发展转入科学发展的轨道。

科学技术的本质在于创新,自主创新能力是区域发展的核心竞争力。要坚持"自主创新、重点跨越、支撑发展、引领未来"的方针,按照"企业主体、产业布局、工程模式、集成创新"的思路,突出重点领域,抓住关键环节,着力解决制约经济社会发展的重大科技问题,不断增强科技综合实力。

一要在增强自主创新能力上突破。要把提高自主创新能力摆在科技工作的首位,立足宜宾实际,利用现有产业、企业和技术基础,集中力量实施一批重大科技项目,加强科技攻关,掌握一批核心技术,拥有一批自主知识产权,开发一批重大产品,进一步增强宜宾市区域核心竞争力,争取在区域竞争中占据有利地位。要围绕工业强市战略的推进,坚持用高新技术和先进适用技术改造提升传统产业,加快电子信息、新材料、生物工程和节能技术、清洁生产技术的推广运用,突破环境和资源瓶颈,为加快酒类食品、化工化纤、综合能源、机械制造、建材等优势产业发展提供强有力的技术支撑,推动宜宾市经济和产业结构调整。要围绕促进传统农业向现代农业的跨越,启动一批重大农业科技项目,加快新品种选育和新技术推广,不断提高农业装备水平,增强农业的综合生产能力。要正确处理创新与引进的关系,坚持引进与消化吸收再创新相结合,在充分发挥宜宾市科研机构和企业研发机构作用的同时,深化校企合作,进一步扩大与高校的科技交流与合作,在更高起点上推进科技创新,加速结构调整和产业升级步伐。

二要在构筑区域科技创新体系上突破。要充分发挥政府在科技事业发展中的主导作用,市场在科技资源配置中的基础性作用,企业在技术创新中的主体作用,科研机构和高等院校的骨干作用,增强科技创新的整体合力,形成多层次的创新体系。要坚持以市场为导向,以效益为中心,以产业化为方向,加快企业技术研发机构建设,支持企业加大对技术创新的投入,引导企业积极参与政府实施的各类科技项目,全面提高产品开发和技术创新能力。要高度重视和充分发挥民营科技企业在自主创新、发展高新技术产业中的生力军作用,积极引导中小企业创造、吸纳、承接和转化科技成果,鼓励创办民营科技企业、民营科技园、民营科技孵化器,培育宜宾市民营科技的规模优势、品牌优势和市场竞争优势。要加强产学研结合,鼓励企业与高等院校、科研机构合作,联合开展技术开发、技术引进、技术改造和产品研制,提高科技整体实力。要创新技术服务体系,大力发展生产力促进中心、科技信息中心、技术市场、行业协会等科技中介服务机构,建立和完善科技服务平台,促进科技成果商品化、产业化,努力实现科技优势向经济优势的转变。

三要在创新体制机制上突破。认真贯彻落实《科技进步法》、《促进科技成果转化法》,深化科技管理体制改革,进一步强化科技资源整合和集成,打破部门之间、地区之间、产学研之间的条块分割,形成大科技发展格局。要完善科技资源配置方式,引入竞争机制,坚持政府科技项目向全社会开放,支持和鼓励有条件的各类机构平等参与,使科技资源真正向能力强、效率高、成果好的单位和人才倾斜,促进科技资源在开放中共享,科技实力在资源共享中提升。要建立健全绩效优先、鼓励创新、协调发展、创新增值的资源分配机制和评价机制,鼓励技术等生产要素参与分配,充分调动广大科技人员的积极性。要进一步加大科技三项费投入,落实支持企业自主创新的财政、金融和政府采购政策,确保80%的科技经费用于支持企业技术创新。充分发挥财政科技投入的杠杆作用,逐步培育和发展风险投资基金,拓展科技信用担保、贷款贴息等融资渠道,为科技企业发展营造良好环境。要加强知识产权保护,严厉打击侵犯知识产权的违法行为,保护企业和科技人员的合法权益。

发展依靠科技,科技依靠创新,创新依靠人才。要牢固树立人才是第一资源的观念,坚持以人为本,通过政策支持、精神激励和环境保障,全面加强和改进人才开发工作,努力培养造就一支数量充足、素质较高、结构合理、布局优化的人才队伍,把宜宾市打造成人才辈出之地、人才集聚之地、人才创业之地。

一要加强人才队伍建设。要结合宜宾市经济社会发展需要,抓住培养、引进、使用三个关键环节,加大人才开发力度,不断改进和加强人才队伍建设。特别是要以提高领导科学发展和构建和谐社会的本领为核心,切实加强党政人才队伍建设;以提高企业经营能力和管理水平为核心,切实加强企业经营管理人才队伍建设;以提高科技创新能力和科技成果转化水平为核心,切实加强专业技术人才队伍建设;以提高实际运用能力和操作技术水平为核心,切实加强高技能人才队伍建设;以提高致富能力和实用技术水平为核心,切实加强农村实用技术人才队伍建设,努力形成一支门类齐全、梯次合理、素质优良、新老衔接、充分满足经济社会发展需要的宏大人才队伍。

二要创新人才工作机制。要遵循人才资源开发规律,坚持市场配置人才资源的改革取向,树立用好人才便是功、贻误人才最佳使用期便是过的观念,大胆破除那些不合时宜、束缚人才成长和发挥作用的观念、做法和体制,最大限度地激活现有人才,引进优秀人才,培养创新人才,不拘一格使用人才。要创新以培育为主导的人才资本积累机制,进一步完善普通教育、职业教育、成人教育和高等教育相衔接的教育体系,扩大培养对象,创新培养方式,改革培养内容,不断增强各类人才的可持续发展能力。要创新人才流动机制,打破部门、地域、所有制壁垒,变"单位人"为"社会人",特别是要做好优秀人才的引进工作,推进人才"柔性"流动,以人才资源配置的市场化激发人才资源的生机和活力。要完善人才评价体系,创新人才激励机制,把按劳分配与按生产要素分配有机结合起来,采用年薪制、股权、期权等多种分配方式,鼓励技术、管理等参与收益分配,对做出突出贡献的优秀人才给予重奖,使各类人才创业有机会、干事有舞台、发展有空间、工作有激情、贡献有回报。

三要营造拴心留人的良好环境。要把事业留人作为人才工作的核心,加强以优势产业、科研基地、创业园区、重大科研和工程项目为重点的载体建设,满足人才创业发展的需要,为各类人才脱颖而出、施展才华提供广阔舞台。要利用报纸、广播、电视、网络等新闻媒体,广泛宣传在引才、育才、用才方面的先进典型,推广人才工作先进经验,倡导敢为人先、宽容失败的创新文化,在全社会形成尊重劳动、尊重知识、尊重人才、尊重创造,爱才、惜才、重才、用才的良好氛围。要主动与各类人才交朋友,倾听他们的意见和建议,解决好人才在工作生活中遇到的困难和问题,改善高层次人才的住房、医疗等条件。同时,要加快建设生态型山水园林城市,大力推进"平安宜宾"建设,以一流的人居环境和治安环境吸引人才、留住人才。

科学技术是第一生产力,人才资源是第一资源。各级党委、政府要把科技和人才工作摆到"第一"的位置上,放在建设美好新宜宾的大局中来考虑和谋划,提上重要议事日程,确保各项任务措施落到实处。要加强和改进领导,坚持党政一把手亲自抓,统筹抓好"第一要务"、"第一生产力"和"第一资源",做到在谋划发展的同时考虑科技和人才保证,在制定规划的同时考虑科技和人才需求,在研究政策的同时考虑科技和人才导向,在部署工作的同时考虑科技和人才措施,形成党委统一领导、主管部门组织协调、有关部门密切配合、社会力量广泛参与的工作格局,形成推进科技和人才工作的强大合力。要进一步建立健全科技和人才工作目标责任制,把实施"科教兴宜"、"人才立市"战略的成效作为对各级领导干部考核评价的重要依据,强化对人才和科技工作的督察考核,严格兑现奖惩。要树立人才投入、科技投入是效益最大的投入的观念,积极探索建立以政府投资为引导、企业和用人单位投入为主体、社会资本广泛参与的多元化、多层次、多渠道的科技和人才投入体系,不断加大对科技和人才工作的投入,为宜宾市科技事业发展以及各类人才的培养、使用和引进提供物质和资金保障。

发展民营经济
激发美好新宜宾建设内在活力

民营经济是推动地方经济发展的百姓经济、活力经济、富民经济。随着西部大开发战略向纵深推进、金沙江滚动开发的全面启动,美好新宜宾建设进入了加速发展的黄金机遇期,民营经济迎来了又一个跨越式发展的春天。

一、优化环境,搭建民营经济发展平台

强化政策保障,让创业者感到放心。民营企业同其他市场主体相比,在创业过程中面临的困难更多、压力更大,在发展的初始阶段,特别需要得到各级各部门的帮助和支持。要进一步梳理、完善政策,清理取消歧视性规定,最大幅度放宽市场准入,最大限度降低进入门槛,最大范围扩大投资领域,最大力度保证平等待遇,做到不限发展比例、不限经营领域、不限经营模式、不限经营规模地发展民营经济。要把认真落实政策作为营造政策环境、提供政策保障的重点,该兑现的要不折不扣地兑现,确保政策发挥最大效应。要加强对各类政策的宣传,让企业能够充分、准确、及时、便捷

地了解到党委、政府的政策方向,从政策层面引导民营企业健康发展。

提高服务水平,让创业者感到贴心。坚持寓管理于服务之中,牢固树立所有部门都是服务部门、所有公务员都是服务员、所有岗位都是服务岗位的理念,进一步深化行政审批制度改革,加强机关作风建设,做到多指导不干预,多服务不设卡,多支持不指责,多协调不扯皮,严肃查处损害民营企业权益、影响民营经济发展的违法违纪行为,营造优质高效的政务环境。坚持公正执法、文明执法、严格执法,依法保护民营企业投资者、经营者和从业人员的名誉、人身和财产等各项合法权益,坚决打击偷税漏税、制假售假、走私贩私等扰乱市场经济秩序的行为,营造公平公正的市场环境。准确把握国家金融政策,积极推进银政、银企合作,进一步创新金融产品与服务,扩大融资渠道,逐步建立和完善民营企业、中小企业融资服务体系,营造安全高效的金融环境。要在全社会着力营造讲求商业道德、诚实守信、公平竞争的浓浓氛围,引导民营企业守信守法经营,建设明礼守法的诚信环境。充分发挥宣传导向作用,在全社会倡导形成非公有制经济人士是中国特色社会主义事业建设者的正确政治观、私人财产也是社会财富的全面财富观、"小河有水大河满"的新致富观,营造政府鼓励创业、社会支持创业、群众自主创业的良好氛围,创造创业奔富的社会环境。

搭建发展平台,让创业者感到顺心。要加强社会化服务,整合社会资源,鼓励发展各类社会中介服务机构,着力构建信息服务、项目开拓、土地保障、资金融通、人才供求、技术服务、品牌塑造、产品营销和行业协会等服务平台,为民营企业发展提供社会化、专业化和规范化的服务。充分发挥专业市场对民营经济的牵引带动作用,大力开发和兴办一批大型综合市场、专业市场和专业街,以市场带动产业发展。加大力度推进交通、信息、能源、城市等基础设施建设,为民营经济发展提供更好的条件。在充分发挥城镇对民营经济发展的辐射和集聚效应的同时,结合工业集中区发展,积极探索发展企业孵化器和中小企业培育中心,引导民营企业入园进区,为民营经济加快发展搭建坚实的平台。

二、放宽领域,拓展民营经济发展空间

着力向工业拓展,增强工业强市的驱动力。积极实施工业强市战略,走新型工业化道路,是宜宾市当前和今后一段时期的首选战略。民营企业要把握这个重大历史机遇,积极参与宜宾市产业结构调整和优化升级,主动融入酒类食品、综合能源、化工化纤、机械制造等产业链发展,选准切入点,大力发展专业化、协作化和配套化产业,逐步从劳动密集型向技术密集型、知识密集型转变,成为支柱产业链条中的重要环节,在产业分工中不断发展壮大。要把工业集中区作为民营经济发展的重要载体,在科学规划的基础上,尽快完善工业集中区基础设施和配套设施建设,引导民营企业按照产业关联特点和市场规律进入集中区集聚发展。要以产权制度改革为核心,积极引进有实力的民营企业参与国有企业股份制改造和利用资本市场改制上市,通过合资合作、相互参股、收购兼并、资产重组等多种形式,进一步优化民营企业组织结构、法人治理结构和产权结构,促进其健康发展。

着力向现代农业拓展,打造新农村建设的新力量。民营经济对于推动现代农业建设,促进农业增效、农村发展、农民增收,具有重要作用。在保障农民利益的基础上,采取积极稳妥的政策措施,引导和鼓励民营资本有序进入农村、投资农业,大力发展农产品生

产、加工、贸易一体化经营,加强农村现代流通体系建设和基础设施建设,为发展现代农业,建设新农村,带动广大农民致富奔小康做出新贡献。同时,坚持"依法、自愿、有偿、规范、有序"的原则,支持农民将土地经营权以转包、租赁、入股、联营等多种形式与民营资本嫁接,为民营企业顺利进入"三农"创造条件。

着力向服务业拓展,培育现代服务业的主力军。民营企业要充分发挥自身优势,按照中共宜宾市委、市政府"壮旅、活商"的战略部署,积极进军现代服务业,开拓新的发展领域。围绕把宜宾市打造成为国家级自然生态和历史文化旅游目的地和区域性商贸物流中心,按照产业化、市场化发展的要求,整合资源,开展行业间、地区间的合作,培育综合性、专业化的旅游集团、商贸集团、物流集团。在支持民营企业在传统产业领域发展壮大的同时,积极引导其进入咨询、技术、法律、会计等现代服务业,加快发展便民利民的社区服务业,参与城乡公用事业和基础设施的投资、建设和运营,参与社会事业的建设和发展。

三、做大做强,提升民营经济发展水平

民营经济发展既需要量的扩张,更需要质的提升。要树立科学发展的理念,不断提高民营经济的整体素质和发展水平,促进民营经济在发展中提高、在提高中发展。

坚持创新推动,在培育支柱上求突破。培育发展民营骨干企业,对于迅速做大民营经济总量、壮大县域经济实力、增加财政收入和扩大就业具有重要作用。要抓住省委、省政府实施大企业、大集团战略的契机,将优势民营骨干企业纳入宜宾市工业"三个百亿"工程规划,培育一批主业突出、品牌知名、核心竞争力强的民

营企业集团。要加大民营企业改革力度,引导民营企业建立现代企业制度促进企业产权主体多元化,实现企业资本社会化,形成适应市场经济需要的经营机制,克服家族企业和家族管理的弊端,加快由传统管理向现代管理转变,提高企业整体管理水平。要鼓励民营企业加大科技投入、技术引进与改造、成果转化力度,搞好技术创新,加快建设以企业为主体,引进消化吸收与自主创新相结合的创新体系和创新机制,不断提高自主创新能力。

坚持开放带动,在做大增量上求突破。要坚持把发展民营经济作为扩大对外开放的重要力量,充分发挥民营经济机制灵活的优势,以出口创汇、招商引资为突破口,提高民营经济外向度,拓展民营经济发展空间。民营企业要牢固树立"市外即外"的理念,积极开展与国内外、省内外、市内外各种所有制企业多方位、多形式的交流与合作,特别是要抓住泛珠三角合作加强,"外资西移、内资西进"步伐加快,成渝经济区和川南产业带正快速发展融合的机遇,加强同国内外大型企业、投资机构的合资合作,主动承接产业转移。要有甘做"凤尾"、甘当配角的胸怀,勇于自我推销,勇于"攀高结贵",加强与战略投资者的合作,在为大企业、大集团配套中做精做强。

坚持特色促动,在集群发展上求突破。没有特色就没有优势,没有特色就没有竞争力。立足宜宾市传统优势、特色产品和自然资源,坚持走"区域经济特色化、特色经济产业化、产业经济集群化"的路子,促进资源优势向产品优势、产品优势向经济优势转变。针对宜宾市现有民营企业"低、小、散"的现状,要依托工业集中区,大力培植产业龙头,完善产业链条,形成龙头企业带动、关联企业集中、协作配套紧密的产业集群,使松散的"点状"经济向联系紧密的"链条"经济、"块状"经济升级,促进特色优势向规模优势转化,构筑具有宜宾特色和比较优势的区域经济发展格局。

加强招商引资　坚定不移地
走开放合作之路

现代经济是开放型经济。加快建设长江上游川、滇、黔三省结合部经济强市，既要激活内力，又要借助外力。我们要坚定不移地实施好"开放强市"战略，不断提高招商引资质量水平，努力实现借势、借力发展。

一、围绕中心，突出重点抓招商

招商引资、承接产业转移，是拉动经济快速发展的强大引擎。加快建设长江上游川、滇、黔三省结合部经济强市，核心在产业、支撑在项目、出路在开放。要紧紧围绕"一枢纽、一城两中心、四基地"的具体任务，依托酒类食品、综合能源、化工轻纺、机械制造、新型建材等产业优势，加强与国内外战略投资者在建设产业配套体系、延长产业链和发展资源深加工等方面的合资合作，着力引进缺失链条、补强薄弱链条、提升关键链条、拉长优势链条，培育壮大特色优势产业，逐步实现由引进项目向引进产业转变。深入分析世界 500 强、国内 500 强企业的战略布局调整方向和投资意向，积极吸引大公司、大集团来宜宾设立生产基地、研发中心、采购中心和地区总部。鼓励支持市内骨干企业拿出优质资产、优势产品、重大后劲项目开展广泛的对外合作,争取多上项目、上大项目,以大项目、大企业带动大产业。引进一个项目,就是引进财源、引进税源、引进就业,从而推动产业发展。要抓住全球产业结构调整和国内产业梯度转移的机遇,依托宜宾市资源优势和产业基础,将重点产业、重点园区、重点区域作为主攻方向,主动对接、积极跟进,力争在承接产业转移上取得新突破。要进一步拓展招商引资领域,既重视引进内资内商,也重视引进外资外商;既重视引进资金、项目,也重视引进先进技术、管理经验、发展政策和优秀人才;既重视工业招商,也重视基础设施、公用事业、农业和现代服务业招商;既重视引资改造传统产业,也重视高起点引资发展高新技术产业,推动宜宾市招商引资工作向更广领域、更大范围发展。

二、整合资源,内外并举抓招商

良好的资源是招商成功的关键,而这些资源有的来自区域内部,有的来自外部,既有自然资源,也有社会资源。抓好招商引资工作,必须内外并举,充分整合和运用好各种资源。从内部讲,宜宾市独特的区位优势、良好的产业基础、低廉的劳动力成本都是招商的重要资源,特别是水能、煤炭、硫铁矿、石灰石、岩盐矿、天然气、烤烟、蚕桑、茶叶、林竹等资源富集配套,加上日臻完善的交通体系,更是招商引资最大的"卖点"和承接产业转移的最大优势。但目前宜宾市总体加工利用水平还比较低,有的甚至是直接卖资源、卖原材料,附加值低,产业带动力弱。为此,要坚持以资源促产业,做好资源开发项目的包装、储备和推介工作,大力引进"吃水"、"吃煤"、"吃石"的企业,加快发展下游产品,变资源优势为产业优势、竞争强势,提高资源转化利用率和产品附加值。从外部讲,宜宾市有很多宜宾籍的海内外大企业、大集团老总和专家学者、知名人士,还有对口帮扶的上级部门,以及美国哥伦比亚市、我国山东省德州市等友好城市和分布在全国各地的商会、协会、办事处等窗口,这些都是宜宾市招商引资工作可以充分利用的资源。从某种程度上讲,招商引资工作就是公关,就是要利用老朋友、老乡亲、老同学、老战友、老领导等各种人脉资源和社会资源牵线搭桥,从熟悉的人做起,从容易做的事做起,这是一个普遍现象,也可以说是招商引资工作的基本规律。我们要利用优势,主动作为,在搭建好平台、发掘资源、做活资源上下足功夫。

三、优化环境,强化服务抓招商

环境好则人气旺,环境优则人气活。要在加强城市建设、交通、水利等基础设施建设,改善硬环境的同时,进一步整治优化软环境,努力打造服务高地、投资福地、安全宝地。一要树立亲商理念。进一步精简审批事项,简化办事程序,提高服务效率,"帮大款"而不是"傍大款",切实为投资者提供全过程服务、全领域服务、全天候服务。尤其不能仅满足于达成引资协议,更要重视全程搞好后续跟踪服务,协调解决好资金到位、开工建设、投资运行等具体工作,帮助投资者降低成本,真正让其在宽松环境中放心创业、在享受实惠中加大投资、在多方帮助中无障碍发展,形成"引来一个、带来一批、辐射一片"的磁场效应,推动以商招商。二要树立诚信理念。给投资者承诺的事项,要按时保质保量兑现,绝不能截留打折,努力在全社会形成诚信招商、诚信待商、诚信留商的良好风尚。三要树立安全理念。以创建"平安宜宾、法治宜宾"为载体,进一步强化社会治安综合治理,规范市场秩序,维护投资者合法权益,增强投资者的安全感和稳定感,让广大投资者安心投资、放心发展。四要树立文明理念。进一步抓好省级文明城市建设,搞好城乡环境综合治理,让投资者在良好的生态环境和人居环境中创业、兴业、乐业。

四、打好总体战,统筹协调抓招商

招商引资、承接产业转移工作是一项综合的系统工程,是事关发展的全局性工作,不是哪一级、哪一个部门、哪一个人的事,是各级各部门的共同职责,是全社会的共同责任,必须统筹协调,打好总体战。各级党委、政府要牢固树立"一盘棋"的思想,切实把招商引资、承接产业转移工作摆在突出位置,特别是区县党政主要领导干部要把招商引资和承接产业转移工作放在心上、抓在手上、落实在行动上,亲自抓、亲自上,切实加强对重大项目、重要政策、重大事项的协调和督办,为招商引资扫除障碍。要进一步完善目标责任制,层层签订责任状,做到任务到人、责任到人、奖惩到人,形成科学合理、规范有效的工作机制。坚决破除本位主义和私心杂念,打破条块分割、部门界限,各司其职,各负其责,努力形成全社会关心招商、支持招商、服务招商、参与招商的强大合力。切实加强招商队伍建设,加强培训和实践,不断提高开放思维的能力、市场运作的能力、对外沟通协调的能力,培养和造就一支素质优、形象好、懂经济、会谈判的复合型招商队伍,为招商引资工作提供人才保证和智力支撑。

宜宾构筑通江达海"桥头堡"

区域的竞争,核心是枢纽之争。

四川省宜宾市是长江黄金水道的起点,处于国家"五纵七横"交通规划中南北干线与长江东西轴线的交汇点,是四川沿江开放和成渝经济区连接南贵昆经济区、走向东南亚的重要门户,也是四川规划向南、向东的重要出川大通道。特殊的区位优势,为宜宾打造区域性综合交通枢纽提供了独有的条件。

大手笔打造四川第一港

2008 年最后一天,宜宾港志诚作业区一期工程开工。这不仅标志着四川省目前最大的港口建设正式拉开序幕,也标志着宜宾市构建西部综合交通枢纽向前迈出重要一步。

宜宾港建设总规模为年吞吐能力集装箱 500 万标箱、滚装车 30 万辆。年吞吐能力为集装箱 50 万标箱、滚装车 10 万辆的宜宾港志诚作业区 2010 年底项目将全面建成。同时,宜宾市还加快推进三峡总公司向家坝大件码头、国电 800KV 换流站重件码头等沿江20个客货码头建设。到2015年，宜宾港集装箱年吞吐能力将达到100万标箱，2020年达到500万标箱，建成四川省最大内河港口的目标即将实现。

作为西部综合交通枢纽体系中水运主通道上立足西南、背靠西北、面向东南，连接东西、贯通南北、通江达海的重要节点，宜宾港将建设成以内外贸集装箱、能源、原材料和工业产品运输服务为主的地区性重要港口。港口的建设，不仅大大改善了宜宾的运输条件，促进全市经济社会发展，对四川构建西部综合交通枢纽也必将提供更强有力的支撑。

全方位构筑出川南大门

位于川南的宜宾市，现正重点建设连通川滇、川黔、攀西的公路和铁路大通道，以此拉近与成渝经济区、长三角、珠三角、北部湾经济区的时空距离，四川南大门正以崭新的面貌呈现在世人面前。

今天，宜宾已拥有铁路、公路、水路、航空、港口相配套，纵横交错、四通八达的现代综合立体交通网络。四川经宜宾至广西防城港的陆上最短出海通道内昆铁路、宜宾至昆明高速公路相继建成；通过"黄金水道"，3000吨级船舶昼夜通航，直达上海；宜宾机场已开通至北京、上海、广州、深圳、昆明等大中城市的直通航线。根据规划，内昆、成贵、宜遂（分叉到毕节）、渝昆宜攀、宜珙威毕等6条铁路经过宜宾；内宜、宜水、乐宜、宜泸渝、宜攀、宜叙6条高速公路在境内交汇；川南唯一的二级机场已选址宜宾。

在未来3年的时间里，宜宾将投入1000亿元，重点建设6条高速公路、6条铁路、1条黄金水道、1个港口和1个机场。毫无疑问，宜宾将成为长江上游川滇黔结合部综合交通枢纽。

依托枢纽　壮大通道经济

　　宜宾市在构筑大交通的过程中,着眼于本市整体发展大局,把交通建设与生产力布局、城乡统筹、开放合作、产业发展、资源开发等结合起来,不断加快商贸、物流建设,大力发展通道经济。

　　近年来,宜宾市依托西南出海通道和长江黄金水道,大力推进宜宾港物流园区和象鼻、天柏、罗龙、巡场等物流中心建设,加快建设大型综合批发市场和汽车、五金机电、粮食、建材等区域性专业市场,做大做强安吉物流、天畅物流等本土企业,积极引进国内外知名物流企业,兴建一批大型商贸设施,加快建设商业步行街,打造一批多业态、多功能、高品位特色商圈,逐步形成了大商贸、大物流、大通关、大口岸格局,一个充满生机与活力的商贸物流中心正在长江上游川滇黔结合部快速崛起。

《人民日报》2009 年 10 月 21 日

记者:周文武　张帆　彭世宏

"酒都"宜宾的招商小分队

上海,是宜宾市承接东部产业转移恳谈会的第一站。

宜宾市也是中共四川省委召开承接产业转移工作会议之后,最先来到上海的四川省大型地级城市。

颇具特色的是,随"酒都"宜宾赴长三角的,还有他们的一支招商小分队。

美酒"开路"

"闻到酒香,你就知道我们是从哪里来的了!"

说起宜宾,不得不提起闻名遐迩的美酒五粮液。这家中国最大的酒业集团,一举将宜宾托上了中国"酒都"的宝座。

在这次宜宾市的长三角产业承接恳谈会上,五粮液当然是"开路先锋"。美酒一下子拉近了宜宾和外界的距离。围绕五粮液,打造四川的食品、饮料配套产业基地,同时也给了长三角企业家很好的投资机会。

"其实,春节后我们就有这个计划了,当时方案已经基本形成,后来省里又开会进一步明确了方向,宜宾根据自身情况很快就作出了反应。"谈起此次宜宾产业承接的准备工作,宜宾市招商局的小盂深有体会。

"在这次恳谈会之前,我们已经有先遣队到这边摸过底了,一来了解企业家的实际需求,二来我们准备得更充分。"小盂说。

《第一财经日报》注意到,在"宜宾招商小分队"每个成员手里,都有一本叫做"宜宾赴长三角招商小分队"的册子,上面除了列出每位来长三角人员的联系名单和日程安排外,还对要考察的每个城市和企业有详细的介绍。

宜宾市招商局副局长胡明镜在后来的总结中写道:"本次招商活动注重政府搭台,企业、园区和旅游唱戏,深入对接,重在实效,取得了很好效果。"

投资政策可持续

翻开宜宾市在上海、江阴、杭州三地恳谈会的议程,100分钟的恳谈会被分成两大块,除去必要的市情介绍外,有70分钟的时间是用来让企业和当地政府面对面沟通交流。在这段时间内,企业家可以畅所欲言,提问题,提建议,提要求都可以,政府部门领导旁听并适时给予解答。

"以前开招商会,主要就是政府说,企业家听,听完了也就完了,现在,我们要的就是让企业家说,让他们提想法,我们来帮助他们解决。"小盂强调说,现场实在解决不了的,下来我们派专人来解决。

在上海的恳谈会上,企业家们专门提到了西部城市的诚信问题,这种担忧在招商引资中俗称"关门打狗"。以往西部地区的一些城市,招商引资采取一事一议,很多事是以政府会议纪要来确定的,没有专门的政策文件加以保障,加之政府领导变化又快,等企业过去投资了,此前的政府承诺就成了一句空话。

针对企业家的这些顾虑,宜宾市常务副市长徐进在来上海之前已经反复琢磨,"我可以给在座的企业家承诺,宜宾的投资政策是可持续的,不会是项目跟着领导变,在我们制定的承接产业转移实施意见中,专门强调了保障政策措施的可持续性,我现在就给大家吃这个定心丸。"徐进说。

"现在市里面的政策很明确,招商协议上明确了的条件,就不能改,承诺的就必须做到,一切以协议为准。"小孟说。他认为,以前确实有这种情况,看到人家来投资赚钱了,就有些眼红,但现在大家都明确了,让人家来投资就是让人家来赚钱的。

在此次宜宾长三角招商小分队的队伍中,宜宾市环保局副局长田华的名字特别惹眼,在一般人看来,环保局仿佛和招商没多大关系。

徐进副市长对此解释道:"带了环保局的领导来,就是为了从产业政策上有一个把握。比如说我们要上一个钢铁项目,我们就会问这到底是个什么项目,能不能要。"

宜宾企业家自带项目

对路的项目从哪儿来?

"由宜宾当地的企业家带队,带着他们的项目来招商,这也是我们这次的亮点。"小孟说。他还说,企业家带来的项目,都是成熟的好项目。

在杭州的恳谈会召开之前,这些好项目果然起到了效果。当地企业家看了项目资料后,纷纷主动找到这些项目的负责人咨询。

小孟说:"会都还没开,他们已经聊起了。"企业家的眼睛都很亮,好的东西一眼就能看出来。

其实,宜宾的企业家最早是不愿意带着成熟的项目出来招商的,因为好的项目当地都很支持,银行贷款也方便。这个变化缘于2007年宜宾化工龙头企业天原集团的一次十多亿元的增资扩股,由于引进了浙江和广东的资本,天原发展速度加快。尝到了甜头,其他企业也改变了看法,受到了影响。这次宜宾几大支柱企业纷纷愿意带着项目来寻求合作。

"有七八个比较成熟的项目,到每个地方都引来了不少询问的投资人。"徐进说。

按照徐进的思路,宜宾此次来长三角产业承接不是乱招商,而是有主线、分步骤有备而来。

"我举一个例子,天原化工是国内PVC的龙头企业,而PVC又是很多下游企业的原料,比如,用PVC做管材型材,我们就可以承接这样的企业到宜宾,为的就是拓展整个产业链;再比如,天原生产的电石,就是下游水泥企业的原料,现在是天原自己投资建水泥厂,但天原的强项却不在水泥,所以,我们也希望能有这样的企业来配套。"徐进说。

《第一财经日报》2008年7月9日

记者:洪其华

根本

——抓牢科学发展的着力重点

弘扬城市精神　加快宜宾发展

党的十七大指出,要坚持社会主义先进文化前进方向,兴起社会主义文化建设新高潮,激发全民族文化创造活力,提高国家文化软实力。宜宾历史悠久、山水秀丽、人文荟萃,是有着2900多年建城史的国家历史文化名城。今天,当思想精神的力量在地方综合实力竞争中的地位和作用越来越突出之时,充分利用和发掘宜宾丰富的历史文化资源,融合时代发展的新要求,提炼、概括和推广宜宾城市精神,展示宜宾人的独特个性、宜宾人新的精神力量和宜宾城市的灵魂,对于提高宜宾文化软实力、加快宜宾经济社会又好又快发展,具有十分重要的作用。

人要有精神,不能无风骨;城要有精神,不能无脊梁。城市精神是一座城市的灵魂,凝聚了一座城市的历史传统、精神积淀、社会风气、价值观念以及市民素质等诸多因素,是意志品格与文化特色的精确提炼,是文明素养与道德理想的综合反映,是城市市民认同的精神价值与共同追求。当今时代,城市精神是一种极为重要、不可或缺的战略资源,是一个城市经济社会发展的内在动力和重要支撑,是文化软实力的重要组成部分,是人民群众精神风貌的具体体现。可以说,城市精神对外是一种形象、一种品牌,具有强大的影响力;对内是一种信仰、一种追求,具有强大的聚合力。城市精神既是历史的积淀,也是时代精神的显现,同时也是对未来的昭示,贯穿于一座城市的过去、现在与未来。放眼世界,不难看出,一个城市的"精、气、神",越来越与这个城市发展的快与慢、好与坏密切相连。当前,宜宾正处在加快发展、科学发展、又好又快发展的关键时期,全市上下正在深入贯彻落实科学发展观,加快推进长江上游川、滇、黔三省结合部经济强市和美好新宜宾建设,首先必须在全市人民心中形成共同的思想基础,树立共同的精神支柱。培育和弘扬当代宜宾城市精神,必将提高城市的对内凝聚力和对外影响力,引导群众团结奋进、引领城市不断发展,为我们新一轮跨越式发展提供强大的精神动力、智力支持和思想保证。

宜宾地处四川、云南、贵州三省结合部,位于金沙江、岷江、长江三江交汇处。生活在这里的宜宾人民,代代相传、生生不息,孕育了富有特色的文明元素,积淀了丰富的文化底蕴。按照"根植历史、基于现实、紧跟时代、引领未来"的原则,我们确定宜宾城市精神为"诚信、包容、智慧、创新"。这一精神凝聚了全市人民的智慧,既渊源于宜宾悠久灿烂的历史文化,体现了宜宾人民精神风貌的历史传承性,又根植于建设美好新宜宾的伟大实践,体现了与时俱进、昂扬向上的鲜明时代特色。在新的历史条件下,必将引领着宜宾人民与美好新宜宾同行,与改革开放和现代化建设同步,成为我们弥足珍贵的精神财富。

诚信:宜宾人安身立命的信条和历史的经验。诚信不仅是一种态度,更是一种品德。宜宾自古作为川、滇、黔三省结合部的商埠重镇,既是滇黔商品的主要集散地,也是岷江流域物资的重要集散地,历来有"填不满的叙府"的美誉。在2000多年的城市发展中,宜宾商业的持续繁荣和社会的长期安定,最重要的因素就是诚信。改革开放 30 年来,宜宾能够在激烈的竞争中取得长足进步,也离不开宜宾人民的诚信品质。在全球经济逐步走向一体化、区域合作交流不断扩大的今天,诚信已成为融入世界经济、参与区域竞争的先决条件。一个地方如果诚信的发展环境不好,那么就会在市场竞争中处于被动,处于劣势,就会错失发展机遇。宜宾要在新的起点上实现新崛起,就必须继续大力弘扬"诚信"的城市精神,让诚信凝聚千年古邑的城市品质,以诚信拓展发展新空间,以诚信形成发展新优势,以诚信助推长江上游川、滇、黔三省结合部经济强市和美好新宜宾建设。

包容:宜宾人独有的精神内核。包容不仅是一种大度,更是一种超越。宜宾处在中原文化与边地文化的结合部。岷江代表着中原文明,而从高山峡谷奔腾而下的金沙江,则是边地或异质文明的写照。宜宾凭借地理上的优势,融合汉族与少数民族,融合中原文化与边地文化,造就了宜宾人独有的精神内核,显示出其包容的力量。历史上,茶马古道赋予了宜宾人开放的胸襟,赢得了"西南半壁古戎州"的美誉;近代以来,三江情怀赋予宜宾人开明的心态,使宜宾成为西南最早开放的门户之一;抗战中,李庄以开放包容的精神接纳了同济大学、营造学社、中央研究院等学术、教育机构,为我们留下了一段珍贵的历史记忆和宝贵的精神财富。今天,我们传承历史,不仅有数以百万计的宜宾人走出宜宾,闯出了一片新天地,我们更以开放的胸襟迎来了三峡总公司、沃尔玛、拉法基、鲁能等一大批重量级的战略投资者,为宜宾的经济腾飞注入了新的活力。历史和现实充分证明,兼容并蓄、开明开放的包容精神是助推宜宾不断发展进步最直接、最有效的动力。在经济全球化进程日趋加快和区域合作迅猛发展的今天,我们必须进一步弘扬包容精神,把宜宾的发展放在全省乃至全国的大趋势、大格局中去思考、去谋划,努力使宜宾融入更大的空间,发挥更大的优势,赢得更大的发展主动权,让包容铸就创业宜宾的城市形象。

智慧:放眼宜宾这座千年古邑的发展历程,智慧无时无刻不在伴随着她的每一次发展和进步。秦汉以来,宜宾不仅被中央政府置县设郡,更重要的是,宜宾人通过自己的智慧,创造着一个又一个奇迹。3000年历史的酒产业和酒文化,大唐时期的丝绸之路和两宋时期茶马古道的繁荣,明代时期文化的大融合、清代时期商业重镇的大发展等,无不显示出宜宾人的勤劳和智慧。正是由于宜宾人民的智慧和聪颖,铸就了宜宾源远流长的历史文化,使宜宾这座历史文化名城至今依然光彩夺目。进入新世纪以来,面对全新的发展形势,宜宾人审时度势,登高望远,依托自身优势,抢抓历史机遇,确立了建设长江上游川、滇、黔三省结合部经济强市的发展定位,规划了建设美好新宜宾的宏伟蓝图,制定了一系列推动宜宾跨越发展的战略举措。这些彰显宜宾人智慧的决策举措,为宜宾在激烈的区域竞争中抢占发展制高点奠定了坚实的基础。宜宾的发展昭示着我们:智慧不仅是机灵聪明,更是面向世界、面向未来的大视野,是在新的时代背景下加快建设美好新宜宾的大手笔、大魄力。

创新:是时代的要求,是奋发向上的源泉。一个民族,只有在不断创新中,凝聚力才能不断增强;一个国家,只有在不断创新中,综合实力才能不断提高;一座城市,只有在不断创新中,其生机活力才能不断焕发。纵观宜宾2000多年的城市发展历史,宜宾人民乐于创新、勇于创新的脚步一直都不曾停歇。从明至清到当代,五粮液以创新不断开创着时代的新辉煌。改革开放以来,我们高扬改革创新的大旗,率先打响了国有中小企业改革的第一枪,探索出一个又一个"宜宾经验"。宜宾人民的创新精神,凝聚着戎州儿女的坚韧探索,为宜宾带来了骄傲与光荣。我们今天所处的时代,是一个伟大变革的时代,机遇千载难逢;是一个千帆竞发、百舸争流的竞争时代,挑战不容忽视。机不可失,时不我待。要在重大战略机遇期实现建设美好新宜宾的宏伟蓝图,在激烈的区域竞争中推动宜宾加快发展、科学发展、又好又快发展,更加需要我们培育创新品格,弘扬创新精神,勇于创新并善于创新,以创新引领全市各项工作,使创新成为建设长江上游川滇黔结合部经济强市的动力源泉,努力把宜宾建设成为一座充满活力的创新之城。

站在发展新起点,迅速打开新局面,实现强势崛起,需要强大的精神力量来凝聚人心、鼓舞斗志。在全市上下大力弘扬宜宾城市精神,就是要使"诚信、包容、智慧、创新"的城市精神真正成为高扬于广大宜宾人民心中的一面旗帜,成为宜宾市实现跨越式发展的不竭动力,从而以更加开阔的思路、更加开放的胸襟、更加务实的作风,推动新发展,实现新突破。要大力倡导、积极践行宜宾城市精神,进一步增强宜宾人的认同感、归属感和自豪感,唤起责任心,激发进取心和自信心,培育共同的家园意识,树立共同的理想追求,真正做到同在一方热土,共建美好新宜宾。每一位宜宾人都要从我做起、从现在做起、从点滴做起,争做当代宜宾城市精神的弘扬者、实践者,真正把城市精神实实在在地落实到自己的本职岗位中,扎根于火热的生活中;每一位党员干部特别是领导干部都要身体力行,率先垂范,用"滴水穿石"的毅力、"寓教于乐"的方式、"润物无声"的艺术引导群众,共同培育、努力实践城市精神,使之在建设长江上游川、滇、黔三省结合部经济强市的伟大实践中开花结果;各级各部门要精心设计载体,让城市精神进一步融入城市生活,转化为宜宾加快发展的精神动力、内化为宜宾人民提高素养的自觉行动、固化为展示宜宾开放形象的重要支撑,使之成为引领全市人民奋勇前行的精神坐标。有当代宜宾城市精神的引领，有530万宜宾各族人民的精诚团结，我们一定能推动宜宾大发展，让宜宾这座历史文化名城焕发出新的时代光辉！

坚持以人为本　促进社会和谐

以人为本是科学发展观的核心，是建设社会主义和谐社会的内在要求。按照党的十七大提出的"五有"要求，我们要坚持共建、共享，着力民生、民心，着眼群众新期待，落实惠民新举措，促进社会公平正义，扎实推动和谐宜宾建设。

实施"民生工程"，更加务实地实现群众利益。要正确处理尽力而为与量力而行的关系，区分轻重缓急，突出工作重点，扎实推进就业促进、扶贫解困、教育助学、社会保障、医疗卫生、百姓安居、道路通畅、环境治理等民生工程，从目标责任、资金投入、政策创新、作风保障等方面构建长效机制，促进富民惠民工作规范化、制度化、常态化。要进一步落实教育优先地位，坚持"平民教育"的发展方向，积极推进教育改革，整合教育资源，全面落实"两免一补"政策，办好人民满意的教育。要实施积极的就业政策，鼓励和引导全民创业，完善就业服务体系，健全职业培训制度，统筹做好复员转业军人、高校毕业生、城镇新增劳动力和农村富余劳动力的就业工作，积极帮助"零就业家庭"、被征地无业农民、"4050"人员、残疾人等弱势群体解决就业困难。要加大收入分配调节力度，着力提高低收入者的收入水平，建立企业职工工资正常增长机制和支付保障机制,促进共同富裕。要不断深化医疗卫生体制改革,全面推行新型农村合作医疗制度,加强公共医疗卫生服务体系建设,为城乡群众提供安全、有效、方便、价廉的医疗卫生服务。要着力构建以社会保险、社会救助、社会福利为基础,以基本养老、基本医疗、最低生活保障制度为重点,以慈善事业、商业保险为补充的,覆盖城乡居民的社会保障体系,提高社会保障水平。要实施城乡安居工程,加快经济适用住房、普通商品房建设步伐,不断完善廉租住房和住房公积金制度,切实解决中低收入家庭、住房困难户和无房户的住房困难,改善群众居住条件。

实施"民意工程",更加充分地保障人民当家做主。要坚持人民代表大会制度、中国共产党领导的多党合作和政治协商制度,支持人大、政协依照法律和章程履行职能。要全面落实党的民族、宗教、外事、对台和侨务政策,巩固和发展最广泛的爱国统一战线。要加强对工会、共青团、妇联等群团组织的领导,充分发挥桥梁和纽带作用。要扩大人民民主,健全民主制度,丰富民主形式,拓宽民主渠道,完善民主选举、民主决策、民主管理、民主监督的机制,保障人民群众的知情权、参与权、表达权、监督权,保证人民当家做主。要发展基层民主,提高党务政务公开、厂务公开、村(居民委员会)务公开质量,健全党领导的充满活力的基层群众自治机制,保障人民享有更多更切实的民主权利。要深入推进依法治市,促进公正司法、司法为民,深入开展普法教育,使有法必依、遵纪守法成为全市人民的自觉行为,建设公平正义、安定有序的法治社会。

实施"人文工程",更加全面地提升文化软实力。坚持以社会主义核心价值体系引领社会思潮,用马克思主义中国化最新成果武装全党、教育群众,用中国特色社会主义共同理想凝聚力量,用以爱国主义为核心的民族精神和以改革创新为核心的时代精神鼓舞斗志,唱响"建设美好新宜宾"主旋律,在全社会形成共同的理想和精神支柱。要深入开展社会主义荣辱观教育、"坚持十要十不要,争做文明宜宾人"主题活动,积极争创省级文明城市,形成知荣辱、讲正气、树新风、促和谐的文明风尚。更加注重人文关怀和心理疏导,形成诚信互助、团结友爱的新型人际关系和和谐的社会氛围。要加强公共文化设施建设,积极构建覆盖城乡的公共文化服务体系,保障人民群众普遍享有基本公共文化服务。要推进文化创新,大力挖掘地方特色文化,着力开发富有时代精神和宜宾特色的优势文化产品,做大做强重点文化企业,培育文化支柱产业。要坚持人才立市、科教兴市,不断提高全市人民的科学文化素质,努力建设学习型社会、创新型城市,增强可持续发展能力。

实施"民安工程",更加主动地维护社会稳定。要适应新时期群众工作新要求,切实加强信访工作,畅通群众工作中心、惠民帮扶中心、政务服务中心等上情下达、下情上传渠道,深入开展不稳定因素和矛盾纠纷排查调处工作,建立健全各种社会利益协调和纠纷处理机制,积极预防和处置突发性群体事件。尤其要做好土地征用、房屋拆迁、企业重组改制、移民安置等工作,营造安定团结的社会政治环境。要创新社会管理体制,强化政府的社会管理和公共服务职能,加强流动人口服务和管理,做好关爱农村留守儿童工作。完善突发事件应急管理体制,提高危机管理和抗风险能力。要切实加强安全生产,加大事故责任追究和处罚力度,有效遏制重特大事故发生。继续扎实开展"平安宜宾"、"法治宜宾"创建活动,强化社会治安综合治理,改善和加强城乡社区警务工作,依法严厉打击各种刑事犯罪,增强人民群众的安全感。

围绕美好新宜宾目标
加强精神文明建设工作[*]

建设"经济兴盛、政治清明、文化繁荣、社会和谐、人民幸福"的美好新宜宾,是宜宾市在改革开放和现代化建设进入新时期、全面建设小康社会处于关键阶段提出的宏伟战略目标。面临新形势、新任务、新要求,精神文明建设必须主动围绕中心、服务大局,更新理念、创新载体,以社会主义核心价值体系为根本,着力思想道德建设与和谐文化建设,不断提高精神文明建设工作的水平,为构建和谐社会、建设美好新宜宾提供有力的思想保证、智力支持、精神动力和文化支撑。

一、充分发挥精神文明建设在构建
美好新宜宾战略中的重要作用

(一)发挥精神文明工作的指导功能,为美好新宜宾建设筑牢共同的思想基础。当前,宜宾市经济社会发展总体态势是和谐的。

---

* 本文发表于 2007 年 9 月 20 日《精神文明报》。

随着经济体制的变革、社会结构的变动、利益格局的调整和思想观念的变化,在某些方面也会产生不和谐因素。这就需要用科学统一的指导思想激励全市人民共同团结奋斗,以共同的理想信念维系全市人民共谋和谐发展。要高度重视和切实加强精神文明建设,坚持用马克思主义中国化的最新理论成果武装党员干部、教育人民,主导社会文化,整合社会思想;深入进行爱国主义、集体主义、社会主义思想教育、理想信念教育、国情市情教育和时事政策教育,用民族精神、时代精神和宜宾精神来凝聚人心,激发全市人民的创造活力,巩固全市各族人民的共同思想基础,增强人们建设美好新宜宾的信心,为和谐社会建设提供有力的思想保证。

(二)发挥精神文明工作的导向功能,为美好新宜宾建设营造良好的舆论环境。坚持正确的舆论导向,营造健康向上的舆论氛围,是促进社会和谐的重要因素,也是精神文明建设的重要任务。当前,宜宾市正处在改革发展的关键时期,社会利益关系复杂,社会热点纷呈,新情况、新问题不断显现,对人们的社会心理和群众情绪有着重要的影响。要更加高度重视精神文明建设和切实加强精神文明建设,坚持团结稳定鼓劲、正面宣传为主的方针,唱响主旋律,打好主动仗。要适应媒体分众化、对象化的新趋势,有效整合宣传资源,努力构建定位明确、功能互补、覆盖广泛的舆论引导新格局,不断增强舆论工作的实效性和感染力。充分利用各类新闻媒体,采取灵活的传播手段,反映人民群众的意见和心声,通达社情民意、引导社会热点、疏导大众情绪,促进矛盾化解与社会稳定;积极宣传中共宜宾市委、市政府的决策和部署,将之转化为广大人民群众的共同意愿和自觉行动,最广泛地调动一切积极因素,团结一切可以团结的力量,为推进美好新宜宾建设注入强大活力,营造和谐的舆论环境。

（三）**发挥精神文明工作的激励功能，为美好新宜宾建设提供强大的精神动力。**构建和谐社会、建设美好新宜宾，需要一个创造活力与激情全部迸发的社会环境。这是构建和谐社会的理想追求，也是宜宾市精神文明建设工作的内在要求。要更加高度重视和切实加强精神文明建设，充分发挥马克思主义理论武装头脑、指导社会实践的作用，发挥民族精神和时代精神凝聚人心、创造社会实践的作用，发挥社会主义荣辱观规范人们行为、导向社会实践的作用，从而引领时代前进的方向，丰富人们的精神世界，规范人们的行为方式；要把社会主义核心价值体系建设融入国民教育和精神文明建设的全过程，融入经济、政治、文化、社会建设的各个领域，使之成为全市各族人民团结向上的精神支柱，使全市人民始终保持自强不息、昂扬向上的精神状态，使整个社会充满蓬勃生机，促进宜宾经济社会发展实现新跨越。

（四）**发挥精神文明工作的教化功能，为美好新宜宾建设培育文明的道德风尚。**文明的道德风尚是建设美好新宜宾题中应有之义。在建设美好新宜宾的伟大实践中，无论是培育人与人之间的和睦关系、人与自然之间的协调关系、人与社会之间的和谐关系，还是促进人自我内心的和谐，从根本上说，都取决于人们的思想道德修养和精神境界的提高。要更加高度重视精神文明建设和切实加强精神文明建设，坚持以人为本，大力弘扬社会主义荣辱观，切实加强思想道德建设，培育与人为善、平等友爱的道德情感，养成见利思义、诚实守信的行为准则，塑造自尊自信、理性平和的精神品格，形成相互尊重、礼让宽容的人际关系，营造文明礼貌、健康向上的社会风尚，不断提高人们的思想道德素质和社会的文明程度，为构建和谐社会，建设美好新宜宾建立融洽、文明的社会环境。

二、切实增强精神文明建设在构建
美好新宜宾中的引领能力

新形势下的精神文明建设工作要以科学发展观为统揽,牢固树立"以人为本、和谐发展"的新理念,不断增强做好社会主义精神文明建设工作的新本领。

(一)增强服务大局的能力。精神文明建设工作需要有很强的中心意识和大局观念,不能就精神文明抓精神文明。精神文明建设的各项工作要围绕中心和大局思考,围绕中心和大局行动,为中心和大局服务,为加快宜宾跨越发展、建设美好新宜宾构筑良好的群众基础、营造良好的社会环境,提供强大的精神力量。

(二)增强思想道德建设的能力。精神文明建设要以建设社会主义核心价值体系为根本,以培育"四有"新人为目标,大力加强思想道德建设,使全体人民始终保持良好的精神状态,自觉遵守和践行公民基本道德规范;要切实抓好未成年人思想道德和心理素质教育,坚持以真知真理武装未成年人,以真爱真情感动未成年人,以真实真诚启迪未成年人,以真言真行带动未成年人,把思想道德教育生动具体融入未成年人成长的各个时期和环节,营造有利于未成年人健康成长的社会环境。

(三)增强丰富文化内涵的能力。要把发展文化产业和文化事业摆在更加突出的位置,大力推进和谐文化建设;要发挥文化开启心智、陶冶情操、提升修养的作用,发展文化创意工程,培育全社会的创新意识和创新精神;要开展丰富多彩的文体活动,提供健康有益的精神文化产品,丰富人们的精神文化生活,尤其要抓好人民群众喜闻乐见的企业文化、校园文化、社区文化、村镇文化、民俗文化、旅游生态文化等各类文化的建设,使人民群众在浓厚的文化氛围中受到熏陶,接受教育,得到提高。

(四)增强营造和谐环境的能力。要把营造和谐环境工作摆在精神文明建设的重要地位,增强全社会公民的法律意识和诚信意识、维护社会的安定团结;要发挥基层党组织和基层党员在群众性精神文明创建过程中服务群众、凝聚人心的作用,发挥基层自治组织协调关系、化解矛盾、排忧解难的作用,发挥社团、行业组织和社会中介组织提供服务、反映诉求、规范行为的作用,形成规范管理和社会服务的合力,在全社会营造公平正义、诚信友爱、融洽和谐的社会环境。

(五)增强统筹城乡发展的能力。一方面要统筹城乡精神文明建设,破除不利于城乡协调发展的体制性障碍,形成精神文明建设良性互动新机制;充分发挥城市的带动辐射作用,积极引导城市先进科技、文化和公共服务等资源向农村配置、覆盖和辐射,逐步形成以家庭为细胞、以城镇为龙头,以城乡共建为动力的精神文明创建链。另一方面要统筹文明创建和和谐创新活动,使文明城市、文明村镇、文明行业创建与和谐单位、和谐社区、和谐家庭创建相互作用、相互影响,相得益彰,形成整体推进文明创建和和谐创建活动的良好态势。

三、着力把握精神文明建设在构建
美好新宜宾中的重点环节

(一)加强思想理论建设,培育全市人民建设中国特色社会主义的共同理想。坚持不懈地用马克思主义中国化的最新理论成果武装干部、教育群众,持之以恒地开展党的基本理论、基本路线教育,积极引导广大党员、干部和群众,牢固树立建设中国特色社会主义的共同理想和精神支柱;坚持以科学发展观为指导,加强精神文明建设的理论研究,强化理论教育和理论宣传,切实抓好理论工作者队伍及理论阵地建设;努力探索社会主义市场经济条件下思想政治工作的新形式和新载体,重视自主创新能力培育和创新文化建设的研究,大力倡导理论创新、科技创新和制度创新;体现人文精神的时代要求,着力于和谐文化建设的研究,构建多元统一、兼容共生、协调有序、充满活力、大众共享的社会主义和谐文化,增强精神文明建设的向心力和凝聚力,开创我市精神文明工作理论建设新天地。

(二)加强公民道德建设,倡导和发展现代文明。坚持以弘扬民族精神和时代精神为灵魂,以倡导社会主义荣辱观为基础,实施公民道德建设工程。一是充分发挥家庭、学校、机关企事业单位和社会的道德教化作用,深入开展公民道德教育和道德实践活动。加强党员干部特别是各级领导干部的道德教育,引导广大党员干部牢固树立正确的世界观、人生观、价值观,保持高尚道德情操,形成人格力量,为群众做出榜样;加强未成年人思想道德教育,把德育摆在素质教育的首要位置,遵循身心发展和思想品德形成的规律,努力建设学校、家庭、社会各负其责又密切配合的教育网络;加强社会信用体系建设,以诚实守信为主要内容,强化对市民群众的社会信用意识教育,建设诚信社会,引导各类经济主体依法经营、公平竞争,维护正常的经济秩序,确保社会主义市场经济健康发展。切实开展民主法制教育,以公平公正为主要内容,强化法治意识的宣传教育,维护正常的法律秩序,为树立良好社会道德风尚创造良好的法制环境。二是发挥道德规范在建设美好新宜宾中的重要作用,引导群众树立现代文明观。要适应城市化、现代化建设和经济发展的实际,深入持久地实践社会主义荣辱观,使社会主义荣辱观广为普及,成为全体公民的广泛共识和自觉行动;要加强公民基本道德规范的宣传教育,把公民道德建设与规章制度建设结合起来,使公民基本道德规范渗透到城市管理、机关企事业管理和农村管理的各项制度之中,渗透到市民公约、村规民约、行业规范之中;把树立良好道德风尚与强化社会管理结合起来,加强法制监督、行政监督、社会监督和舆论监督,弘扬社会正气。通过公民思想道德建设工程,努力形成与城市发展目标相适应,市民普遍认同的价值观、文明观和道德观。

(三)实施环境育人工程,塑造现代城市精神。一要加大城市环境的改造和建设力度,营造优美的城市硬环境。按照宜宾城市的历史背景和文化脉络,准确定位城市的建筑构成、形式、基调和色彩,积极引导和培育富有自身特色的城市建筑风格。在城市规划建设中,注重历史传承和时代创新的结合,精心营造现代化城市的景观建筑物,最大限度地做到自然景观、人工景观、社会人文景观的和谐,使自然与历史保护、经济与文化发展相得益彰。二要充分体现人文精神,营造良好的城市软环境。要重视城市历史建筑和历史风貌的保护和文化传统的弘扬,不断丰富城市人文环境的文化内涵,开发城市各类建筑的思想文化资源,通过现代技术精心包装和打造,外化和展示城市建筑的文化内涵,实现文化和环境的高度融合,彰显城市建设中的地域文化特色;要在主要街道、广场等公共场所建立反映宜宾城市特色、展示城市形象的雕塑、公益广告、文化艺术长廊等城市公共文化设施,以此为育人载体,把宜宾的城市建设优势转变为精神文明建设的社会教化优势;要提高城市的科学管理水平。积极借鉴国内外城市的先进管理经验,制定、完善并严格执行城市管理的各项法规,依法规范市民行为,建立科学有效的城市管理体制,加大对城市环境和综合整治力度,建设天蓝、地绿、水清、人和的长江流域历史文化名城。三是要着力挖掘城市文化底蕴,结合时代精神,根据宜宾城市特征和宜宾人民的精神风貌,铸造和提炼全市人民认同的新时期的城市精神,以新的宜宾城市精神教育市民,凝结人心,汇聚推进美好新宜宾建设的强大力量。

(四)精心设计载体,深化文明创建与和谐创建活动。一是深化城乡文明创建活动,增强实效性。坚持继承与创新相统一,精心设计载体,丰富创建内容,严格创建管理,深入开展城乡文明创建活动。在文明创建活动中,要把创建活动的着力点向行业、社区、村镇延伸和辐射,有效开展社会公益活动和道德实践活动,增强市民的参与意识、文明意识和生态环保意识,推动全市城乡社会风气、公共秩序、生活环境和社会服务全面改善,以此提高市民的文明素质和整个城市的文明程度。二是创新开展和谐创建活动,增强渗透力。以建设和谐文化为目标,创新开展和谐单位、和谐社区、和谐家庭等丰富多彩的和谐创建活动。坚持为民利民原则,多做得人心、稳人心、暖人心的实事、好事,使和谐创建活动成为陶冶道德情操,提高思想素养的过程,成为融洽人际关系、促进团结和谐的过程,成为自觉参与创建、主动促进发展的过程,真正使市民群众在创建活动中得到实惠,增强创建实效;坚持先进引导原则,重视发挥先进典型在群众性精神文明建设活动中的示范带动作用,广泛开展争先创优活动,让先进典型所体现出的时代精神,转化为全社会的共同价值追求,成为推动城市和谐发展和社会文明进步的强大动力。

(五)强化组织领导,开创精神文明建设工作新局面。一是加强队伍建设,为精神文明建设提供人才保障。要按照"政治强、业

167

务精、作风正、素质高"的要求,提高精神文明建设队伍的整体素质。要在更好地发挥宣传思想、精神文明等部门职能作用的同时,更加重视社会志愿者队伍的作用,吸引更多的群众自觉地成为精神文明的建设者和推动者。二是加强机制建设,为精神文明建设提供制度保障。要不断完善精神文明建设工作的领导制度,努力形成党委统一领导、党政主要领导亲自抓、文明委综合协调的领导体制以及各部门密切配合、分工合作,社会组织和广大群众积极参与、齐抓共建的运行机制。健全精神文明工作的激励机制和考核评价体系,把考核结果作为评价领导政绩和能力的依据,使精神文明建设工作走上科学化、制度化、规范化的轨道。三是加大投入,为宜宾精神文明建设提供有力的物质保障。要从建设美好新宜宾的全局出发,把精神文明建设纳入全市经济和社会发展的总体规划,切实保证和增加精神文明建设必需的经费投入。积极调动社会各方面力量,多方筹集资金,形成多渠道的精神文明建设工作的投入机制和多层次的投资主体,保证精神文明建设各项事业的健康发展。

重抓教育　大抓教育　狠抓教育

　　党的十七大指出,教育是民族振兴的基石,教育公平是社会公平的重要基础。在科学发展观指导下,加速推进美好新宜宾建设,必须牢固树立抓教育就是抓发展的全新教育观,强化优先发展、统筹发展理念,重抓教育,从思想上高度重视教育;大抓教育,积极研究新举措、采取新办法、运用新机制;狠抓教育,下定决心、一抓到底,办好人民满意教育,建好人民满意学校,培育人民满意的教师队伍,为富民强市提供有力的人才保障和智力支持。

　　教育均衡发展,是保障教育公平、促进社会公平的基本前提。针对城乡、区域教育发展不平衡的实际,要切实加大统筹力度,坚持一盘棋规划,合理配置教育资源,推动城乡之间、县区之间、学校之间教育协调发展,逐步实现基本公共教育服务均等化。特别是要立足农村人口占宜宾市人口绝大多数的实际,以农村教育为重点,把城市和农村教育的发展规划、学校建设、教师配置统筹起来,调整优化教育布局,逐步缩小城乡教育发展差距,促进城乡教育与城市化进程协调发展,逐步打破城乡教育上的二元结构。要按照小学就近入学、初中相对集中的原则,结合新农村建设、生产力布局、行政区划调整、重大工程移民,通过新建、改建、合并、联合办学等方式,整合农村教育资源,大力改善农村办学条件,逐步扩大农村办学规模,提高办学质量和水平。要制定相关的政策和制度,鼓励和引导城市优秀教师到农村特别是边远山区、少数民族地区任教帮教,逐步提高农村教师待遇,切实解决农村学校缺少合格教师和骨干教师不稳定的问题。要积极探索"捆绑式"办学的做法,让城市学校与农村学校"一加一"结成对子,实行"一个法人代表,一套领导班子,联体考核评估"的办法,以城带乡,促进教育资源均衡配置,增强教育的整体实力。要利用现代信息技术,大力推进中小学现代远程教育工程,扩大覆盖面,实现城乡优质教育资源的双向开放与共享。

加快构建适应经济社会发展需要、具有中国特色的社会主义现代教育体系,必须立足宜宾市教育发展的阶段性特征,把握教育发展的规模、重点,统筹发展普通教育与职业教育、基础教育与高等教育、义务教育与非义务教育、教育事业与教育产业,积极稳妥推进教育体制改革,促进教育结构优化。要坚持把义务教育作为发展教育事业的基础,突出农村义务教育这个重点,加大对贫困家庭子女、残疾儿童、流动人口子女的教育帮扶力度,不断巩固"两基"成果,实现向"两全"的提升。结合宜宾市城市功能分区和组团式发展的趋势,优化城市中小学布局,鼓励支持宜宾学院、宜宾职业技术学院兴建附属中小学,引导生源合理有序流动。要着力提升高中阶段教育,坚持一手抓示范、一手抓普及,一手抓"创名"、一手抓提高,把示范性学校建设与改善相对困难学校的办学条件有机结合起来,全面提升高中阶段教育水平和质量,扩大高中阶段教育规模,增强高中教育资源供给能力。要紧紧围绕宜宾市特色优势产业发展需要,大力发展职业教育尤其是中等职业教育,发挥好宜宾商业中专、高场职中、柳嘉职中等国家级示范职中的带动效应,培养造就一大批高素质劳动者和技师型人才。要稳步发展高等教育,做大做强宜宾学院、宜宾职业技术学院,积极引进国内名校在宜宾创办分校,加强重点学科和重点实验室建设,增强产学研结合能力,使高校成为高新技术产业的重要孵化器。同时,要正确处理教育事业与教育产业的关系,既突出教育的公益性,切实履行好政府的公共服务职能,也要发挥市场机制在教育资源配置中的作用,积极稳妥推进办学主体多元化,支持社会力量办学,鼓励市内国有大中型企业或引进有实力的市外投资者投资办学,推动教育产业健康发展。

教育事业的科学发展,必须是规模、质量、结构和效益内在统一的发展。要针对宜宾市教育资源相对不足的实际,建立教育投入持续增长机制,加强薄弱学校建设,全面消除农村学校危房,加快布局并推进城市新区中小学校建设,解决好学生"有学上"的问题。同时,要积极转变教育发展方式,更加注重质量、效益,解决好"有好学上"的问题。要坚持内生式发展,进一步深化学校管理体制改革,落实校长负责制,改变学校行政化倾向,把教师民主管理、专家治校与校长负责有机结合起来,建立符合教育发展规律和特点的学校管理、考评、监督、评判机制。稳妥推进教师人事管理制度改革,完善激励机制和约束机制,全面实施教师资格制度和职务聘任制,将教师任用制度由"身份管理"转向"岗位管理",鼓励学校从市内外引进优秀教师和管理人才。要把提高师资、师德水平摆在重中之重的位置,加强教师培训机构建设,大力实施中小学骨干教师成长工程、特级教师培训培养计划和高中青年教师素质提升工程,开展以"新理论、新课程、新技术和师德教育"为重点的教师全员培训和多种形式的继续教育,培育一支"志存高远、爱国敬业、为人师表、教书育人、严谨笃实、与时俱进"的高素质教师队伍。立德树人是社会主义教育的根本任务,要围绕"培养什么人,怎样培养人"这个核心,以实现人的全面发展为目标,积极实施素质教育,深入开展以"八荣八耻"荣辱观为主要内容的青少年思想道德建设,深化课程、教材、考试评价等制度改革,尊重学生的人格和个性特长,创新教育教学方法,强化创新精神和实践能力的培养,让学生感受学习快乐、创新乐趣,培养合格建设者和可靠接班人。

实现教育事业又快又好发展,是一项庞大的系统工程,必须调动全社会力量积极参与。各级党委、政府要高度重视,认真负责,把教育纳入经济社会发展总体规划,列入重要议事日程,定期研究教育工作,加强督促检查,及时解决教育发展中的重大困难和问题。特别是要强化政府对义务教育的保障责任,完善帮助贫困家庭学生上学的资助制度和扶持政策,完善支持高校毕业生的政策措施。要加大对教育的投入,逐步建立与公共财政体制相适应的教育财政制度,依法落实教育经费"三个增长"和"两个比例"要求,逐步形成与社会主义市场经济体制相适应、满足公共教育需求、稳定并持续增长的教育投入机制。要统筹考虑经费投入,重点向农村地区、贫困地区、少数民族地区倾斜,加大农村和薄弱学校改造力度,推进中小学校标准化、规范化建设。要拓宽经费筹措渠道,建立社会投资、捐资教育的激励机制,积极开拓金融、信贷、教育服务、科技开发等筹措教育经费的途径,放大财政教育投入的乘数效应,多渠道、多形式吸纳市内外和更多的社会资金投资教育,弥补教育经费不足。要加强和改进教育经费管理,强化教育投入的监督、审计、检查制度,不断提高教育经费投入和使用效益。要坚持多方联动,各司其职,相互配合,通力协作,做好校风校纪管理、校园周边环境治理、教育改革发展宣传等工作,加强教育界、教育工作者同社会、同老百姓的交流与沟通,共同营造一个有利于教育优先发展的良好环境,形成推动教育事业发展的合力。要在全社会形成和保持尊师重教的良好风气,维护教师的合法权益,切实帮助教师特别是农村基层教师解决工作中的实际困难,为他们创造良好的工作、学习和生活条件。

把群众工作做到人民群众心中[*]

群众工作是党的全部工作的基础。党的十七大强调,要加快推进以改善民生为重点的社会建设;同时指出,要最大限度激发社会创造活力,最大限度增加和谐因素,最大限度减少不和谐因素,妥善处理人民内部矛盾,完善信访制度,不断健全党和政府主导的维护群众权益机制。按照中央、省委进一步加强和改进新时期群众工作的要求,我们牢记江泽民同志"走改革之路,建美好宜宾"和胡锦涛总书记"让宜宾这座历史文化名城焕发出新的时代光辉"的殷切希望,围绕建设美好新宜宾的目标,把做好群众工作作为一切工作的出发点和归宿,着力把群众工作中心建成党委、政府与人民群众之间的连心桥,建成畅通渠道了解社情民意和集中民智民力的信息站,建成及时发现和解决社会矛盾及苗头问题的预警器,建成服务群众便民、利民、富民、安民的展示台,有力地促进了全市经济社会又好又快发展,形成了发展工作与群众工作相互促进的良好局面。

---

* 本文发表于《党建》2007 年第 12 期。

一、畅通渠道汇民意,把群众的要求和
   愿望作为第一信号

群众意志是改革发展的根本指向,群众意愿是社会进步的推动力量。宜宾市始终坚持"从群众中来,到群众中去"的根本工作路线,建立了市、区县、乡镇、村组(社区)四级群众工作中心,配备了5000名固定群众工作人员,落实了25000多名兼职群众工作信息员,充分发挥群众工作中心听取民意、汇集民情的主渠道作用。工作中,坚持把群众工作中心、信访电话专网、"12345"市民热线与开展"万名党员进社区进农村"、"群众想什么、盼什么,我们做什么"、"听民意、助春耕"等活动结合起来,认真了解群众所想、所盼,及时把群众特别是代表大多数人利益的意见和建议吸收到决策中来,凡是不能使绝大多数群众受益、得不到绝大多数群众理解支持的政策坚决不出台,从而使党委、政府的决策部署成为广大人民群众的共同意志和自觉行动。由于工作内容的拓展,促进了群众工作由管理向服务、被动向主动、堵防向疏导、层层转办向层层解决问题转变。2007年,省委、省政府决定实施"十大惠民行动",市委、市政府结合实际,尊重群众意愿,组织开展了13项亲民惠民行动,投入资金19亿元,重点解决事关群众切身利益的就业、就学、就医、农村交通建设、安全饮水、社会保障等问题,把发展工作、群众工作落实到群众得实惠上。特别是在推进工业化、城市化进程中,针对部分被征地农民反映的补偿标准、养老保险、子女上学等方面的问题,市委、市政府及时修订出台了《关于开展已征地失地无业农民就业和社会保障试点工作的通知》等文件,使群众的合理要求得到了切实解决,维护了被征地农民的利益。

二、真心帮扶解民忧,把为群众
办实事好事作为第一任务

党的根本宗旨是全心全意为人民服务,党的一切奋斗和工作都是为了造福人民。为此,我们牢记群众利益无小事,把群众工作中心作为密切党同人民群众血肉联系的桥梁和纽带,把关系群众切身利益的事作为大事、要事,立办、快办、妥办,努力在服务群众上见实效。在工作中,我们进一步深化"部门帮村、党员帮户"、"流动法庭"、访贫助困等制度,结合实际建立并坚持为民工作队制度,深入基层访民情、集民智、聚民力。2006 年以来,仅市级就派出 10 批为民工作队,深入基层为群众办实事、解难事、做好事近5000 件,各区县也广泛开展了"情系人民谋发展"、"流动政务进农家"等干部下基层活动,不仅使一批群众最急、最盼、最怨的问题得以及时解决,也使广大干部在服务群众中受到了再教育,进一步得到了锻炼。对于群众工作中的要事、难事,我们建立健全重大问题包案制、挂牌督办制、定期交账制等制度,领导带头碰硬,全市1000 名县处级领导干部包案化解 3477 个突出问题。其中,市委、市政府领导带头包案化解了 24 个全市最突出的问题。比如,对珙县巡场镇群众反映的饮水问题,就通过市、县两级督办,在不到一年的时间内建成了龙泉、甘泉两个水厂,从根本上解决了困扰巡场镇群众多年的"饮水难"问题。针对市区居民反映的偏街小巷环境脏、乱、差问题,市委、市政府下决心,投入 1000 万元,集中整治了 42 条小街小巷,方便了居民出行。与此同时,建立健全困难群体扶助、帮带机制,尤其在大型水电工程移民安置中,采取市、县、乡(镇)三级领导一对一联系、帮扶移民户的办法,结对子、认亲戚、交朋友,向移民户宣传政策,为移民户排忧解难,创造了 35 天完成向家坝水电站左岸施工区移民搬迁任务的"宜宾奇迹",确保了工程移民与工程建设的统筹协调推进。

三、富民惠民促民享,把群众满意作为第一追求

确保人民群众共享改革发展成果,是党的宗旨的具体体现,也是党的群众工作的内在要求。我们积极拓展和延伸群众工作中心的功能和作用,并将建立在人大、政府、纪委、工会、妇联的各类维权中心、培训中心、帮扶中心、活动中心、救助中心、宣教中心等群众工作资源整合起来,建立固定服务队和流动服务队两支工作队伍,落实惠民举措、解决民生问题,千方百计把发展成果惠及群众。坚持把富裕人民作为发展的首要任务,通过建设惠民就业服务中心、惠民职业培训学校、民工学校等阵地,大力促进就业再就业。建立健全社会保险、社会救助、社会福利和慈善事业相结合的社会保障体系。2007 年以来,全市已实现城镇、农村低保应保尽保,分别达到 9.5 万人、11.3 万人,城市低保综合补差额由过去全省的第十八位上升到第五位。努力解决看病难、看病贵问题,农村新型合作医疗制度已覆盖全市 8 个区县、370 万人,参合率 85.13%。加大廉租房、经济适用住房和安居房建设力度,截至 2007 年 8 月,全市开工建设 25 万平方米经济适用住房,廉租房保障 3525 户。坚持教育优先发展,完善扶困助学制度,农村义务教育"两免一补"政策落到实处,受惠农村学生达到 70 万人,解决进城农民工子女义务教育问题 7000 人。积极推进城乡生态环境建设,发展循环经济,关停了 3 家火电厂,丝丽雅集团老厂区整体搬迁出中心城区,城市污水、垃圾处理、供水、供电等设施日臻完善。2006 年,宜

宾成功创建为全国卫生先进城市、中国优秀旅游城市。

四、尊重群众聚民心,把人民
当家做主作为第一准则

人民群众是发展的主力军,只有紧紧依靠人民群众,发展和改革才能成为有源之水,才能够长盛不衰。宜宾市始终坚持"一切为了群众、一切依靠群众"的正确方向,依托群众工作中心这一平台,推进阳光作业,认真落实人民群众的知情权、参与权、选择权、监督权,把发展锁定在了科学民主的决策之中,锁定在了全面协调可持续发展的轨道之中,形成了万众一心谋发展、齐心协力搞建设的强大合力。市委、市政府坚持阳光决策,不断完善领导干部调查研究制度、重大事项社会公示制度和听证制度、专家论证制度、多层次的联席会议制度、社情民意反映制度等,确保了各项制度既符合党的路线、方针、政策,又符合地方经济发展需要。坚持阳光执行,探索建立了政策信息备查制度、与群众面对面交流制度、组织宣讲团深入基层宣讲制度等,出台了《关于推行党务公开试点工作的意见》《关于进一步推行政务公开的意见》等,使政策执行的全过程公开透明,从而把党委、政府的意图与群众的意愿更加紧密地统一起来,转化为群众的自觉行动,最大限度地从源头上减少了矛盾的发生。坚持阳光监督,在发挥好党内监督、法律监督、民主监督、舆论监督的同时,我们进一步强化群众监督,不断建立完善申诉、检举、控告制度及群众监督员、群众评议等制度,推行"下评上、民评官、企业评机关"的干部评议制度,较好地把群众监督落到了实处,规范了干部从政行为,较好地解决了少数干部在城市拆迁、企业改制等工作中侵害群众利益的问题。

以人为本　城乡统筹　加快推进
城乡社会救助体系建设

　　建设完善的城乡社会救助体系,是落实科学发展观,构建社会主义和谐社会的根本要求,也是推进改革开放和现代化建设,加快建设美好新宜宾的重要内容。随着改革的深入,人民群众生活水平的不断提高,群众享有社会保障的愿望也越来越强,对社会保障水平的要求越来越高。我们一定要从全局和战略的高度充分认识推进城乡社会救助体系建设的重大意义,牢固树立发展为民的理念、和谐繁荣的理念,始终把实现好、维护好和发展好人民群众的根本利益作为一切工作的出发点和落脚点,更加关心群众疾苦,更加倾情困难群体,加快推进城乡社会救助体系建设,不断提高广大群众特别是困难群众的生活水平和生活质量,保证他们同其他社会成员一起共享改革发展成果,促进社会公平正义,增进社会团结和睦,共同建设美好家园。

　　社会救助是社会保障的最后一道"安全网",必须高度关注并解决好群众最紧迫的利益问题。要坚持把解决困难群众基本生存问题与保障困难群众基本权益统筹考虑,把社会救助与其他社会保障协调推进,紧紧抓住困难群众生产生活的大事、要事、难事,以点突破,积极破解民生保障难题,努力放大为民解困的综合效应。当前,要结合宜宾市 13 项民生工程的开展,从群众最现实、最关心、最直接的就业、就医、就学、养老、安居、社保等利益问题入手,从财力能够办得到的事情做起,加快建设以最低生活保障为基础,以专项救助为辅的社会救助体系,切实保障困难群众基本生活需求,逐步向提高人民群众生活水平的方向发展。同时,既要注意救助体系内部的分类分层,又要注意保持相对的协调和平衡,防止顾此失彼,做到同经济发展水平相适应,促进社会公平、和谐稳定。

建设完善的城乡社会救助体系,既要突出重点,又要系统考虑、科学规划、协调推进,坚持城市与农村相结合,避免重城市轻农村的倾向。社会救助标准可以城乡有别,但要相互照应;社会救助资源应该城乡共享,又要逐步向农村倾斜;救助方式既要考虑城乡共性,又要突出各自特点。要坚持单项突破与系统完善相结合,根据城乡群众生活的不同方面和需求的不同层次,先建立完善单项制度,再衔接整合各个单项制度,逐步形成比较完善的社会救助体系,实现从单项突破到系统完善的渐进式发展。要坚持点上突破与面上扩展相结合,在基本条件具备的地方率先建立社会救助体系,通过以点带面,实现面上扩展,稳步有序推进。要坚持社会救助与其他社会保障方式相结合,把社会救助与社会保险、社会福利、慈善事业有机衔接起来,逐步形成最广泛的、覆盖城乡的社会保障体系。

建立健全城乡社会救助体系是政府的重要职责,也需要全社会的共同参与。一方面,要强化政府的社会管理职能,重视发挥工会、共青团、妇联、残联等群团组织在社会救助中的作用,通过完善政策措施、健全服务网络体系、加大财政投入力度等多种途径,全面加强城乡社会救助体系建设,充分发挥政府在城乡社会救助体系建设中的主导作用;另一方面,要在全社会大力弘扬中华民族扶贫济困的传统美德,进一步加强舆论宣传,结合"八荣八耻"社会主义荣辱观教育,推动慈善文化建设,大力发展非企业单位的福利院、医院、公益性研发机构,积极探索民办公助、公办民营等新型救助方式,广泛动员社会各方面的力量投入社会救助事业,形成政府保障与社会帮扶互联,政府资源与社会资源互补,行政力量与社会力量互动的新格局。

城乡社会救助体系建设涉及面广,利益主体多,必须加强领导,创新机制,合力推进,才能取得实效。各级党委、政府要积极构建坚强有力的领导机制,始终将社会救助作为统筹城乡发展、建设和谐宜宾的政治任务和重大职责,纳入经济社会发展总体规划,列为干部考核和评价的重要依据,层层建立领导和协调机构,积极构建职责任务明确、统筹协调推进、上下齐抓共管的组织体系和工作格局。要建立健全责任机制,按照"分级负责、分级管理"的要求,落实各级党委、政府对本地的社会救助工作的责任,形成党委、政府主要领导亲自抓,分管领导重点抓,相关部门各司其职,一级抓一级、一级带一级、层层抓落实的责任机制。要着力构建多元发展的投入机制,坚持政策补一块、财政拨一块、社会捐一块,多渠道筹措资金,确保社会救助的有效有序开展。要进一步完善监督检查机制,加强对救助对象的申请、认定,促进救助程序的规范、公正,强化救助资金的管理、发放,特别是要加大救助政策的宣传力度,坚持阳光作业,把各项救助政策置于人民群众的监督之下,确保救助工作取得实实在在的效果。

创新机制抓治理　优化环境促发展[*]

宜宾市坚持把环境综合治理工作作为建设美好新宜宾战略目标的重要抓手,从构建长效机制入手,多管齐下,标本兼治,重在治本,全市城乡环境治理工作扎实有序推进,城乡环境面貌迅速得到改变。

一、着力构建内在动力机制,发动
依靠群众抓治理

宜宾市把环境综合治理工作作为实现群众根本利益的大事来抓,广泛发动群众,紧紧依靠群众,坚持从提升市民素质、强化宣传教育、规范市民行为等方面入手,把软环境做硬,为城乡环境综合治理提供了不竭动力。

(一)提升素质,培养群众的良好文明习惯。坚持以增强环境意识为重点,把城乡环境综合治理与创建卫生城市、园林城市、文明城市、文明社区、文明村镇结合起来,依托市民学校、文明劝导岗

＊　本文发表于 2009 年 8 月 11 日《四川经济日报》。

等载体,广泛开展"十要十不要,争做文明宜宾人"等主题活动,积极教育引导群众以主人翁的姿态,从自身做起、从小事做起、从现在做起,养成爱卫生、讲文明、懂礼貌、遵守社会公德的良好习惯,努力把维护城乡环境转化成自我的内在要求和行为规范。

(二)引领带动,形成全民参与的整体格局。在全市开展"领导带群众、机关带单位、乡镇带社区、家庭带社会、大手带小手"城乡环境综合治理"五带"行动,市、区县、乡镇主要领导和广大党员干部带头示范,参加环境综合治理公益劳动,清理城乡卫生"死角",劝止不文明行为,发动群众开展义务植树,兴起农田水利建设热潮,通过开展"五带"行动,有效调动了广大群众的参与热情,形成了全市上下齐动手、共建美好新城乡的整体合力。

(三)宣传发动,营造城乡环境治理的浓厚氛围。充分发挥各级各类媒体的舆论导向作用,坚持做到电视经常有图像、报纸经常有文字、电台经常有声音、网络经常有报道,多层次、立体式宣传实施城乡环境综合治理的重大意义、主要任务、政策措施,宣传典型,曝光问题,鞭策后进。自城乡环境综合治理启动以来,全市共召开各级动员会50多次,出动宣传车160多台次,发放宣传资料48000余份,媒体宣传272次,形成了政府推动、舆论鼓动、群众主动、社会各界助动的良好局面。

(四)阳光作业,落实群众的监督权。坚持把行政单位的监督与群众监督、新闻媒体监督有机结合,广泛听取社会各界意见,自觉接受群众监督,对群众反映的问题做到快速反应、及时整改。通过聘请社会监督员,设立举报箱,公布投诉电话,充分发挥"12345"市民热线、群众来访接待中心的作用,不断巩固全社会广泛参与、大力支持城乡环境综合治理的良好局面。一年来,收到市民关于环境治理问题的投诉94起,全部得到妥善解决。

二、着力构建统筹机制,确保经济与环境协调发展

宜宾市坚持经济效益与环境效益并重,跳出就环境抓环境的狭隘观念,牢固树立统筹意识,认真做好优化环境与经济协调健康发展的大文章。

(一)坚持城乡环境综合治理与推进新型城镇化相结合。坚持把科学规划城乡建设作为提高环境质量的首要前提,改进和完善了宜宾市城市总规修编和城市组团控规,8 个县城和 104 个建制镇完成了总规编制或修编,全省首批试点的南溪县县域村镇体系规划初步完成,启动并完成了 60 个村庄的建设及治理规划。城乡规划体系的不断健全、覆盖面的不断拓展,为提高城乡建设水平和管理质量、改善城乡环境提供了指导,奠定了基础。

(二)坚持城乡环境综合治理与增强城镇综合承载能力相结合。以实施城市环境改造工程、乡镇容貌治理工程、村庄清洁行动为突破口,切实加强集贸市场、垃圾和污水处理、医疗教育、燃气电力等基础设施建设,完成了 7 个县的城乡商业网点规划编制,建成了 95 个乡镇污水处理设施。加大城中村和棚户区改造力度,投入 5000 余万元对 200 条小街小巷进行了集中改造,拆除违法危险建筑 5.75 万平方米,新增和优化了 11 条公交线路。实施了 132 个村庄人居环境治理工程,"改厨、改厕、改圈、改水、改路"工作取得新进展,财政补贴 2.3 亿余元建成户用沼气池 23.76 万口,2008 年新建成农村通乡油路(水泥路)394.88 公里、通村公路 2269.92 公里,农村环境面貌大为改观。城乡基础设施的提升,有力增强了城镇综合承载能力。

(三)坚持城乡环境综合治理与生态建设相结合。围绕建设

国家生态市的奋斗目标,高标准完成了《宜宾市生态市建设规划》,广泛开展"生态细胞"创建活动,建立各级自然保护区 8 个,占全市国土面积的 12.81%,成功创建环境优美乡镇 12 个、生态园区 10 个、生态村 141 个、生态家园 437 个,省级绿色社区 2 个、绿色学校 2 所。大力发展循环经济,加强污染治理和节能减排,创建了 3 家国家级和 3 家省级循环经济企业,2008 年万元国内生产总值能耗超额完成省政府下达任务 0.15 个百分点,中心城区空气质量达到或优于二级的天数占总监测天数的 98.1%。

三、着力构建管理机制,切实加大环境治理力度

宜宾市坚持建设与管理同时抓,突出在准确把握城镇管理规律、整合城镇管理资源、创新城镇管理模式上狠下工夫,科学有序地抓好城乡环境综合治理工作。

(一)理顺市、区管理体制明责权。紧抓城乡环境综合治理的契机,确定了"条块结合、以块为主、责权统一"的原则,实行属地化管理,科学划分市、区两级城管、规建、卫生、环保、园林、公安的管理职能。对市中心城区,将城市管理职能全部下划到翠屏区,设立了翠屏区市容市貌管理局,有效解决了职责不清、职能交叉、责权不统一的问题。明确了街道、社区两级事权,在翠屏区每个街道建立城管中队,在每个社区配备城管员,推进城管执法进社区、进村镇,实现了城市管理重心下移、网络覆盖,进一步夯实了城乡环境综合管理的基层基础。

(二)整合部门力量增合力。突出人性化、科学化、规范化的特点,整合爱卫办、效能办、文明办等管理资源,找准推进城乡环境综合治理的着力点,发挥好部门的职能作用,明确工作任务,齐心

合力抓治理。特别是进一步明确了规建、城管、交通、国土、工商、商务、卫生、教育、水务、广播、公安交警、机关工委等部门在城乡环境综合治理中的职责，既各司其职，又分工协作，确保每个地方、每个环节、每项事务都有人负责，形成了城乡环境综合治理的强大合力。

（三）实施分类管理求实效。坚持实事求是、因地制宜的原则，按照"分类管理、突出重点、疏堵结合、逐步达标"的工作思路，将全市划分为中心城区、县城、乡镇（街道）、村（社区）四个治理层面，将中心城区249条街道划分为示范街、一类街、二类街三种类型，制定了区域分类管理规划，确定不同的管理标准、管理时限，增强了治理工作的针对性和实效性，有效提升了管理成效和水平。

四、着力构建保障机制，确保环境治理长效有序

宜宾市坚持突击工作与日常工作相结合，在组织领导、资金投入、队伍建设等方面狠下工夫，为城乡环境综合治理深入持久扎实开展提供坚强保障。

（一）加强组织领导。将城乡环境综合治理列入惠民行动、民生工程的重要内容，摆上重要议事日程，成立了党政主要领导挂帅，规建、城管执法、环保等33个部门组成的宜宾市城乡环境综合治理领导小组，下设办公室负责日常工作，各区县、乡镇也成立了相应机构，建立起横到边、纵到底、全覆盖、无缝隙的组织领导体系。同时，强化领导责任，实行市级领导包区县、县级领导包乡镇制度，形成了一级抓一级、层层抓落实的格局。

（二）加大资金投入。强化经费保障，将城乡环境综合治理投

入列入财政年度预算,安排专项资金,重点推进城乡垃圾和污水处理设施、自来水厂等基础设施建设,2009 年全市 10 个区县将全部建成污水处理厂和垃圾处理场。按照保本运行、逐步到位的原则,实行城镇生活垃圾、污水处理收费制度,科学制定收费标准,保证相关基础设施的建设、运行与维护。进一步深化城镇建设投资体制改革,加强市场化运作,多渠道、多层次、多方式筹措资金,鼓励和吸引社会资本投入城乡人居环境治理、基础设施建设和绿化美化工程。积极探索认建和认养公共绿地、捐建园林设施等形式,引导群众投资投劳全力参与城乡环境综合治理。各区县财政积极投入专项资金,加强城乡环境基础设施建设,如 2009 年,长宁县、南溪县财政分别投入 1000 余万元,完善乡镇基础设施建设,升级改造农贸市场。2008 年以来,全市财政共投入 7 亿多元,保证了城乡环境综合治理工作的有效开展。

(三)强化队伍建设。各区县进一步加强了城乡环境综合治理队伍建设,全市各乡镇成立了城管办,专司城乡环境综合治理之职,多数区县、乡镇增配城乡环境综合治理专职领导,把加强专业队伍建设放在突出位置,着力提高城管队伍的执法能力和管理效能。进一步充实、配强市政、环卫专业队伍,专门成立了市公用事业管理局,全市新增环卫工人 600 余人。同时,通过从群众中聘请卫生义务监督员、组织青年志愿者参与社会管理等方式,拓展了城乡环境综合治理的社会力量。

五、着力构建问责机制,确保环境治理落到实处

宜宾市坚持狠抓落实这个关键,严格督促检查,出台了《宜宾市城乡环境综合治理工作行政过错责任追究办法》,坚持流动黄

旗制度,在责任、巡查和问责三个方面构建起了抓落实的运行机制,确保城乡环境综合治理各项工作落到实处。

(一)建立目标责任制。细化分解《宜宾市城乡环境综合治理成员部门职能职责任务》,明确了市城乡环境综合治理领导小组办公室、市级各部门、各单位的职能职责。确定了《宜宾市城乡环境综合治理考核办法》和《宜宾市城乡环境综合治理奖惩办法》,把城乡环境综合治理纳入年度目标考核,市、区县、乡镇层层签订目标责任书,市财政每年拿出200万元对考核成绩优秀的区县、部门实行重奖。同时,在全市推行以奖代补制度和保证金制度,仅翠屏区、高县每年分别拿出204万元、100万元,对工作绩效明显的部门、乡镇、街道进行奖励补助。

(二)推行督导巡查制。中共宜宾市委、市政府制定了城乡环境综合治理领导巡查制度,以市纪委、市监察局、市效能办、市城乡环境综合治理办公室等部门为主体,成立了五个督察组,每月不定期深入区县、市级部门和单位,采取实地走访查看、查阅资料、听取汇报、跟踪督办等多种方式进行明察暗访,每月通报动态,重点对开展城乡环境综合治理重视不够、工作不力、"脏、乱、差"突出的地区和单位进行通报,对存在的问题进行追踪督察督办、限时整改落实,确保工作不走过场。

(三)全面落实问责制。紧紧抓住问责追究这个核心,对全市城乡环境综合治理实行"问题见面、整改督察、问题通报、问责学习、责任追究"五步问责制,对部门、乡镇在每月考评中位居末位的,实行黄牌警告,连续两次位居末位的区县党政主要领导实施问责,连续三次位居末位的主要领导责令辞职。通过环环问责、层层追究,确保城乡环境综合治理落到实处、见到实效。同时,宜宾市还把城乡环境综合治理与转变干部作风、加强机关行政效能建设相结合,在全市组织开展了以治理"软、懒、散、庸、贪"为主要内容的"五治"活动,使党员干部作风更加务实高效、抓城乡环境综合治理工作更加有力。

宜宾山里人的"城市生活"

道路硬化,光纤、电话、自来水、沼气进入家家户户;

医院、学校、幼儿园、爱心超市、影院、图书室等服务项目应有尽有。

16个农村社区悄然现身

——农村社区以社区村民委员会为主线

2008年1月22日,一场少有的雪普降川南。纷飞的雪花给四川省宜宾市翠屏区沙坪镇火花社区平添了许多喜气。记者感受到,在这里,人们生活得那样祥和愉悦。

然而,谁能想到,过去这里只是一片只有10多户人家的乱山丘。如今,这里已经居住了500多户人家,建成了一个画卷般的山村社区。这里已经是一个完全意义上的社区。道路硬化,光纤、电话、自来水、沼气进入家家户户。医院、学校、幼儿园、爱心超市、影院、图书室等社区服务项目应有尽有。全村1900余人已有1000余人在这里集中居住。

虽然这里距离沙坪镇场镇有十多公里,距离县城有四十多公里,但这里农民的生活与城市人生活的距离却很近很近。像沙坪镇火花社区这样的农民社区,目前在宜宾市已经有 16 个。

宜宾市位于四川盆地南缘,是典型的丘陵地区,资源匮乏。2003 年年底,按照城乡统筹思路,该市开始探索农村社区建设的新路。他们把农村社区定性为社区村民自治,将具有一定集体经济收入、地处平坝或浅丘的行政村村民委员会改为社区村民委员会。宜宾市的城乡社区就形成了在城镇社区以居民委员会为主线,农村社区以社区村民委员会为主线的工作格局。同时制定了以奖代补办法,市财政对每个合格农村社区补助 10 万元。

这些措施极大地调动了农民建社区的积极性。翠屏区沙坪镇火花村农民听说政府要帮助村民建社区,奔走相告,参与的积极性很高,召开动员会的当天就有上百户农民自愿报名参加。过了不久,翠屏区火花社区、珙县太村社区、南溪县长江社区等 16 个社区新貌悄然显现。

农民就地发了财

——2007 年农村经济总收入达 600 万元

有专家认为,西部地区开展农村社区建设的核心问题是经济基础差。

记者了解到,宜宾市翠屏区火花社区村委会如今已基本形成一、二、三产业互动,城乡经济共融的发展格局,经济社会实现了跨越式发展。2007 年农村经济总收入达 600 万元,农民人均收入4460 元,增幅为 600 元,集体经济由过去的"空壳村"跃升为收入 5万元。

村民肖期海在社区开的餐馆很红火,"月收入 1 万元打不住",肖期海说,"集中居住人气旺,饭馆生意好。"

在火花社区东边1公里处,一块沉睡千年的荒坡地,如今变成了机械化生产的页岩空心砖厂,三个业主合伙投资,头一年就各分利10万元以上。村里的集体育种林场荒废了多年,如今被人承包搞旅游观光度假项目,社区集体经济一下子垫了底,年收入达几万元。

火花村虽然没有特殊资源,但他们不断探索土地使用流转新机制,通过信息引导、提供良种、开展技术培训、资金扶持等方法,在稳定粮食生产的基础上,大力发展特色产业;利用林下地种草养畜,畜禽年创收400万元。

社区工业从无到有,现已建起砖厂、瓦厂、石材加工厂等,就地转移剩余劳动力150人,农民就地转化为工人。

47岁的村委会主任王志顺同时又担任火花社区主任,前年搬到社区居住,一家4口住上了楼房。他在楼下开了个农贸商店,他说:"一年少说要赚1万多元,日常开支够了。"

说起种田的事,王志顺说:"村社道路畅通了,'下乡'种地也方便了,播种收割的时候我会请几个人帮帮忙,用摩托和鸡公车作运输,几天就完成了。"

村民生活气象新

——电灯电话,燃气煮饭,水冲厕所,行有公交

八十多岁的"五保"老人曾友芝逢人便说住进社区好。她说:"过去看病要走十多里山路,如今医院就在家门口。这个冬季,我的老毛病犯了,多次到医院输液、导尿,不需要人搀扶。"

据社区主任王志顺介绍,火花村农民过去住在远离学校的山

上，途中有一条小河，下雨涨水时，岩高水急，孩子们往往摔得一身泥水。而今，小学、幼儿园都在家门口，目前社区小学和幼儿园分别有200余人。

火花社区村民生活处处都是新气象。

老支书李可清说："过去住在山上，娱乐方式只有打牌打麻将，现在有线电视入户率达到95%。"

目前，社区已经建成了标准篮球场和多功能活动室，配置了多媒体及远程教育设备。

"电灯电话，燃气煮饭，水冲厕所，出门坐公交，城市居民享受的生活我们几乎都有了。"八十多岁的吴国和老人说。

社区产业协会、外出务工服务中心、义工服务队、爱心慈善超市、计生协会、治安联防队、社区警务室，公共服务体系日趋完善，一个崭新的社会主义新农村社区发出耀眼的光芒。

《人民日报》2008年1月30日

记者：刘裕国

春风拂三江　细雨润戎州

——宜宾市惠民行动暖人心

2007年1月17日,珙县巡场镇彩旗飘扬、锣鼓喧天,数百名群众在大街上载歌载舞,欢庆自己用上了干净的自来水。这是宜宾市在开展惠民行动中,珙县人民迎来的一大喜事。

长期以来,由于水质问题,珙县县城及周边十多万居民面临缺水困境。在开展惠民行动中,该项工程被列为中共宜宾市委、市政府重点督察项目之一,投入了大量资金和精力予以重点实施,终于在2007年1月17日迎来了珙县巡场自来水厂的建成和开闸放水,为当地群众化解了多年的饮水之忧。在河口村六社,家家户户都贴上了喜庆的对联:"饮水思源不忘共产党好,安居乐业感谢惠农政策。"

把群众需要作为第一选择

2006年12月初,中共宜宾市第三次代表大会确立了"全面落实科学发展观,建设美好新宜宾"的未来五年发展蓝图和目标任务。

建设美好新宜宾,成为新时期宜宾全市人民的共同奋斗目标,也是构建"和谐四川"的具体体现。

在激动人心的蓝图下，如何在科学发展观的统领下，以更加饱满的热情、更加务实的作风和更加有效的行动推进美好新宜宾建设，用实实在在的实惠让广大群众感受到党和政府的深切关怀，是宜宾市新一届领导班子成员思考最多的问题。

于是，关注民生，亲民惠民，成为建设美好新宜宾的最流行话语。

深怀爱民之心，恪守为民之责，善谋富民之策，多办利民之事，真正做到"用心想事，用心谋事，用心干事"，成为中共宜宾市委对全市党员干部的具体要求。

中共宜宾市委主要领导多次强调，我们党的根基在人民、血脉在人民、力量在人民，党和政府的中心工作和各项任务，归根结底都是为了谋求人民的根本利益。因此，要始终坚持把群众呼声作为第一信号，把群众需要作为第一选择，把群众满意作为第一标准，教育和引导各级干部在作决策、定政策、做工作时，切实做到大多数群众不赞成的政策坚决不出台，大多数群众不支持的措施坚决不实施。

观念之变带来的是"发展、亲民、干事"的浓厚氛围，是对"亲民、务实、廉洁、勤政"全新形象的倾力打造。

"从落实群众'最盼'的就业培训、子女教育、社会保障等工作抓起，从解决群众'最急'的看病困难、出行不便、环境污染等问题做起，从整治群众'最怨'的与民争利、吃拿卡要、推诿扯皮等痼疾改起。"

党代会报告的铿锵之言，惠民行动如箭在弦。

省委、省政府开始部署"十大惠民行动"，宜宾惠民行动随之迅速拉开帷幕。

从群众最关心的事做起

实施惠民行动,首先必须解决哪些才是惠民的?中共宜宾市委、市政府只有一个答案,那就是要从群众最急、最难、最怨、最盼的问题入手,把群众最关心的事、群众能直接受益的事和政府能办得到的事紧密结合,绘制出具有宜宾特色的惠民行动计划。

2007年2月,在广泛征求社会各界和人民群众意见、建议的基础上,总投入达19亿元的13项惠民行动写进了政府工作报告,宜宾市政府主要领导在全市"两会"上向代表、委员郑重承诺:在全市范围大力开展惠民行动。

13项惠民行动涵盖范围之广、投入资金之多令宜宾全市人民欢欣鼓舞。

——实施就业促进行动。城镇新增就业4.5万人,下岗失业人员和失地无业农民再就业1.8万人。确保现有零就业家庭中至少有1名在劳动年龄内、有劳动能力和就业愿望的家庭成员实现就业再就业。

——实施最低生活保障行动。把符合享受最低生活保障条件的城镇居民全部纳入低保;符合农村低保条件的贫困人口全部纳入保障范围,符合条件的"五保"供养对象全部纳入供养范围。

——实施加快教育发展行动。全部实施"两免一补";解决7000名进城务工农民工子女接受义务教育;继续安排200万元专项资金,支持民族教育;消除新产生的中小学D级危房。

——实施医疗保障行动。把新型农村合作医疗扩大到8个区县,覆盖比例达到80%;大病医疗救助2.68万名农村"五保"供养对象和特困群众。

——实施城乡交通建设行动。完成通乡公路200公里,建成通村公路420公里;建成乡(镇)客运站(点)15个。

——实施饮水安全行动。解决14万人的农村人口饮水安全问题;完成5个县(区)的调查与区划工作,红土层找水打井4.7万口,解决16.5万农民饮水困难。

——实施农民工培训行动。培训农民工12万人次,培训骨干农民2400人,带动3万农户科技推广应用。全市农民实用技术培训100万人次。

——实施城乡安居行动。建设25万平方米经济适用房;解决1500户农村特困无房户和受灾群众住房困难问题;实施地质灾害避险安置工程搬迁300户;支持农民新建沼气池2.5万口。

——实施扶贫解困行动。解决7000人农村绝对贫困群众温饱问题,改善4.62万人农村低收入贫困群众生产生活条件;按计划逐步抓好干渠支渠建设。

——实施生态环境保护行动。主要流域出境断面水质达到Ⅲ类;城市环境质量达标率大于55%;挂牌监管整治16家工业污染企业、3家规模化畜禽养殖污染企业。

——实施加快城市公用设施建设行动。安排1000万元资金用于解决中心城区街道和改善"城中村"配套设施建设;加快第一期10万立方米的天然气储气设施建设和天然气岷江过江管线建设。

——实施改善城乡购物难行动。改善商业网点结构,加快城区高、中档次商业网点建设,力争南岸沃尔玛购物中心开业;继续开展农村"万村千乡市场工程",建成农家店50个。

——实施农民体育健身工程行动。搭建农村体育公共服务平台,构建农民群众体育健身服务体系,建设完成134个农民体育健身工程。

在此基础上,2007年4月,宜宾市制定了《"十一五"时期"十项惠民行动"方案》,从促进就业、最低生活保障、教育资助、医疗保障、城乡交通建设、饮水安全、农民工培训、城乡安居、扶贫解困、生态环境保护10个方面入手,围绕老百姓最关心、最迫切需要解决的实际问题,制定了详尽的五年惠民行动规划。

五年惠民规划的制定表明,惠民行动已经不仅仅是每年的政府工作动议,更形成了长效的工作机制。

推动执行力上的新突破

对于如此大规模的惠民行动,如何全面落到实处,如何让老百姓真正得到实惠? 宜宾市没有丝毫懈怠。

——强化目标管理。从2007年起,中共宜宾市委、市政府把实施惠民行动作为年度目标考核的重要内容,纳入了对区县及市级部门的目标管理,进行层层分解,明确了任务,落实了责任。各区县、各部门进一步深化、细化年度惠民行动工作目标,逐级落实目标责任,做到目标明确,措施具体,责任到人。同时,建立健全了工作机制,强化目标报告、督办落实、问题整改、简报交流、情况通报、责任追究等,做到全程监控、跟踪管理,定期研究、分析、通报目标执行情况。

——建立工作平台。宜宾市及时成立了实施惠民行动工作领导小组,建立了工作平台,负责实施惠民行动的组织、宣传、协调、指导、督察、审计、监察等工作,明确了相关工作职责和责任人,明确了工作措施,为落实惠民行动提供了有力保证。

——狠抓督导落实。整合市委、市政府督察目标办、市纪委等相关部门力量,建立惠民行动督察督办组,采取明查与暗访相结合的方式,对惠民行动的推进情况进行挂牌督察督办,着力解决在执行过程中出现的实际问题,定期向市委、市政府报告惠民行动目标执行情况,并向社会公布结果,确保惠民行动按计划顺利实施。

——严格目标考核。中共宜宾市委、市政府把惠民行动实施情况作为重点内容,对各区县和市级相关部门进行年度目标考核。对未完成年度惠民行动工作目标任务和弄虚作假的区县及部门施行"一票否决",并进行通报批评。各区县也把落实惠民行动的情况纳入了对乡镇及县级部门的考核范围。

据统计,仅 2007 年一季度,全市城市低保累计保障 196844人,农村低保累计保障 89442 人,城镇基本养老保险覆盖人数已达35.9 万人,帮助 1208 名就业困难对象实现了就业再就业,帮助783 名符合条件的灵活就业人员办理了社保补贴;新型农村合作医疗试点工作已扩大到 8 个区县,参合率达 85.13%,发放农村医疗救助金 198.91 万元;完成通村公路建设 97.75 公里,完成建房230 间,完成沼气建池 4987 口;教育加快发展,"两免一补"覆盖面进一步扩大;生态环境保护强势推进,成功摘掉空气污染"黑帽子"。

宜宾市组织落实、责任落实、项目落实、资金落实、机制落实,强有力的工作举措确保了惠民行动的有效开展,硕果累累。

行动之外的倾听

"亲民者民亦亲之,爱民者民亦爱之。""惠民行动"这一民心工程的实施,鼓舞了人心、凝聚了人心、温暖了人心、安定了人心,促进了全市经济社会又好又快发展。

　　然而"惠民行动"又永无止境,如何在惠民行动的基础上进一步解决群众所急、所难、所怨和所盼,对此中共宜宾市委、市政府在进一步行动。

　　2007年以来,中共宜宾市委、市政府及各区县通过多种形式,用心关注民意、用心倾听民意,在党委政府和群众之间架起了民意沟通的桥梁,密切了党群、政群、干群关系,推进了和谐宜宾的建设。

　　2007年1月15日上午九点,"12345市民热线"正式开始试运行。

　　——市民热线是在原"市长信箱"基础上拓展建设的政民互动综合平台,将原来只接收网络来信扩展为电话(含移动电话)、传真、短信和互联网等市民通常使用的通讯方式。市民热线的开通,为推进政务公开、加强政府与市民的沟通,听取市民的意见、建议、投诉,提供公众服务信息等构筑了全新的绿色通道。

　　2007年2月28日至3月16日,一场声势浩大的集中接待群众来访活动在宜宾市、区县、乡镇(街道)三级同时开展,为时半个多月。

　　——在大接访中,参与接待活动的机关干部达2000余人次,共接待来访群众3429批、6116人,各级听取和搜集了群众反映的问题和存在的矛盾3000余件。对于群众反映的问题,当场能够解决的,采取现场接待、现场研究、现场处理的办法,妥善解决了信访问题1024件。对于不能当场解决的,由市委、市政府信访办进一步梳理、归类,并责成相关部门在规定时限内妥善解决。

　　2007年4月10日,宜宾市正式挂牌成立信访局。

　　——"群众利益无小事",作为全省群众工作试点的5个市之一,宜宾市信访局的成立,不仅是一个部门规格的提升,更体现了党委、政府对群众工作的高度重视,必将进一步推动全市人民群众合法权益得到更好的维护,使亲民、爱民、惠民变成实实在在的行动。

《四川日报》2007 年 5 月 17 日

记者:彭世宏　蔡征波

保障

——建强科学发展的骨干队伍

建设领导和组织科学
发展的坚强队伍

一个地方、一个部门、一个单位能不能把工作做好,关键在班子、关键在队伍。

推进科学发展,要把培养一大批堪当重任的高素质一把手放在首要位置。一要全面落实理论武装,坚持以马克思主义中国化的最新成果为中心内容,进一步加强对马列主义、毛泽东思想、邓小平理论、"三个代表"重要思想、科学发展观、构建和谐社会等重大战略思想的学习,巩固和发展团结奋斗的共同思想基础。二要加强对党的路线、方针、政策和法律法规的学习,切实提高科学执政、民主执政、依法执政的水平,始终在思想上、政治上、行动上与党中央保持高度一致,确保中央、省委、市委的决策和部署不折不扣地落到实处,确保政令畅通、令行禁止。三要进一步坚定理想信念,牢固树立发展为民、执政为民意识,争当"爱民书记"、"爱民县长",千方百计帮助群众解决具体问题。四要进一步保持与时俱进、昂扬向上的精神状态,坚持用时代的眼光、求实的态度、辩证的思维、群众的观点、实践的标准,深化对重大理论和实际问题的研究和认识,在解放思想中统一思想,在深化认识中坚定信仰。五要坚持学习理论与指导实践相结合,按照江泽民同志"走改革之路,建美好宜宾"和胡锦涛总书记"让宜宾这座历史文化名城焕发出新的时代光辉"的殷切希望,坚持以科学发展观为统领,以经济发展为中心,以构建和谐社会为大局,牢固树立节约发展、清洁发展、安全发展、健康发展的理念,正确处理好市级经济发展与县域经济发展、三次产业之间、经济发展与环境保护、改革发展与稳定、经济建设与社会发展的各种关系,坚持以人为本,构建共享的和谐;坚持科学发展,构建发展的和谐;坚持公平正义,构建利益的和谐;坚持民主法治,构建共进的和谐;坚持党的领导,构建持续的和谐,努力建设美好新宜宾。

各级领导班子是我们党执政的中坚力量,是推动各项事业发展的根本。各级一把手要切实肩负起班长抓班子的政治责任,着力把各级领导班子建设成为朝气蓬勃、奋发有为、善于执政的坚强领导核心。

要着力提升素质,增强能力。在各级班子中,班长最重要的一项任务就是带好一班人。作为地方党政主要领导,要争做"标杆",敢于喊响"从我做起,对我监督,向我看齐",用高尚的政治品格树立权威,影响干部群众,营造良好风气。要提高政治理论水平,增强政治敏锐性和政治鉴别力,强化政治意识和大局意识,见事要早,处事要果断。要加强执政能力建设,广泛学习做好领导工作所需要的一切知识,不断提高驾驭全局的能力、把握形势的能力、推动发展的能力、应对复杂局面的能力、解决矛盾的能力。要做廉洁自律的表率,不断加强自身修养,增强拒腐防变、抵御各种诱惑的能力,洁身自好,一尘不染,让组织放心,让群众满意。要牢记使命,不负重托,树立强烈的责任感和事业心,敢抓敢管敢负责,敢于展现魄力、体现权威,为了党和人民的事业不怕得罪人,特别是不怕得罪少数害群之马。作为一把手,我们干工作一定要讲原则,态度要鲜明,决不能怕事、避事、躲事。遇事绕道走,见硬就躲,见难就避,奉行"好人主义",搞平衡圆滑,这不是所谓的领导艺术,而是严重不讲党性的表现。

要坚持民主团结,形成合力。民主集中制是我们党的根本组织制度和领导制度。一把手的一项重要工作就是要把方方面面的积极性调动起来,围绕共同的目标努力奋斗。要把团结作为形成班子整体合力的首要前提,严格执行民主集中制,坚持班子集体领导与个人分工负责相结合的领导制度,完善议事决策机制,在大是大非问题上一定要形成共识。要切实发挥好民主生活会的作用,开展经常性的交心谈心,加强班子成员间的沟通交流,在沟通的基础上换位思考,革除画地为牢观念,坚持既分工又合作,分工不分家,形成班子成员合心合力合拍、几大班子融洽和谐,团结干事业的良好局面。发挥好一班人的作用,一把手摆正自己的位置很关键。要自觉树立民主意识,心胸开阔,心怀坦荡,真诚信任班子成员,充分授权,发挥好班子成员的工作积极性和主观能动性,善于集中正确意见和集体智慧,做到在班子中是"班长"而非"家长";在实施集体领导中是"枢纽"而不是"中心";在实际工作中要"总揽"而不"包揽";在想事干事中要"高人一筹"而不是"高人一等",真正做到各司其职、各负其责、各尽所能,形成推动发展的强大合力。

要端正用人导向,建好班子。在用人问题上,对于市级部门和县区的班子,市委向省委负责;对县区部门和乡镇的班子,县区委要向市委负责,做到一级抓一级,一级对一级负责。选好一把手,配好班子,导向是核心问题。要进一步完善干部考核评价体系、改进考察方式,坚持"看人看工作,工作看思路;选人重公论,公论重团结;用人凭实绩,实绩凭实干"的用人导向。要狠刹用人上的不正之风,坚决防止和杜绝"红包"出干部、"勾兑"出干部、"数字"出干部,坚决防止和杜绝干部"带病上岗"、"带病提拔",真正把想干事、真干事、干成事、不出事的干部选拔到各级领导岗位上来,形成风清气正的用人环境。要把优化班子结构作为增强整体功能的关键,努力形成梯次合理的年龄结构、良好的知识结构、互补的性格气质结构。

与此同时,一把手还要发挥好带队伍的核心作用,始终把队伍建设作为执政能力建设的基础工程来抓,努力打造一支政治上靠得住、工作上有能力、作风上过得硬的高素质执政骨干队伍。

坚持亲民为民,加强作风建设。队伍风气不正,难以取信于民,势必影响发展。要抓住反面典型,举一反三,深入开展纪律作风整顿,真正做到工作上台阶,干部下基层;真正做到从群众最不满意的地方改起,从群众最关注的事情做起,下决心解决党员、干部队伍中存在的吃拿卡要、冷硬横推、作风漂浮、纪律松弛和行为失范等问题。要采取更大的力度和更硬的措施,深化市场化配置资源,切实加强源头治理,加大责任追究力度,建立健全教育、制度、监督并重的惩治和预防腐败体系,促进干部健康成长、安全成长。

着力干事创业,加强教育培养。对干部既要加强培养,也要加强教育管理,这才是真正的爱护。要建立健全经常性的培训机制,整合培训资源,把干部教育培训的普遍要求与不同类别、不同层次、不同岗位干部的特殊需要结合起来,改进培训方式,增强教育培训的针对性和实效性,提高培训质量和水平。要加强后备干部的培养和储备,既要把矛盾相对集中、工作更具全局性和复杂性的党政主干线作为干部培养锻炼的主战场、成长的主渠道,又要及时把有培养前途的年轻干部选派到发展的第一线去，让他们在实践中经风雨、见世面、受磨炼、长才干。要关心爱护干部的成长进步，决不以个人好恶论英雄、以感情亲疏论优劣，让干事创业者有成就感，让业绩突出者政治上得荣誉、经济上得实惠。

激发蓬勃朝气，锤炼"三识四气"。塑造良好的干部形象，打造过硬的干部队伍，需要广大党员干部自觉加强自身修养，努力锤炼"三识四气"。三识，即：一要有丰富的知识。敬业须精业，干事需本事。要提倡多学知识，武装头脑，提高素质。二要有广阔的见识。见识就是视野、境界，见多才能识广。要善于学习其他地区的先进经验，不能只顾埋头拉车，还要抬头看路；不能只限于纵向比，还要横向比。三要有过人的胆识。胆识来源于见识和知识，艺高人胆大。地方经济社会发展中面临着许多困难和挑战，大家要有勇于创新的胆识，善于用发展的办法解决发展中的问题、用改革的举措化解改革中的矛盾、用开放的思维破除开放中的束缚。四气，即：一要有不等不靠的志气。志气是情感智商第一位的因素。宜宾属于欠发达地区，发展总量不足，加快发展要依靠外力，但更重要的是自身的努力。我们一定要自强不息，努力奋斗，立志做大事，为老百姓做事，在建设美好新宜宾的过程中展现自己的才华，创造骄人的业绩，实现自己的人生价值。二要有蓬勃向上的朝气。一个暮气沉沉、缺乏朝气的人，即便机遇在面前、在身边也抓不住；而当一个人充满朝气、充满活力的时候，即使面对再大的困难，也会无所畏惧，也会积极创造条件，主动去把握机遇，抓住机遇。用干部一定要用充满朝气、充满激情的干部，用一批龙腾虎跃，有强烈事业心、创业心，工作主动性强的干部。三要有一往无前的勇气。困难是弹簧，你弱它就强。宜宾正处在发展的关键时期，如果没有开拓创新、一往无前的勇气抓发展，我们就不能在短期内实现跨越式发展。面对困难和问题，各级领导干部尤其是一把手，要做推土机，逢山开路，遇水搭桥。要有一种不达目的绝不罢休的信心和决心，有一种必胜的信念，有一种勇挑重担、勇于负责、勇争一流的豪迈气概。四要有公道廉洁的正气。"公生明，廉生威"，有正气先要有底气，底气来源于自身没有陷入非法利益格局，自己是干净的。我们只有首先做到政治坚定，公道正派，清正廉洁，才能正气凛然，无私无畏，才能带出好的党风、政风，形成好的民风。

发展是民心所向、希望所在。建设美好新宜宾，潜力在区县，后劲在区县，出路也在区县。广大区县干部要按照市委的部署，充分发挥主观性、能动性、创造性，大抓县域经济，不断增强经济实力。

各区县的发展虽然起点有高低、实力有强弱、基础有好坏，但各有各的特色、各有各的优势、各有各的潜力。能否发挥优势、率先跨越，关键在于能否全面准确地摸清吃透县情，能否在把握本地资源优势、产业特色和发展潜力的基础上，找到符合本地实际的发展路子，培育出特色优势产业。因此，必须坚持重心下移，多到群众中去了解情况，开展深入细致的调查研究，掌握最真实、最原始的第一手资料，从而真正认清县情、乡情、村情、民情，牢牢掌握工作的主动权。在此基础上，要把上情与下情、内情与外情结合起来，与时俱进地提出既符合当前实际，又体现未来发展趋势的发展思路、发展重点和主攻方向，制定出配套完善的政策措施，创造性地抓好工作、推动发展。竞争出动力、出活力。我们要树立强烈的忧患意识和机遇意识，破除安于现状、自我满足的思想，激发敢闯敢试的勇气，摒弃消极等待、无所作为的意识，弘扬苦干巧干、超越跨越的精神，在区县之间开展一场高标准、严要求的竞赛，形成你追我赶、竞相发展的良好势头。

　　抓住工作主线、突出工作重点,是把工作抓实抓出成效的成功经验。要按照"强工、重农、壮旅、活商、兴城、富县"的经济工作思路,统筹推进经济的协调健康发展,实现工农、城乡之间的良性互动。要把工业发展放在突出位置,切实做好重点行业、重点项目、重点企业和工业集中区建设等工作,加强自主创新。要主动与市属优势骨干企业产业链的拓展延伸相对接,努力实现工业提速增效、提质增量。要以社会主义新农村建设为抓手,坚持基础设施、产业发展、公共服务、制度建设四轮驱动,以"一路二水三产业"为切入点,因地制宜、点面结合地抓好"三农"工作,坚决反对不切实际的形象工程、政绩工程。要把农业产业化作为县域经济发展与新农村建设的结合点,用工业的理念抓农业,大力发展农产品精加工、深加工,实现以工带农、以农促工。要深度挖掘各具特色的旅游资源,加强宣传管理,不断促进旅游产业发展。要充分利用和发挥产业间的关联带动效应,引导人流、商流、物流、资金流、信息流等各种要素的集中集聚,把商贸做活,把物流做大,把服务业做优。要加强城市建设和管理,合理规划布局小城镇,大力发展中心村,形成功能合理、配套有序的城镇化体系。要转变发展观念,大力发展循环经济和清洁生产,下决心逐步改造和淘汰消耗高、污染重、技术落后的项目,切实把发展的速度与质量、规模与效益有机统一起来。要牢固树立安全发展的理念,突出重点时段、行业和领域的安全工作,强化安全生产督促检查、隐患排查和整改,坚决杜绝重特大事故的发生,切实保护人民群众生命财产安全。

　　抓落实是做好工作的要害和关键。市委书记、市长,区县委书记、区县长要首先带头抓落实、抓督促,坚持从细节做起,从小事做起,力戒浮躁浮夸、形式主义,在"勤"字上下工夫,在"干"字上做文章,在"实"字上见成效,真正把人力、财力、精力放在全力以赴谋发展上。各区县党政一把手是抓落实的第一责任人,凡重大工作、重点项目,必须亲自抓、亲自负责,对面上的工作要亲自督促;凡是业已确定的工作任务,要立说立行,限期完成,严格奖惩制度和责任追究。要重视发挥制度的力量,进一步建立健全重大项目责任制、督察督办机制、沟通协调机制,定期研究重大事项,及时解决工作中出现的新情况、新问题,着力形成抓落实、重落实的长效机制。要畅通信息传送渠道,各区县要把中央、省和市的有关政策和重大举措全面及时地向基层和群众传达,也要及时上报本地改革发展稳定中的重要信息、重大情况、重要社情民意,做到顺畅地上情下达、下情上传。

搭建沟通平台　促进班子团结统一

　　在领导班子建设中,沟通不仅是同志之间的交往方式,也是科学的领导方法;不仅是同志之间消除隔阂、增进互信的必要手段,也是发展党内民主,加强班子团结的基本要求。中共宜宾市委坚持把思想政治建设作为加强领导班子建设的主线,着力搭建领导班子及班子成员的思想沟通、工作沟通、情感沟通平台,促进班子的团结统一,有效提升班子的整体效能,充分发挥地方发展领导核心的作用。

　　加强思想沟通。思想的统一是做好工作、推动发展的前提。市委把促进思想沟通作为加强领导班子思想政治建设的重要抓手,不断强化班子成员的政治意识、责任意识和大局意识。对中央的方针政策和省委的决策部署,市委首先把市级班子的学习、贯彻和认识统一放在关键位置,并结合宜宾实际进一步深化发展思路、明确发展定位、完善工作举措,确保中央和省委、省政府的重大决策部署在市级领导层面得到不折不扣地贯彻执行。同时,采取市级领导联系区县、乡镇、企事业单位,带队宣讲等方式,抓好面上的宣传学习贯彻,让中央的精神和省委、省政府的重大决策部署,在基层和群众中收得到、懂得了、能运用,反过来又对各级领导班子的贯彻执行情况实施监督。

抓班子、带队伍不仅是市委的重要政治职能职责,同时也是各级党委一班人的共同责任。市委要求,市委常委对分管部门、联系区县的领导班子成员要全面了解,每季度至少要进行一次思想交流,了解思想动态,解决思想问题。同时,市委还制定了半年一次的区县委书记、区县长谈心会制度。谈心会上,市委既充分肯定区县的发展成绩,充分理解区县的工作难度,充分信任区县的创新创造,也注重人文关怀,在思想上为区县主要领导减压,在思路上为区县加快发展把关,在责任上为区县创新工作担责,鼓励区县的同志要勤政以敬业、廉政以立身、严政以增威、优政以跨越、善政以利民,保持锐意进取、敢于超越的精神状态,推动经济社会更好更快的发展。

加强工作沟通。工作协调、行动一致,是领导班子焕发强大战斗力的关键。市委按照"总揽全局、协调各方"的原则,不断建立健全促进班子内与班子之间的工作沟通机制,形成了加快发展、引领发展的合力。为充分调动各方工作积极性、创造性,市委制定了市级四大班子季度工作联席会议制度和市级党政班子双月工作情况交流会议制度,市级四大班子既分别通报季度工作情况,各班子成员也分别汇报各自联系的重大建设项目进展情况、信访包案制工作落实情况、省下达的综合目标和保证目标任务进展情况。在此基础上,市委根据全市大局和总体工作推进情况,明确1—2个重要议题进行集体研究,提出具体工作要求,辅之以定人、定责、定目标、定进度相结合的督察督办工作机制,从而达到进一步统一思想,进一步加强沟通,进一步增进团结,进一步形成合力的目的。这就使市委的决策和部署更加科学民主,使宜宾的发展更加具有广泛的组织基础和工作基础。

加强情感沟通。情感沟通是领导班子成员间更高层次的沟通，是实现领导班子及班子成员个人心情舒畅与合心合力合拍、团结共事相统一的重要渠道。为此，市委特别注重班子成员、上下级干部之间的情感交流，并做到情中有理，理中蕴情，情真理切，情理交融，使党的思想政治工作充满同志之情和人文关怀。市委、市政府主要领导注重关心班子及下级干部的思想、工作、学习和家庭，亲自为班子成员排忧解难，并发挥组织关怀的作用，做到了对班子成员推心置腹，以至诚动人。市委还专门建立了干部探望制度、干部谈心谈话制度、情况反馈制度等系统的配套管理制度，把市委的关怀之心传送到各级领导干部的心坎上，使领导干部真切地感到市委的宽阔胸怀和无形关爱。紧紧抓住实现心理相容的情感沟通目标，把对领导班子和领导干部的从严要求与从优对待有机结合起来，坚持鲜明的正确用人导向，突出在经济社会建设主战场选拔、培养、使用干部，注重选用在艰苦环境、重大事件处理和重大工作推动中做出贡献的干部，真正把人品正、干实事、真爬坡、敢破难的干部选拔到各级领导岗位上来。对不适合担任党政一把手的，果断予以调整。同时，重奖重大工程项目负责人、重奖完成发展目标和保证目标任务优胜班子成员，对工作推进相对缓慢的干部给予及时提醒和必要的帮助。

加强党性修养
领导干部要自觉树立"五观"

　　领导干部的作风问题,说到底是党性问题。我们党八十多年革命实践表明,党是否具有先进性,必须通过全体党员特别是领导干部的作风来体现和检验;党能否保持和发展先进性,必须以优良的党风来保证。进入新世纪新阶段,面对新形势新任务,按照胡锦涛同志在十七届中央纪委第三次全会上的要求和中央的部署,切实加强领导干部作风建设,各级领导干部要重在强化"五个意识",自觉树立"五观"上下工夫。

　　强化宗旨意识,树立正确的权力观。我们党的根基在人民、血脉在人民、力量在人民,我们的权力来源于人民,为人民服务是共产党人的天职。能不能坚持全心全意为人民服务的根本宗旨,是检验党员干部党性是否坚强、作风是否优良的首要标准。密切联系群众还是脱离群众,不仅是态度问题、感情问题,更是政治立场、政治本色问题。各级领导干部要牢固树立宗旨意识,正确对待权力、正确行使权力,坚持问政于民、问需于民、问计于民,把群众呼声作为第一信号,把群众需要作为第一选择,把群众满意作为第一标准,自觉做到权为民所用、情为民所系、利为民所谋,多办顺民意、解民忧、增民利的实事,切实做到民有所呼我有所应,民有所盼我有所给,民有所困我有所解。特别是在当前经济发展、群众生产生活面临困难增多的情况下,我们更要心系群众冷暖,把更多的精力和心思用到认真解决各种民生问题上,扎扎实实为群众排忧解难。

强化党的意识,树立正确的大局观。党的意识是执政党带有根本性的问题,是共产党员政治觉悟和党性的集中体现。领导干部党的意识的强弱,对党的事业发展和执政地位的巩固影响巨大。增强党的意识,为党分忧、为党尽责,关键是要讲忠诚、顾大局、守纪律,在政治上、思想上、行动上自觉同党中央保持一致,严守党的政治纪律、组织纪律、经济工作纪律、群众工作纪律,做到下级服从上级、局部服从全局、个人服从集体、小道理服从大道理,确保令行禁止、政令畅通。加快建设长江上游川、滇、黔三省结合部经济强市、加快推进美好新宜宾建设,是宜宾当前最大的大局。各级党组织、各级领导班子、各级领导干部务必牢牢抓住大局,主动关心大局,自觉服从大局,积极投身大局,切实保证大局,紧扣市委工作主题、工作目标、工作基调、工作主线和工作要求,统一思想、统一意志、统一行动,做到加快发展不动摇、争分夺秒不懈怠、齐心协力不折腾。

强化责任意识,树立正确的政绩观。强烈的责任意识是一种良好的政治修养和道德修养,是对党员干部的基本要求。各级领导干部一定要牢记肩上的重任和使命,牢记党和人民的重托,在岗履职,把思想统一到干事业上,把精力集中到做实事上,把功夫下到抓落实上,尽心、尽力、尽职、尽责地做好各项工作,为官一任、造福一方。要树立正确的政绩观,立志做大事而不是做大官,求真务实、尊重规律,立足当前、着眼长远,积极进取、量力而行,不搞劳民伤财的"形象工程"和脱离实际的"政绩工程",多做打基础、利长远、促发展、增民利的实事好事,创造经得起科学考证、经得起人民评判、经得起历史检验的实绩。要坚持真抓实干,按照市委要求,结合本地本单位实际,认真研究推动发展的创新性举措和突破性招数,带头苦干、带头实干,一件事一件事去做,一个项目一个项目去推,一个问题一个问题去解决,确保各项决策部署落到实处,加快"一枢纽、一城两中心、四基地"建设,早日把长江上游川、滇、黔三省结合部经济强市的发展定位和建设美好新宜宾战略目标变为现实。

强化实践意识,树立正确的发展观。实践是认识的基础,实践永无止境,认识也永无止境。但成功的实践总是来自正确理论的指导。科学发展观是当代中国的马克思主义,是指导发展的世界观和方法论的集中体现,是引领时代前进的旗帜。能不能在实践中准确理解、正确运用科学发展观,是衡量各级领导干部党性强不强、作风实不实、能力高不高的标准。各级领导干部必须认真学习中国特色社会主义理论体系,用科学发展观武装头脑、指导实践、推动工作。特别是要牢固树立马克思主义的实践观点,把党的科学理论与改革、发展、稳定的实践,把上级精神与本地实际,把尊重规律与创新创造,把着眼长远与抓好当前紧密结合起来,在应对挑战中捕捉和把握发展机遇,在突破困境中培育新的经济增长点,在攻坚克难中充分调动各种积极因素,创造性地贯彻落实好中央、省委、市委的决策部署,不断提高干事创业的能力和应对复杂局面、驾驭全局的能力。要坚持统筹兼顾这个科学发展观的根本方法,认真研究解决实际问题尤其是影响改革发展稳定的深层次矛盾和问题、影响群众生产生活的突出矛盾和问题,把发展的点与面、好与快、重点性与系统性有机统一起来,努力走出一条又好又快的发展路子。

强化廉洁意识,树立正确的利益观。廉洁从政是领导干部基本的政治素质。毋庸讳言,领导干部也有制度和政策规定范围内的正当利益。但我们决不能把个人利益作为唯一利益,更不能把个人利益凌驾于人民利益之上,尤其不能看到社会上一些人富起来就感到心理失衡,觉得自己吃了亏,总想着攀比仿效,总琢磨给自己找好后路。如果这样,权力运行必然发生偏差,必然会犯错误,必定会走上邪路。各级领导干部一定要以人民利益为重,坚持人民利益高于一切,坚持把实现个人追求与实现党的奋斗目标和人民利益紧密联系起来,正确看待个人利益,正确看待个人得失,正确把握利益关系,算好利益账、算好良心账、算好自由账、算好荣辱账,任何时候、任何情况下都不为私心所扰,不为名利所累,不为物欲所惑,真正做到淡泊名利、严于律己。要牢记"两个务必",牢固树立过紧日子的观念,勤俭办一切事业,坚决反对铺张浪费和大手大脚,自觉抵制享乐主义和奢靡之风,真正把有限的资金和资源用在刀刃上,用在发展经济和改善民生上,以优良作风带领广大党员、干部和群众迎难而上、共克时艰。要自觉遵守领导干部廉洁从政的各项纪律,严格要求自己,严格要求配偶子女和身边工作人员,不仁之事不做,不义之财不取,不正之风不沾,不法之事不干,克己奉公,公道正派,堂堂正正做人,清清白白做官,干干净净做事。

党性修养无止境,作风建设无穷期。加强党性修养,树立和弘扬优良作风,是党的执政能力建设和先进性建设的重要内容,是领导干部改造主观世界的终生课题和完善自我、健康成长的现实要求。我们必须在思想认识上保持高度清醒和统一,不断适应新形势,应对新挑战,明确新任务,与时俱进抓落实,取得新成效。

服务大局求突破　为加快发展
提供坚强组织保障

　　在新的起点上全面加快美好新宜宾建设,对各级党组织、领导班子和领导干部的执政能力和领导水平提出了重大考验,对做好党的组织工作提出了新的更高要求。我们要切实增强政治意识、大局意识、忧患意识和责任意识,把思想和行动统一到中央、省委的决策部署上来,以加强党的执政能力建设和先进性建设为主线,以开展深入学习实践科学发展观活动为重点,以超常规的思路、超常规的状态、超常规的作为,抓重点、破难点、出特点,全面履行职能,充分发挥作用,努力为宜宾市加快长江上游川、滇、黔三省结合部经济强市建设、加快美好新宜宾建设提供强有力的组织保证。

　　深入开展实践科学发展观活动,是当前和今后一个时期党的建设和组织工作的重要任务。要认真对照中央、省委的要求,高度重视、精心组织、超前谋划、及早行动,扎扎实实做好学习实践活动各个批次、各个阶段、各个环节的工作,确保学习实践活动取得实实在在的成效。特别是各级领导干部,既要站在前台抓学习,又要摆正位置受教育,发挥好表率示范作用。要领会实质抓根本,以科学发展观为主要内容深化理论武装,使广大党员干部深刻理解和全面把握科学发展观的丰富内涵、精神实质和根本要求,自觉把科学发展观作为推进现代化建设的重大战略思想,作为深化市情认识的基本标尺,作为建设美好新宜宾的根本指针,不断增强贯彻落实科学发展观的自觉性、主动性。要突出实践抓突破,把学习实践活动与应对国际金融危机、确保宜宾市经济社会又好又快发展紧密结合起来,找准工作中的差距和不足,在突破观念束缚、突破体制机制障碍、突破要素瓶颈、突破工作重点上狠下工夫,把经济发展的实绩作为检验学习实践活动的重要标准,把群众得实惠的程度作为评价学习实践活动的重要依据,着力解决发展质量不高、发展速度不快、发展不全面不协调等问题,着力解决就业、就医、教育、住房、收入、社保、安全等民生保障问题,着力解决干部队伍中作风不实、工作不到位、办法措施不多等问题,努力使学习实践活动的成果转化为宜宾加快发展、科学发展、又好又快发展的实际效果。

能否实现又好又快发展,是对我们驾驭复杂局面能力的重大考验,也是对各级领导班子和领导干部的现实考验。要把提升执政能力和领导水平作为重要任务,按照科学执政、民主执政、依法执政的要求,通过教育培训和实践锻炼,不断提高各级领导班子和领导干部科学分析、超前谋划、把握全局的能力,果敢机智、沉着应对、驾驭复杂局面的能力,勇于开拓、善于创新、破解难题的能力,精心部署、狠抓落实、统筹协调的能力,使各级领导班子和领导干部能够准确运用科学理论指导美好新宜宾建设实践,能够结合实际创造性地开展工作,能够灵活运用掌握的知识和经验去分析和解决工作中的突出矛盾和问题,能够善于集中各方面智慧提出新思路、采取新举措、开创新局面。要把实践锻炼作为根本途径,推进党风、政风转变,促使广大党员干部到基层、到一线去,在克服困难、化解矛盾、突破难点中不断提高能力水平。要把教育培训作为基础工程,把大规模培训干部与大幅度提高干部素质结合起来,不断提高领导班子和领导干部的领导水平和执政能力。

如何选人用人,选用什么样的人,事关发展大局,事关党的事业前途。用人是导向,用好了是推动前进的力量,用错了是影响发展的障碍。要坚持德才兼备,以德为先,鲜明地以发展论英雄、凭实绩用干部的用人导向,在应对重大事件中识别和使用干部,在完成重大任务中锻炼和成长干部,积极鼓励和大胆使用品质优良、思想解放、作风扎实、勇于创新、锐意进取的干部,真正把那些靠得住、干实事的干部发现出来,把那些实绩突出、经得住考验的干部选拔上来,让想干事的有机会、能干事的有舞台、干成事的有地位。要坚持群众公认,扩大选人用人民主,进一步健全民主推荐、民主测评制度,破除干部工作的封闭性和神秘化,不断完善差额提名、差额推荐、差额考察、差额酝酿、差额表决等办法。要改进考核评价办法,建立健全门类齐全、各具特色、简便实用的干部综合考核评价体系,使组织考察有充分依据、干部努力有正确方向、群众监督有明确标准,真正做到对优秀者重用,对有潜力者培养,对落后者鞭策。要坚持强化监督,把严格监督、严肃纪律、严明奖惩贯穿选人用人始终,让选人用人权在阳光下运行,有效防范和治理用人上的不正之风,提高党员干部和群众对干部选任工作的认可度和满意度。

人才资源是建设美好新宜宾的根本性资源。要以改革的思路、开放的眼光、博大的胸怀、务实的态度,加强人才开发,努力造就一支规模宏大、素质优良、门类齐全、结构合理的人才队伍,构筑适应美好新宜宾建设的人才和智力高地。特别是要进一步完善人才培养、选拔、引进、使用的制度机制,用事业造就人才、用制度优选人才、用环境集聚人才、用感情留住人才、用待遇激励人才,为人才脱颖而出、施展才华、实现价值提供广阔舞台,努力实现人才集聚、智力集聚的新突破,为宜宾市加快发展、科学发展、又好又快发展提供人才和智力支撑。

党的执政基础在基层,活力源泉也在基层。要进一步落实基层党建工作责任制,全面加强和改进基层党的建设,始终体现时代性、把握规律性、富于创造性。要找准基层党组织围绕中心、服务大局、拓宽领域、强化功能的着眼点和着力点,引导基层党组织更好地明确工作目标、充实内容、创新方式、健全机制,充分发挥基层党组织推动发展、服务群众、凝聚人心、促进和谐的作用。要以农村基层党组织建设为重点,统筹推进村、社区、新经济组织、新社会组织的党建工作,不断扩大党的组织覆盖面和工作覆盖面。要坚持有利于加强对党员教育管理、有利于发挥党的领导作用、有利于巩固党的执政地位,适应经济结构、生产方式、生活方式、工作方式的新变化,积极探索新的更加务实管用的基层组织设置形式,不断增强基层党组织的创造力、凝聚力和战斗力。要加强基层组织领导班子建设,健全完善基层党组织书记"公推直选"和"一村一名大学生计划"等创新举措,抓好基层干部教育培训、岗位锻炼、轮岗交流,着力选好班长、建好班子、带好队伍。要适应城乡经济社会发展一体化进程的新形势新要求,深化完善城乡一体化的党员动态管理机制和基层党组织互帮互助机制,努力构建以城带乡、城乡互动,双向受益、共同提高的城乡一体基层党建工作新格局。要完善教育、管理、服务、监督相配套的党员队伍建设长效机制,改进流动党员管理,建立健全党内激励、关怀、帮扶机制,不断巩固党的阶级基础、扩大党的群众基础。

组织工作是党的建设的重要组成部分,组织部门是各级党委的重要职能部门。各级党委要切实加强对组织工作和组织部门的领导，认真研究和解决组织工作中的重大问题，为组织工作顺利开展创造良好的环境。既要从政治上、工作上、学习上、生活上关心组工干部队伍，更要严格要求、严格管理、严格监督，使他们更好地发挥职能作用。要进一步强化自身建设，以政治上强为第一要求，不断加强组工干部思想政治建设，坚持正确政治方向，讲党性、顾大局、守纪律；以业务精、能力强、素质高为基本要求，不断加强组工干部素质能力建设，掌握过硬本领，精通本职工作；以品行好、作风正为根本要求，深化拓展"讲党性、重品行、做表率"活动，继续倡导"特别讲大局、特别讲奉献、特别讲实干、特别讲纪律"的作风，进一步树立组织部门和组工干部公道正派的良好形象，努力建设"模范部门"和"过硬队伍"，使组织工作更好地为宜宾改革发展稳定大局服务，为党员、干部和各类人才服务，为人民群众服务。

加强党的建设要重基层、打基础

党的基层组织是党的全部工作和战斗力的基础。重基层、打基础,就是要不断健全和发展党的细胞,更好地发挥好基层党组织和基层党员联系群众、宣传群众、组织群众、团结群众、带领群众的战斗堡垒和先锋模范作用,使党提出的各项任务的实现具备更加巩固的基础。

实践证明,一个地区发展的快与慢,一个部门工作的好与差,一个企业经营的兴与衰,关键要有一个好的班长、一个好的班子和一支好的队伍。各级基层党组织和广大党员干部,要严格按照科学执政、民主执政、依法执政的要求,加强教育培训和实践锻炼,不断提高推动发展、服务群众、凝聚人心、促进和谐的能力和本领。

要选好一个班长。要鲜明崇尚实干的用人导向,坚持为发展配干部、凭实绩用干部,进一步拓宽视野,扩大选人渠道,加大从市、区县机关优秀干部中选择乡镇党委书记人选的力度,真正把那些人品正、干实事、真爬坡、敢破难,善于领导和推动科学发展的干部选拔到乡镇、街道党(工)委书记岗位上来;按照政治素质强、带富能力强、服务能力强、协调能力强的标准,采取"两推一述"、公开选拔等方式,选拔好村级和社区的党支部书记。要认真总结和推广筠连县春风村经验,选好村支书,建好村支部,带头致富、带动致富,在全市培育出更多的"春风村"。

要配强一套班子。要注重从优秀村级和社区党支部书记、经过基层锻炼的大学毕业生和市、区县机关优秀青年干部中选拔乡镇、街道党组织班子成员,从农村致富能手、大学毕业生、返乡农民工、退伍军人和民营企业经营管理人员中选拔村级和社区党组织班子成员,从业务骨干、工作骨干中选拔其他各类基层党组织班子成员,努力使基层党组织领导班子的年龄结构形成梯次、知识结构优势互补、整体结构有效改善,真正做到配强一班人,造福一方人。

要建好一支队伍。要抓紧完善科学的选人用人机制,培养一支素质优良、数量充足的基层后备干部队伍,为基层班子建设充实新生力量。要大力实施"素质工程",加快推进"一村一名大学生干部计划"和"一村两名后备人才计划",建立健全基层党员干部轮训制度,坚持分级负责、分类施教,使乡镇、街道班子成员每届接受一次市以上的专题培训,村、社区的书记、主任每年接受一次县以上的集中培训。对村、社区"两委"的其他成员、后备干部和共产党员的培训,乡镇、街道党(工)委要切实抓起来,组织实施好。

基层党员干部的作风,作为一种内在的素质,关乎事业的成败;作为一种外在的表现,关系党的整体形象。在推动城乡经济发展、全面建设小康社会的新阶段,基层党员干部肩负着组织和人民的重托,担负着繁重而具体的任务,既要有过硬的能力,还要带头"讲党性、重品行、做表率",加强党性修养和作风锻炼。

要大兴求真务实之风。上面千条线,下面一根针。中央、省委、市委、县委作出的各项决策部署,最终要靠基层去贯彻和落实。没有基层的实干,就没有发展的实效,就没有群众的实惠。广大党员干部要坚持深入群众、深入一线、深入困难大矛盾多的地方,使问题在一线发现,矛盾在一线解决,办法在一线产生,工作在一线落实。要在基层党员干部中旗帜鲜明地倡导讲实干、讲创造、讲作为,大兴求真务实、真抓实干之风,对每一项工作都要热心、用心、真心、恒心,勇于担当、敢于啃"硬骨头",不回避矛盾,真正让实干成为一种自觉、一种习惯。

要大兴艰苦奋斗之风。艰苦奋斗是加快发展的灵魂和精神主线。宜宾地处西部内陆欠发达地区,有很多边远的乡村,路程遥远、交通不便、土地贫瘠,工作条件和环境相对艰苦,在这些地方工作,没有艰苦奋斗的作风不行。广大党员干部要牢记"两个务必",吃苦耐劳,无私奉献,始终保持奋发有为的精神状态,始终保持共产党人的高尚情操和革命气节,为脱贫致富奔小康、实现发展新跨越献计出力。

要大兴清正廉洁之风。公生明,廉生威。群众最服气的是干事的党员干部,最敬重的是干净的党员干部。我们最需要的是能干事而又干净干事的党员干部。要切实加强基层党风廉政建设,把解决基层党员干部党性党风党纪方面的问题作为重点来抓,扎实开展好"勤廉双优"活动,并及时总结推广,使广大基层干部真正做到公平公正、廉洁清正。

党的基层组织是党领导和执政的重要基础,党的执政能力的强弱,归根到底要靠党的基层组织的执政能力来体现。要紧紧抓住提升执政能力这个关键,不断健全党的基层组织体系,增强党在基层的影响力、凝聚力和战斗力。

要优化组织设置方式。要适应经济结构、生产方式、生活方式、工作方式等变化,认真总结推广把党组织建在产业链上、建在行业协会中、建在社区中、建在外出务工人员相对集中的地方等经验和做法,积极探索更加务实管用的、不同类型党的基层组织设置方式,真正做到哪里有群众哪里就有党的工作,哪里有党员哪里就有党的组织,哪里有党组织哪里就有健全的组织生活,使党的领导、党的工作、党组织的作用更加有效地覆盖社会的各个领域。在农村,要打破按行政体制设置党组织的单一模式,立足有利于推进新农村建设、有利于增强服务功能,灵活设置党的农村基层组织;在企业,要以产权关系为纽带,调整和理顺企业党组织隶属关系;在街道、社区,要以服务群众和加强管理为重点,打破"一社区一支部"的党组织单一设置模式;在机关,要以提高执政能力和领导水平为目的,围绕职能发挥设置党组织。要进一步整合党建资源,建立健全城乡党的基层组织互帮互助机制,形成以城带乡、城乡互促、双向受益、共同提高的城乡统筹基层党建新格局。

要理顺组织管理体制。要把属地管理与行业管理结合起来、直管与协管结合起来,有序调整基层党组织的隶属关系,健全完善条块结合的管理体系,深化拓展党建工作的相互联系,切实加强基层党组织对自治组织、经济组织、社会组织的领导和指导,使党的领导深入到发展的各个层面,延伸到社会的各个角落,进一步增强党的阶级基础,扩大党的群众基础,巩固党的执政基础。

要丰富组织活动内容。要立足于党员群众的现实需要和利益诉求,深入开展争先创优、"三级联创"、"一引领三推动"活动,继续开展以"推动发展能力强、服务群众能力强、凝聚人心能力强、促进和谐能力强"为主要内容的"四强"党组织创建活动,形成村级党组织兴村富民、社区党组织服务便民、"两新"党组织和谐利民、机关党组织务实亲民的创建特色。同时,要创新活动方式,探索党组织主导、党员参加、群众参与、党群互动的形式,使开展党的活动的过程成为了解民意、集中民智、化解民难、凝聚民心的过程,永葆基层党组织的蓬勃生机和旺盛活力。

要加强党员教育管理。要围绕保持和发展先进性，进一步创新党员教育管理方式，健全村干部离职保障等激励关怀帮扶制度，开展好弱势党员群体解困行动等关爱工程，深化"为民工作队"制度，完善党员联系和服务群众工作体系。要按照"坚持标准、保证质量、改善结构、慎重发展"的原则，做好党员发展工作，不断把各行各业的优秀分子吸收到党内来，为党增添新鲜血液。

党的十七大指出，基层民主必须作为发展社会主义民主政治的基础性工程重点推进。随着基层民主进程的加快，人民群众参与基层管理的愿望越来越强，实行民主管理的要求越来越高。实践也充分证明，民主越充分，决策就越科学，群众就越拥护，各项工作推进就越顺畅。要把发展基层党内民主与发展基层人民民主紧密结合起来，进一步完善基层党组织的议事规则和决策程序，有序推进基层民主政治建设，巩固党的团结统一。党员民主权利是党员最基本的权利，保障党员民主权利是推进党内民主的基础和前提。各级基层党组织要认真贯彻《党章》和《党员权利保障条例》，坚持和完善党的组织生活制度，进一步突出党员的主体地位，让党员参与决策有声音、行使权利有保障、执行决定不含糊，确保党员在党的事务与决策中发挥主体作用。要把党务公开与村务、厂务、社区事务公开等结合起来，定期通报基层党组织开展的重大工作、支出的重大经费、决策的重大事项，疏通党内民主渠道，拓宽党内民主途径，实现党员对党内事务的广泛参与、有效管理和积极监督，共同做好群众工作和发展工作。要创新党内民主形式，积极探索建立党内重要情况通报、党支部（总支）书记定期访谈、重大决策征求意见、党员议事日等制度，进一步开放领导班子民主生活会，全面推行"两代表一委员"列席党委、党总支、党支部会议制度，保证决策的民主性和科学性。要加强基层党内民主政治建设，搞好党代表常任制、党代会常任制试点,继续在农村、机关、学校、医院、"两新"组织等单位探索开展专职党支部(总支)书记"公推直选"工作,最广泛地落实广大党员的知情权、参与权、表达权、监督权,确保有序的政治参与,使地方经济社会发展成为每一位党员关心的事、自己的事。

地方党建工作的突破口

　　按照党的十七大关于以改革创新精神全面推进党的建设新的伟大工程的要求,我们深切体会到,在地市一级这个层面,围绕发展抓党建、抓好党建促发展,最重要的是抓好区县党政班子一把手配备、基层组织和人才队伍三个关键。

一、以区县党政一把手为重点,
强化县级领导班子建设

　　区县党政领导班子在党的组织结构、国家政权结构以及全局工作中处于承上启下的重要位置,既是党和国家路线方针政策的执行者,又是本地区经济社会发展的决策者、组织者和领导者,肩负着改革发展稳定的直接责任和特殊使命。近年来,宜宾市通过实施一把手工程,全面推动区县领导班子建设,为培育发展各具特色、充满活力的县域经济提供了可靠的政治和组织保障。2008年,在四川省丘区县主要经济指标监测中,我市三个县的地区生产总值增速包揽了前三名;在全省 181 个县(市、区)的地区生产总值增速比较中,我市有 4 个区县进入前 10 名,7 个区县进入前 50

名。县域经济这块曾经的"短板",正成长为推动宜宾快速发展、实力显著增强的"发动机",使我们在遭受严重自然灾害和金融危机的双重冲击下,依然保持了又好又快发展的良好态势。抓好区县党政一把手建设,关键要把握四个环节:

一是加强培养。区县党政一把手岗位,对干部的综合能力和素质要求很高,必须坚持理论培养与实践提升相结合,注重把干部放在急、难、险、重的事件和复杂局面中磨炼、考验,才能促使其尽快成长为"帅才"。我们的做法是:用制度来保证理论武装工作的落实,建立健全了党校调训、专题培训、社会化选学、外派培训、学历教育"五位一体"的培训制度,并实行学分考核,把学习从要求变为工作、内化为习惯,确保区县党政一把手不断增强理论素养、保持优良作风、及时更新知识、掌握科学工作方法。在此基础上,加大实践锤炼,强化轮岗交流和多岗锻炼,促其学用结合、学用相长,进一步开阔眼界、思路和视野,提高实际工作能力。同时,特别注重一把手后备人才的储备,有意识地把工作能力强、思想素质高、作风过硬的后备干部放在专职副书记、常务副县长等重要岗位上磨砺,增强发展后劲,缩短成长周期,不断夯实区县党政班子建设的基础。

二是科学选配。能否把最优秀的人才选拔任用到一把手岗位上来,关键在于建立一套科学的评价机制。这就需要按照科学发展观的要求,深化干部人事制度改革,用新的观念、新的方法、新的机制去选人用人。实践中,我们充分运用中组部两次在宜宾市开展领导班子及成员综合考核评价试点和省委巡视组的巡视成果,将干部经常化考核与干部监督信息、干部经济责任审计、区县信访情况等有机结合起来,形成了"体现科学发展观要求的区县党政领导班子政绩考评试行办法"和"区县党政领导干部综合考核评价办法",为选准配强区县党政一把手提供了重要依据。同时,坚持在发展中、在实践中考察、识别、任用党政一把手,针对不同区县的发展实际、班子结构和干部特点,把那些有激情、想干事、能干事、能干成事,政治素质高、大局观念强、实绩突出、德才兼备、脚踏实地、群众公认的干部,通过全委会票决制等制度,充实到区县党政一把手岗位上来。这样选出的一把手,既有能力基础,又有深厚的群众基础,在班子中、干部队伍中能更好地起到引领、带动作用。

三是严格教育。一把手的思想素质、工作作风和精神状态,在领导班子中具有导向和引领作用。我们从提高区县党政一把手的思想政治素质入手,建立完善动态的教育防范机制,采取集中培训与自我教育、经常教育与定期教育、正反典型教育相结合的方式,全面加强对区县党政一把手的严格要求、严格教育。特别是坚持一把手抓一把手,探索建立了市委班子与区县委书记、区县长集体谈心会制度,并通过市委班子成员经常下基层调研督察等方式,针对区县党政一把手的思想和工作情况,以事育人,及时进行提醒、告诫、鼓励和鞭策,进一步增强了教育的针对性和实效性。

四是强化监管。由于一把手职位特殊,往往存在"上级监督太远、同级监督太难、下级监督太软、纪委监督太晚"的现象。因此,必须在健全措施、完善机制上创新,加大监督管理力度,增强监督管理效果。我们制定了《区县党委常委会决定重大事项议事规则(试行)》《干部选拔任用工作内部监督暂行办法》,并通过深入开展"科学规范和有效监督县(市、区)委书记用人行为"试点工作,进一步完善区县委内部的议事规则和决策程序,规范区县党政一把手的用权、用人行为。同时,把平时考核与集中考核、组织考核与群众评议、定量考核与定性考核、考核测评与结果运用相结合,通过建立健全一系列配套的量化考核办法,提高监督管理的科学性、准确性和可操作性,为选得出、管得好提供了有效保障。

二、全面加强基层组织建设, 充分发挥战斗堡垒作用

党的基层组织是党执政的组织基础。我们党的工作重心在基层,执政基础在基层,活力源泉也在基层,所有的工作都要在基层落实。只有基层组织搞活了,基础打牢了,有了亲和力、凝聚力,才能产生创造力、战斗力,我们的事业才有最可靠的保证。为此,我们抓住农村基层党组织建设这个重点,在强化功能、发挥作用上下工夫,使基层党组织和党员队伍焕发出了新的生机和活力,为经济社会又好又快发展奠定了更加坚实的基础。我们认为,抓基层组织建设,要着力从以下四个方面下工夫:

——在建阵地、强服务上下工夫。针对过去一些村级组织办公无地点、活动无场所、服务无网点、依法治村无载体的问题,市财政共投入 2664.26 万元加强"四室四站"(村党支部、村委会活动室,民兵活动室,农民文化活动室,社会治安综合治理办公室;村广播站,农民技术培训站,医疗卫生保健站,计划生育服务站)建设,新建了 619 个村级阵地,配备完善了必备的教育、服务软硬件设施。同时,结合 3000 多个村级党组织的换届工作,大力实施村干部素质提升工程,对 286 个问题村党组织班子进行了集中教育整顿,下派市、县、乡干部 91 人充实到贫困村、问题村班子,选派 450 名大学生到村、社区任职,使基层组织和党员干部队伍得到优化,服务基层和群众的能力有效提高。农村基层阵地不仅成为开展党的活动的重要基地,也成为教育、发动、服务广大农民群众的有效平台。

——在整合党建资源上下工夫。当前,农村基层组织建设面临许多新情况、新问题,特别突出的是,由于受计划经济传统管理模式的影响,条块分割,党建资源分散,造成农村党建中存在许多"盲区"和"断层"。针对这一问题,我们认真落实基层党建工作责任制,深入开展"一引领三推动"活动(引领加快发展、科学发展、又好又快发展,推动新型工业化、新型城镇化、农业现代化),统筹整合城乡党建工作资源,突出组织、队伍、思想、阵地、发展五个方面的主要内容,探索建立了"组织联建、党员联管"加"资源整合"的"两联+资源"城乡共建党建工作模式,进一步促进了城乡党建互动,从整体上提升了农村基层组织建设水平,为推动城乡经济社会统筹发展提供了坚强的组织保障。同时,建立"为民工作队"制度,完善基层党建工作帮带机制,组织开展了"万名党员干部进农村"活动,全市845个市、区县级部门共结对帮扶了1675个村,1.5万名机关党员干部共结对帮扶了2.9万户农村贫困户。积极创新基层党组织设置方式,探索推行"跨村联建、强村并组、村居合一、村企共建"等跨产业、跨区域联建党组织模式,有效整合党建资源,为基层组织建设和作用的发挥注入了新的活力。

——在完善选育机制上下工夫。农村经济社会的发展,关键在建设一支能够带领群众坚决贯彻党的路线方针政策的党员、干部队伍。这其中,核心是要选好、选准有本事、能服务的基层组织带头人。为此,我们把选育优秀基层党组织书记放在重中之重的位置,推行了村(社区)党组织负责人"两票制"、"三票制"直选等工作,不断扩大基层党员、群众的参与面,落实他们的选举权,把上级组织选与党员、群众推有机结合起来,选准配强支部书记,增强基层党组织的凝聚力和战斗力。通过公开选拔,将优秀村(社区)干部列入科级后备干部范围,激发基层干部队伍崇尚实干的内动力。积极实施"双百培养"计划、"能人治村"工程,将选拔基层党组织负责人的重点转向经济发展带头人、返乡能人、退伍军人等,提高基层党组织负责人带动发展的能力。

——在创新激励机制上下工夫。建设一个好支部、一支好队伍,需要一整套完善的激励机制作保障。实践工作中,我们在引入社会评价机制,健全对基层党组织、基层党组织负责人的考核评价体系的同时,全面落实中央关于"真正重视、真情关心、真心爱护"基层干部的要求,重点在完善党内激励、关怀、帮扶机制上探索创新。根据地方经济社会发展情况,适时较大幅度提高在职村干部的岗位补助标准,建立并用活"党内帮扶基金"、村干部专项激励基金。特别是在全市推行了村干部离职生活保障制度,从制度上消除了基层干部的后顾之忧,极大地调动了广大村干部的工作积极性,得到中央领导同志和中组部的充分肯定。自 2007 年起,市、区县财政每年投入不少于 500 万元,确保每位符合补助条件的离职村干部(2007 年有 14177 名)按时足额领取每年 120—1400 元的离职生活补助,基本实现了保障范围全覆盖、干部离职有保障。

三、坚持党管人才,为经济社会发展提供智力支撑

国以才立,政以才治,业以才兴。人才是生产力发展的核心要素,人才资源是最重要的战略资源。近年来,我们始终坚持党管人才原则,以改革的思路、开放的眼光、务实的态度,着力造就一支规模宏大、素质优良、门类齐全、结构合理的人才队伍,积极构筑适应美好新宜宾建设需要的人才和智力高地,有力地促进了宜宾市经济社会又好又快发展。

坚持服务发展育人才。人才培养,教育为本。为使人才工作

更加适应经济社会发展需要,首先要准确把握人才成长规律,针对人才特点,不断创新培养内容、培养方式,坚持重点人才重点培养、优势学科人才优先培养、紧缺人才加紧培养,造就一大批适应改革开放和现代化建设的党政领导人才、企业经营管理人才、专业技术人才、技能型人才、农村实用人才。自 2007 年开始,市财政投入300 余万元,重点打造以名家讲坛、领导干部论坛、企业家论坛为核心的"戎州大课堂",在扩大培训面、提高培训层次上下工夫,邀请 100 余名国内知名专家、领导和企业家来宜宾讲学,共培训各级各类领导干部和人才 5 万余人次。同时,创新"党校+高校"的培训模式,依托市、区县党校培训各级领导干部、企业经营管理人员3300 余人,选送 150 名企业中高层管理人员和机关干部到北大、清华进行专题培训,在提高各级各类人才的理论水平和实务能力上取得了实效。

坚持不拘一格用人才。人尽其才、才尽其用,方能人才辈出。从人才个体看,越用本事越大;从人才整体看,越用总量越多。因此,必须坚持把用好人才作为人才工作的重要环节,强化用好人才就是功、埋没人才就是过、发挥人才的作用是尽职、压抑或延误人才最佳使用期就是失职的观念,坚持培养、引进和使用相结合、搭建平台与创造条件相结合、健全激励机制与完善管理体系相结合,用产业聚才、用项目引才、用事业留才、用待遇励才、用感情暖才,为人才脱颖而出、施展才华、实现价值提供广阔舞台,着力营造人才健康成长并充分发挥作用的政策环境、工作环境、人文环境和社会环境,形成人尽其才、才尽其用、人事相宜、人才辈出的蓬勃局面。

坚持转变观念引人才。引进高素质人才,是迅速优化人才队伍结构、提高人才队伍素质的现实途径。不少事实表明,引进一位领军人才,就可以带出一支创新创业团队,开发一批创新成果,催生一个新兴产业。实践中,我们在用好本地人才的同时,坚持不求所有、但求所用,打破部门、地域、所有制壁垒,采取"柔性"引进等多种方式引进人才,制定了《宜宾市大力引进高层次人才有关问题的暂行规定》和博士人才工作的定期培训、跟踪考察、联谊连心等"三项制度",建立了人才开发专项资金和人才信息库。2008年,市委拿出 10 个副县级领导职位,面向全国公选博士研究生,经层层优选,我们又将招录岗位扩大到正科级,共录用 25 名博士,涵盖经济、金融、资本运营、规划建筑、环境工程、机械制造、道路桥梁等 23 个宜宾市急需紧缺专业,同时招录了 27 名硕士,为宜宾的科学发展聚集了人才。

加强和改进思想政治工作　为建设美好新宜宾提供思想舆论保证*

　　高度重视思想政治工作是我们党的优良传统和政治优势。在全面建设小康社会的新形势下,充分发挥党的这一优良传统和政治优势,是加强党的执政能力建设的重要内容,是牢牢掌握意识形态主导权,沿着社会主义道路加快建设美好新宜宾的重要保证。我们要坚持以科学发展观为指导,紧紧围绕宜宾市经济社会发展大局,自觉用时代要求审视思想政治工作,以改革创新精神推动思想政治工作,不断巩固壮大主流思想舆论,最大限度地满足人民群众日益增长的精神文化需求,为推动宜宾市加快发展、科学发展、又好又快发展提供强大的思想文化保证。要着力抓好以下几项重点工作:

　　推进社会主义核心价值体系建设,进一步巩固全市人民团结奋斗的思想基础。建设以马克思主义指导思想为灵魂、中国特色社会主义共同理想为主题、民族精神和时代精神为精髓、社会主义荣辱观为基础的社会主义核心价值体系,是我们党在思想文化建

---

　　* 本文载于《政工研究动态》2008 年第 11 期。

设上的重大理论创新和重大战略任务。要坚持用中国特色社会主义理论体系武装党员干部、教育群众,用中国特色社会主义共同理想凝聚力量,坚持不懈地用以爱国主义为核心的民族精神和以改革创新为核心的时代精神鼓舞斗志,用社会主义荣辱观引领风尚,努力在全社会形成统一的指导思想、共同的理想信念、强大的精神力量和基本的道德规范。建设社会主义核心价值体系,必须融入思想政治工作的各个方面和全过程。要深入持久地开展社会主义核心价值体系的宣传教育,使之贯穿到媒体传播之中,落实到精神文化产品创作生产之中,体现到政策法规制定和社会管理之中,真正成为人民群众的自觉追求。社会主义核心价值体系是社会主义意识形态的本质体现,必须始终居于主流意识形态地位。要积极探索用社会主义核心价值体系引领社会思潮的有效途径,密切关注社会思潮,把握不同阶层、不同群体的思想状况和价值取向,区分层次、区别对象,尊重差异、包容多样,妥善处理思想文化领域的问题,最大限度地增进社会认同。要开展深入细致的思想政治工作,把先进性要求与广泛性要求结合起来,把解决思想问题与解决实际问题结合起来,更加注重人文关怀和心理疏导,引导人们在为建设美好新宜宾的奋斗贡献中实现自身价值。

提高舆论引导能力,为改革发展营造良好的思想舆论氛围。坚持正确导向,有效引导社会舆论,是思想政治工作的重要任务。对我们来说,关键是把舆论的主基调放在克服困难、增强信心、加快发展上,努力营造良好的思想舆论环境。要围绕全市工作大局,精心组织策划重大主题宣传活动。要围绕构建和谐社会、建设美好新宜宾,组织开展一系列有深度有影响的主题宣传活动,用我们的发展定位、产业优势、奋斗目标、发展态势凝聚人心、鼓舞士气,使之更加深入人心,成为全市人民认同的思想理念。要善于把握思想政治工作的规律,深入研究新形势下各种受众、群众的心理特点和接受习惯,从群众的关注点和兴奋点入手,把握好舆论引导的时机、节奏、力度,切实增强思想政治工作的针对性和实效性。要认真宣传党的主张、弘扬社会正气、通达社情民意、引导社会热点、疏通公众情绪、搞好舆论监督。要总结实践中的好经验好典型,善于用事实说话,用老百姓的语言说话,使思想政治工作更加丰富多彩、生动活泼,易于为广大干部群众所接受。要从社会舆论的多层次实际出发,认真研究媒体分众化、对象化的新趋势,整合各种宣传资源,把思想政治工作同各个领域的管理工作更加紧密地结合起来,努力构建定位明确、特色鲜明、功能互补、覆盖广泛的舆论引导格局。

加强思想道德建设,进一步培育文明新风尚。不断提高公民的思想道德素质和整个社会的文明程度,是全面建设小康社会的重要内容。现在,一些人思想道德失范,诚信缺失,一些人的世界观、人生观、价值观发生扭曲,拜金主义、享乐主义、极端个人主义的社会现象仍然大量存在,已成为影响社会和谐的突出问题。各级党委要把加强思想道德建设作为思想政治工作的一项长期战略任务摆在突出位置,坚持不懈地抓紧抓好。要坚持重在实际行动、重在持之以恒、重在形成机制的要求,大力弘扬社会主义荣辱观,以增强诚信意识为重点,加强社会公德、职业道德、家庭美德、个人品德建设,引导人们自觉履行法定义务、社会责任、家庭责任。要充分发挥先进典型的榜样作用,倡导爱国、敬业、诚信、友善等道德规范,旗帜鲜明反对拜金主义、享乐主义、极端个人主义,在全社会大力倡导知荣辱、讲正气、促和谐的良好风尚。要继续深化和谐社区、和谐校园、和谐单位、和谐家庭等群众性创建活动,努力在提升道德素质、融洽人际关系、形成良好风尚方面取得实效。

党管宣传、党管意识形态,是我们党在革命、建设、改革长期实践中形成的优良传统,也是我们党的一大优势。我们要从牢牢掌握党在意识形态领域的主导权和主动权的角度,切实加强对思想政治工作的领导。

要坚持把思想政治工作摆在全局工作的重要位置。胡锦涛总书记在党的十六届六中全会上深刻指出:经济工作搞不好要出大问题,意识形态工作搞不好也要出大问题,强调在集中精力进行经济建设的同时,一刻也不能放松意识形态工作。各级党委要深刻认识做好新形势下思想政治工作的极端重要性,切实把思想政治工作作为推动各项事业发展的有力保证,摆上重要议事日程,在方向上牢牢把握、工作上及时指导、政治上大力支持、投入上切实保障。各级党委主要负责同志要切实担负起"第一责任人"的职责,及时提出工作重点和任务要求,掌握工作的主动权。要认真研究思想政治工作的重点和规律,加强具体指导。要按照德才兼备的原则,切实加强思想政治工作队伍建设,高度重视培养选拔优秀年轻人才,让他们在实践中锻炼成长。要从政治上、工作上、生活上和使用上关心政工干部,多帮助他们解决实际问题,充分调动积极性和主动性,使他们的才华有展示舞台、创造有实现空间、贡献得到社会尊重。

要不断提高做好思想政治工作的能力。各级党委要适应新形势的要求,密切关注社会思想动态和文化发展趋势,加强对舆情的分析研判,及时发现和妥善解决倾向性、苗头性问题,牢牢把握正确的政治方向。面对社会主义市场经济的深入发展,要学会运用符合市场经济的思想、办法、手段,推动思想政治工作的开展,着力在出思想、出对策上下工夫,摸清存在问题,理清工作思路,不断提高做好思想政治工作的驾驭能力和领导能力。

要动员社会各界广泛参与和支持。思想政治工作既要充分发挥宣传部门的牵头作用,又要与社会各界密切配合,互相协作,形成整体优势。各级党委要充分发挥统揽全局、协调各方的作用,动员全社会积极支持和参与。要把思想工作与经济工作和行动管理工作结合起来,工会、共青团、妇联等群众团体,要充分发挥桥梁和纽带作用,结合各自工作的特点,把思想政治工作落实到基层和群众;机关、企业、农村、社区、学校等单位也要从自己的实际出发,深入细致地做好思想政治工作,确保各项工作健康顺利发展。

要特别注重发挥好群团
组织的重要作用

　　工会、共青团、妇联是党领导下的群众组织,是党开展群众工作的重要力量,是党和政府联系群众的桥梁和纽带,是国家政权的重要社会支柱。改革开放以来,特别是近年来,宜宾市各级工青妇组织在各级党委的领导下,坚决贯彻执行党的路线方针政策,坚持服从服务于市委的中心工作,充分发挥各自特点和优势,积极探索新时期群团工作的新思路、新方法,在组织各类群众性建功立业活动、推进精神文明创建、提高群众整体素质、维护群众合法权益、促进和谐社会建设以及加强自身建设等方面做了大量工作,取得了明显成效,为宜宾市经济社会又好又快发展做出了重要贡献。

　　当前,宜宾市已进入全面建设小康社会、加快现代化建设的新阶段。全面贯彻落实科学发展观,加快建设美好新宜宾,为群团工作带来了新机遇,为群团组织充分发挥职能作用提供了广阔的舞台。但同时也要看到,随着宜宾市改革开放的不断深化,社会经济成分、组织形式、就业方式、利益关系和分配方式日益多样化,广大职工、青年、妇女群体的总体构成、价值取向、社会经济地位也在发生新变化,经济社会加快发展过程中也还面临着许多新压力、新挑战,对包括工青妇组织在内的各级各部门提出了新的更高要求。各级党委和工青妇组织要深刻认识到,做好新时期工青妇工作是巩固党执政的群众基础的必然要求、是做好新时期群众工作的迫切要求、是建设美好新宜宾的现实要求,切实增强做好新时期工青妇工作的使命感和紧迫感,进一步组织、教育、引导和发动群众,积极投身到宜宾科学发展、跨越发展、和谐发展的实践中去,发挥好主力军、生力军、"半边天"作用。

围绕中心、服务大局,是群团组织的重要职能,也是党领导下的群团工作的重要经验。全市工青妇组织要紧紧围绕经济建设中心、跨越发展主题、富民惠民根本、和谐发展大局,最大限度地把全市广大职工、青年、妇女的积极性和创造性调动起来、智慧和力量凝聚起来,在建设美好新宜宾中创造新业绩。

发挥凝聚力量的优势,在推进宜宾市实现跨越式发展中有新贡献。全面落实科学发展观,推动宜宾经济社会又好又快发展,是全市上下不可动摇的中心任务。各级工青妇组织要坚持以科学发展观为统领,充分发挥各自的特点和优势,为广大职工、青年、妇女投身经济建设主战场,搭建平台,提供服务,用投身发展来展示风采,用推进发展来激发活力。当前,要紧紧围绕建设美好新宜宾这一战略目标,按照"强工、重农、壮旅、活商、兴城、富县"的经济发展思路,突出工业强市、现代农业、旅游产业、现代服务业、县域经济、民营经济等重点工作,从各自的工作层面,选好切入点,找准着力点,努力履责尽职,有所作为。各级工会组织要围绕深化企业改革和搞好经营管理,积极帮助企业提高自主创新能力,扎实开展各种形式的职业培训和"劳动竞赛"、"职工大练兵"等活动,帮助职工提高劳动技能,激发职工的工作活力和创新潜能,增强企业发展活力;加强职工民主管理,坚持和完善职工代表大会制度,建立健全平等协商和集体合同制度,推进基层民主政治建设,切实保障劳动者合法权益;弘扬劳模精神,激发广大群众投身改革发展的热情。各级共青团组织要从当代青年特点出发,广泛开展"青年就业创业"、企业青工技能比武、争创"青年文明号"、青年志愿者行动等活动,促进青年成长成才。各级妇联组织要根据不同领域妇女工作的特点,深入开展"农村妇女致富"行动、"巾帼建功"等活动,充分发挥妇女"半边天"的作用。同时,各级工青妇组织要加强配合、加强协作,进一步把工作资源、工作网络、工作力量整合起来,加强工作联动,通过开展各类有特色、有新意、有实效的活动,形成广大职工、青年、妇女和全社会共同建设美好新宜宾的强大合力。

发挥服务群众的优势,在建设和谐宜宾中有新作为。建设和谐宜宾是实现科学发展的重要任务。各级工青妇组织是党领导下的群众自组织,在建设和谐宜宾中具有独特的作用和优势。一是要做好维护群众合法权益的工作。要强化维护权益基本职能,继续加大源头参与力度,加强依法维权工作,切实维护好企业改制、土地征用、城镇拆迁、移民搬迁等过程中群众的合法权益,解决好安全生产、劳动保护、拖欠职工工资等问题。二是要做好服务群众的工作。要进一步提高服务能力,拓展服务领域,增强服务实效,创新服务方式,持之以恒地抓好富民惠民行动。特别是要高度重视关心下岗失业职工、城乡贫困家庭、流动人口、老弱病残、失辍学儿童、被征地农民等困难群体的生产生活,深入实施"送温暖工程"、"希望工程"、"关爱留守学生"、"贫困母亲救助"等活动,加大技能培训、就业扶助、医疗救助、法律援助的力度,动员全社会力量帮助他们解决实际困难,增强自我生存发展能力。三是要做好联系群众的工作。要准确把握新时期群众工作的新特点和新要求,不断增强群团工作的凝聚力和影响力,健全利益协调机制、群众诉求表达机制、矛盾纠纷排查调处机制、权益保障机制。要充分发挥好桥梁纽带作用,主动协助党委和政府做好宣传引导、理顺情绪、化解矛盾等工作,最大限度地增强社会和谐因素,最大限度地减少不和谐因素,把广大群众团结和凝聚到各级党委、政府的周围,形成在共建中共享、在共享中共建和谐宜宾的良好局面。

发挥教育引导的优势,在推进社会文明进步中有新业绩。加强精神文明建设,是做好新时期群众工作的重要内容,也是群团组织的一项基本职能。各级工青妇组织要深入开展群众性精神文明创建活动,协同推动省级文明城市创建工作。要坚持以科学的理论教育群众,大力开展以科学发展观、社会主义荣辱观等为主要内容的主题教育活动,认真贯彻《公民道德建设实施纲要》,不断提高广大职工、青年、妇女的思想觉悟、道德水平和文化素质,引导他们树立正确的世界观、人生观、价值观,真正做到自尊、自信、自立、自强。要弘扬新风正气,深入开展"坚持十要十不要,争做文明宜宾人"、"职业道德双十佳"、"青年文明号"和"巾帼文明岗"等活动,组织和动员广大职工、青年、妇女积极参与诚信社会建设,大力弘扬奉献、博爱、互助、进步的志愿者精神,牢固树立信用意识和职业道德观念,不断提高职业道德建设水平。要坚持思想教育与解决实际问题相结合,既要以理服人,又要以情动人,通过扎扎实实为广大职工、青年、妇女办实事、解难事来团结群众、争取群众,增强工青妇组织参与社会管理的能力。

加强和改进党对工青妇工作的领导,是做好工青妇工作的根本保证。各级党委要根据新时期群众工作的新情况新特点切实加强和改进对群团工作的领导,以良好的精神状态、求真务实的作风、强有力的推进措施和富有成效的工作,不断开创工青妇工作新局面。

要加强领导，高度重视。要把工青妇工作放到党委工作的大格局中通盘考虑，放到建设美好新宜宾的大布局中规划部署，真正摆到重要位置，纳入重要日程，坚持在政治原则上把关，在发挥作用上重视，在具体工作上放手，为各级群团组织开展工作创造良好条件。要健全党委领导工青妇工作的有效机制，在坚持原有好制度、好做法的基础上，进一步建立完善党委定期研究工青妇工作、政府联系工青妇工作、党建带动工青妇建设、工青妇工作联席会议以及工青妇工作目标责任考评和监督检查机制等工作制度，努力提升工青妇工作的规范化、制度化水平。要建立和拓展群团组织广泛参政议政的渠道，广泛听取群团组织的意见和建议，自觉把各项工作置于群众的有效监督之下。各级党校和行政学院要设立群众工作课，加强对各级干部马克思主义工运理论、青运理论、妇运理论的教育、培训。

要抓好班子，带好队伍。各级党委要高度重视工青妇组织领导班子建设，按照有关政策规定配齐配强工青妇领导班子，培养和造就政治上靠得住、工作上有本事、作风上过得硬的高素质的工青妇干部队伍。要坚持在群众工作一线锻炼和识别干部，建立培养选拔工青妇干部的工作机制和转岗流动机制，通过公开招考、直接选举、竞争上岗等有效方式，及时发现优秀的工青妇干部并选拔到领导岗位上来。要加强工青妇组织领导干部的教育、培养、管理和监督，深入推进作风建设，防止机关化、行政化倾向，增强服务群众的能力和实效。要进一步健全工青妇的基层组织网络，特别是要探索加强在新经济组织、新社会组织中建立工会和共青团组织，扩大工青妇工作的覆盖面和影响力。

要创造条件，营造氛围。各级党委要发挥总揽全局、协调各方的作用,为工青妇组织开展活动搭建好工作平台。各级人大要加强维护群众合法权益的立法和执法监督。各级政府要健全联系工青妇组织的工作制度,强化经费保障,多为工青妇组织排忧解难,及时研究解决他们在工作中遇到的具体困难和问题。各相关职能部门要主动为拓展群团工作的活动阵地和活动载体提供支持和帮助。宣传部门和新闻媒体要进一步加强舆论引导,积极宣传《工会法》、《未成年人保护法》、《妇女权益保障法》等法律法规,推广先进典型,弘扬时代精神,努力为工青妇工作创造良好的舆论氛围和社会环境。

用好法宝　凝聚科学发展强大力量

统一战线是我们党执政兴国的重要法宝,是党和国家工作全局中的重要方面。实践充分证明,事业越发展,越要巩固和壮大统一战线;统一战线的优势越得到发挥,团结的人越多,我们的力量就越强大,党和人民的事业就越能更好地向前发展。

宜宾属多民族地区,全市有少数民族 38 个、8.7 万多人,佛教、道教、天主教、基督教、伊斯兰教信教群众约 21 万人,台胞台属、归侨侨胞、侨眷人数众多,统战工作内容十分丰富。在科学发展观统领下加快建设美好新宜宾的新任务、新使命,给我市统一战线提出了新的更高的要求。建设美好新宜宾,需要充分发挥统一战线作为团结各方面力量广泛联盟的重要作用,把全社会的智慧和力量凝聚到实现宜宾发展新跨越的伟大实践中来;需要充分发挥统一战线凝聚人心、化解矛盾的重要作用,积极协调处理好各方面的利益关系,为我市改革发展提供宽松稳定、团结和谐的社会政治环境;需要充分发挥统一战线成员作为改革开放的积极参与者和推动者的重要作用,更加精心、更加扎实地做好工作,进一步推进改革开放;需要充分发挥统一战线在巩固党的阶级基础、扩大党的群众基础中的独特优势和作用,促进党的执政能力建设和先进性建设,进一步密切党同人民群众的血肉联系。

紧跟时代潮流,以全新的理念谋划统战工作,我们必须深入研究和探索加强统战工作的新方法、新途径,以高度的政治责任感和历史使命感,把新世纪、新阶段的统战工作真正抓实、抓好、抓出成效。

一要紧扣发展要务抓统战。发展是我们党执政兴国的第一要务,也是统一战线的第一要务。要加强对统一战线成员的宣传教育,用科学发展观武装他们的头脑,特别是要广泛宣传市委、市政府关于建设美好新宜宾的重大部署、推进经济社会发展的各项工作举措,把大家的思想和行动统一到中央、省委的决策部署上来,统一到推进宜宾市实现跨越式发展的共同目标上来,形成强大的合力。要围绕市第三次党代会关于建设美好新宜宾的战略目标和总体要求,按照"强工、重农、壮旅、活商、兴城、富县"的经济工作思路,进一步完善"党委出题、党派调研、政府采纳、部门落实"的调研机制,引导支持广大统一战线成员围绕工业强市、新农村建设、第三产业发展、县域经济发展等宜宾市经济社会发展中的重大问题开展调查研究、建言献策。要围绕完善社会主义市场经济体制,进一步优化非公有制经济的发展环境,为非公有制经济的发展创造更加宽松的生存环境和更为广阔的发展空间,从根本上调动和激发广大非公有制经济人士的积极性和创造性,鼓励和支持民营经济做强做大,促进地方经济发展。要充分发挥统一战线联系广泛的优势,积极开展联谊交友和对外宣传工作,不断扩大对外交往与合作,吸引更多的国内外客商来宜宾投资兴业,积极推进招商引资和对外开放。要坚持科教兴宜、人才强市战略,发挥统一战线"人才库"和"智囊团"的作用,调动统一战线广大成员特别是知识分子推进知识创新、科技创新,为增强宜宾市自主创新能力,转变增长方式,走创新型发展道路做出积极贡献。

二要围绕民主建设抓统战。正确处理我们党和各民主党派的关系,是发展社会主义民主政治、建设社会主义政治文明的重要内容。巩固和发展中国特色社会主义政党关系,实现我国政党关系长期和谐,根本在于坚持走中国特色社会主义政治发展道路,关键在于坚持和完善中国共产党领导的多党合作和政治协商制度。各级党委要认真搞好与民主党派的政治协商,按照中央、省委的要求,规划实施好每年政协会议的内容并提前告知参会的党外人士,不断健全完善建言献策会、双月座谈会等政治协商的具体工作模式,进一步规范政治协商的形式、内容、程序,坚持重大决策协商在决策之前、贯穿于执行之中,推进决策的科学化、民主化。要继续坚持、完善党委与民主党派对口联系制度、民主党派参加有关专项检查工作、民主党派主要负责人参加重要外事、内事活动和考察调研等制度,进一步在参政议政范围、渠道和民主监督途径、机制等方面探索规范的运作方式,充分发挥民主党派的参政议政和民主监督作用。要加大党外干部的培养、选拔和使用力度,优化党外干部队伍结构,按规定保证对统战成员政治安排、实职安排的数量和比例。着眼于统一战线可持续发展,以各民主党派和工商联各级组织负责人,各级人大代表、政协委员,政府及其部门和司法机关以及有关社会团体领导班子中的党外人士为重点,切实做好党外代表人士培养选拔工作,努力造就一支能自觉接受中国共产党领导,坚定不移地走中国特色社会主义道路,具有广泛代表性和较强参政议政能力、与党长期亲密合作、德才兼备的党外代表人士队伍。要积极支持民主党派加强自身建设,把民主党派真正建设成为同中国共产党通力合作、致力于中国特色社会主义事业的参政党。

三要突出文化繁荣抓统战。统一战线联系着各党派、各团体、各民族、各阶层和各界人士,汇集了大量知识分子和专家学者,在先进文化建设中具有独特的作用。要有针对性地加强统一战线成员的思想道德建设,大力开展以爱国主义为核心的民族精神和以改革创新为核心的时代精神教育,用科学理论武装广大统一战线成员,用先进文化引导广大统一战线成员,突出先进文化在统一战线的主导性,促进共同理想和精神支柱的牢固确立。继续开展"三增强、四热爱"活动和"三坚持"、"五型"、"五家"等教育活动,树立以"八荣八耻"为主要内容的社会主义荣辱观,努力在全社会形成知荣辱、讲正气、促和谐的文明道德风尚。要充分发挥广大统一战线成员在教育、文化、卫生、体育、新闻、出版等领域中的优势和作用,积极发展健康向上、丰富多彩、科学文明、具有宜宾地域特色的先进文化,满足不同社会群体多层次、多样化的文化需求,提高全社会的文化生活质量。要切实加强民族地区文化设施建设,支持和保护僰苗文化等少数民族优秀文化的传承、发展、创新,鼓励各民族加强文化交流,发展多元一体、丰富多彩的民族文化。要引导我市宗教界挖掘和弘扬宗教文化中的有益内容,促进宗教与社会主义社会相适应。要鼓励非公有制经济人士加强企业文化建设,积极参与公益事业,义利兼顾、诚信守法,形成与社会主义市场经济相适应的价值观念和行为准则。充分发挥工商联在非公有制经济人士思想政治工作中的重要作用,引导非公有制经济人士健康成长。

四要立足社会和谐抓统战。服务社会和谐,统一战线肩负着义不容辞的责任,具有得天独厚的优势。统一战线要积极参与协调重大的政治关系和社会关系,激发社会活力,增进社会团结和睦,努力创造良好的社会政治环境。要正确认识和处理中国共产党和各民主党派的关系,坚持中国共产党领导的多党合作和政治协商制度,把加强党的领导和发扬社会主义民主有机结合起来,巩固和发展中国共产党领导的多党合作的政治格局。要牢牢把握各民族共同团结奋斗、共同繁荣发展的主题,始终不渝地坚持民族平等,进一步落实和完善扶持少数民族和民族地区经济社会发展的政策措施,帮助少数民族和民族地区经济社会发展,推动民族互助,促进民族和谐。要全面理解和认真贯彻党的宗教工作基本方针,坚持政治上团结合作、信仰上互相尊重,团结和引导广大宗教界人士和信教群众共同致力于中国特色社会主义建设事业。要按照"充分尊重、广泛联系、加强团结、热情帮助、积极引导"的方针,紧紧抓住主要由非公有制经济人士和自由择业知识分子组成的新社会阶层人士这个统战工作的新着力点,建立新的社会阶层人士统战工作机制,以社团为纽带、以社区为依托、以网络为媒介、以活动为抓手,切实做好新的社会阶层人士的统战工作,促进各社会阶层和谐相处、共同发展。要认真贯彻落实"一国两制"方针,加强与港澳的交流合作;全面贯彻落实"和平统一、一国两制"的基本方针,不断扩大对台交流合作;进一步加强涉外管理、拓展对外联谊、做好侨情调查、落实侨务政策,在推进大团结大联合中促进社会和谐。

五要坚持党的领导抓统战。坚持党对统一战线工作的领导,是统一战线事业发展的根本保证。各级党委要不断增强统一战线意识,提高领导统战工作的能力,把统一战线工作作为战略性、全局性的工作,摆上重要议事日程,建立健全党委统一领导、统战部牵头协调、各有关部门和人民团体各负其责的体制。各级党政主要领导同志要带头学习宣传党的统一战线理论和方针政策,带头贯彻落实统一战线政策,带头参加统一战线重要活动,带头广交深交党外朋友。各级党员干部都要学习统战理论,关心、支持并共同做好统战工作。各级统战部门要在党委统一领导下,切实担负起牵头协调和监督检查本地区统战工作的职责,加强与相关工作部门的沟通、联系,及时给予工作指导,注重研究解决统一战线工作中的新情况、新问题,创造性地开展工作。要高度重视统战部门领导班子建设,注重选拔政治素质高、工作能力强、具有民主作风、善于处理复杂问题的干部,努力把各级统战部门领导班子建设成为坚强领导集体。要关心统战干部的成长,进一步加强对统战干部的培养、交流、选拔、任用工作,努力建设一支勤奋好学、作风民主、求真务实、团结奉献、开拓创新的统战干部队伍。要以干部作风整顿建设为契机,全面提高统战干部的政治、理论、业务素质,使之成为有坚定的立场、民主的作风、广博的知识、创新的精神和深受党外朋友欢迎的合格的统战干部,不断提高做好统战工作的能力和水平。

"村官"有了"退休金"

[**核心阅读**]

高县,地处川南宜宾。

2008年年初起,新中国成立以来高县全县3200多名离职村干部,陆续从县财政上领到数额不等的离职保障金。当地村干部说:"钱不多,心暖和!"

这也是高县近年来探索建立村干部离职保障制度的最新成果。这一制度的破土,对农村基层组织建设、经济社会发展意味着什么?当地干部和群众又在想些什么?暮春时节,记者走进高县。

"干的是硬任务,端的是泥饭碗"

——离职村干部面临的既有身份转变,也有经济窘迫

坐在记者面前的周科华年逾古稀,47年的村干部生涯,让他的言谈举止仍带"村官"派头。他从1957年当村干部,光村支书就干了30年,其中有18年受到各种表彰。4年前离岗后,他又成了地地道道的农民,除了种地,啥收入也没有。用村里人话来说,

"岗位上风风火火,退下来没有颜色(面子)"。

类似周科华这样离岗的村干部,在高县有不少。街谈巷议、冷嘲热讽,让他们很不平衡——"台上十年功,下台一场空";"辛辛苦苦几十年,还得回家去种田";"干的是硬任务,端的是泥饭碗";"在职没奔头,离职没靠头"……

高县有关部门搞过一个调查分析,认为牢骚的背后,反映出离职村干部面临的不仅是身份的转变,还有经济的窘迫。"上面千条线,下面一根针"。村级干部是党和国家在农村各项方针、政策的传播者、执行者,是带领农民奔小康的组织者和领导者,长年在基层,工作很繁杂,报酬标准低、难落实现象确实存在。由于各种原因,大多数村干部即使干得再好,也很难得到提拔或者转为乡镇公务员,离职后经济利益相应失去一定来源,失落在所难免。

"补助钱不多,心头挺暖和"

——县财政每年掏55万元,覆盖所有离职"村官"

2004年起,中共高县县委、县政府开始探索建立长效机制,切实解决"老有所养"这个离职村干部最急最盼的问题。

县委、县政府派出干部,在全县19个乡镇开展了离职村干部基本情况调查摸底,在此基础上,确定了补助范围、标准、条件及履行和运作程序。

"全覆盖"是高县离职村干部保障补助的一大特点。新中国成立以来,在高县建制村担任过书记、主任、文书及享受村常职干部待遇的离职村干部,共3200多名,全部纳入范围。县级财政每年拿出预算55万元,建起专项基金;每年拨出20万元,建立村社党员、干部关怀帮扶基金;对遭遇自然灾害、意外突发事件、生病住院的村社党员、干部提供慰问金。县委每年还安排5万多元的县管党费,对村社无固定收入的70岁以上老党员、贫困党员实行定额补助。

这些制度一经公布实施,在高县党员干部及普通群众中产生巨大反响。很多老村干部拿着组织上送来的补助金反复摩挲,热泪盈眶。月江镇磨顶村离职村干部李运芬感慨:"离职补助钱不多,却是党的关怀,心头挺暖和!"

"地位提高了,心理平衡了"

——老"村官"担当起新农村建设指导员、矛盾调处员

从18岁起就当村干部的沙河镇高屋村老支书周科华,向记者讲述了离职村干部保障制度出台后的三大感受。

感受一:解决了离职村干部的心理不平衡。"我从1957年开始就在村里干,到2004年因病离职,工作了47年,耗尽了青春年华。2007年5月镇上给我打电话,希望我儿子出来当村干部,征求我的意见。我说不行,村干部待遇太低。2007年下半年县委出台了村干部离职保障制度的文件,我高兴极了,感到党组织还是想着我、惦记着我!"

感受二:提高了离职村干部的政治地位。"县上不仅给我们发补助,还给离职村干部颁发了《离职村干部光荣证》,相当于退休证,我说这等于给我们离职村干部发了张政治名片!"

感受三:激励着离职村干部继续发挥余热。"文件出台后,安抚了离职干部的心,增强了党组织的凝聚力,激励着离职村干部离职不离党,退岗不褪色,继续在农村尽力。"

县委组织部介绍,村干部离职保障制度实施以来,激发了离职

村干部对党组织的认同感、归属感和荣誉感。目前,全县已经有近180名离职村干部主动担起新农村建设指导员、矛盾纠纷调处员。

"在职有奔头,离职有靠头"

——村级换届竞争激烈,3000多人瞄准"村官"岗位

72岁的廖明华坐在自家楼前的竹椅上,满脸祥和。老汉告诉记者,40多年前他开始当庆符镇黄桷村支书那会儿,每个月能挣140个工分,每天只合三四毛钱,哪比得上现在的村干部,每月都有230元的津贴,县里现如今又搞了村干部离职保障,"赶上好时候了,再不好好干对不起党啊!"

老人说这话时,他的儿子、现任村委会主任廖再洪坐在对面仔细听。问他啥感受,廖再洪只说了句:"拼命干吧!"

记者在拥有66个党支部和1664名党员的文江镇了解到,村干部离职保障制度实施以来,村干部岗位成了"香饽饽"。2007年全镇村级"两委"换届,31个村有280多名农村能人报名参选,有的村民还放弃在外创业打工的收入,回村参加竞争。换届后,全镇87名村干部中45岁以下和高中文化以上的占了大多数,农村致富能人及乡土人才达70%以上。

过去,高县每年都有40多名年富力强的村干部提出辞职申请,而近年来,全县没有1名村干部主动申请辞职。2007年高县村级换届,全县共有3000多名农村致富能人、200多名外出务工人员参加了村干部竞选。

"离职村干部有了待遇,在职村干部也感到在职有奔头、离职有靠头,想当村干部、争当村干部的多了。"高县县委书记古正举说。"能人难选、人才难留,干部难管"一直困扰农村基层组织建

设,离职保障制度犹如冲击波,冲击着这个多年的"老大难"问题,村级组织凝聚力、感召力和战斗力增强了,村干部队伍建设的源头激活了。制度实施近 3 年,全县有 1800 多名农村优秀青年主动申请加入党组织,去年新发展了 926 名党员,82% 是致富能手。

四川省委组织部有关负责人介绍,目前全省 181 个县(区),已有 98 个县(区)初步制定了各具特色的村干部离职保障办法,全省村干部离职保障制度实施计划正在制定中。

《人民日报》2008 年 4 月 15 日

记者:郑德刚

让春风人永远面带春风

——记筠连县腾达镇春风村党支部(上)

春风村的人和春风村的李树一样。

春风村的李树在喀斯特岩石风化侵蚀后形成的石缝间,顽强地生长,开出美丽的花朵,结出甘甜的果实。

春风村人在恶劣的自然条件下,不气馁,不认命,种李、种茶、种花卉,人均年收入从 2004 年不到 1800 元跃升到 2008 年 5500 元。

"春风村名字好,地方也漂亮,人也精神!"前来参观的人不停称赞。

"多亏了我们的党支部。"村民们笑着说。正是村党支部带领大家科学实干、顽强苦干、创新巧干,筠连县腾达镇春风村走上了科学发展、共同致富之路。

回乡创业,王家元担起带领乡亲致富的重担

2009 年 10 月 28 日早 7 点,和往常一样,家住县城的村党支部书记王家元,骑着摩托车匆匆出门了。

在外巡讲"春风精神"近半个月刚回来,他忙着到村里。事情太多了,10 天内要完成 100 户的改厕,茶园的冬季管理要跟上,前

来学习的人络绎不绝……

作为春风村的带头人，王家元的经历颇具戏剧性。

时间回到 2004 年 11 月 9 日，春风村村委会主任选举。不在选举现场、不在候选名单上的王家元被村民选了出来，得票率高达 98%。

当不当这个主任？王家元几经犹豫。他是春风村人，从 1985 年到山西做布匹生意起，他走南闯北，见多识广。2003 年年底回到筠连，他在县城买了房子，还投资开了一家采石场，生意很红火。

可是，家乡春风村依然空有美丽的名字。虽离县城不远，却没有一条通达的路。每年春节王家元回家，讲大城市的楼房有三四十层高，山东寿光的小白菜出口到日本、欧洲等见闻，村里人总是张大了嘴巴："你吹牛哦，我们这里的白菜猪都不吃！"

曾经和他一样在外经商的哥哥王中元，1998 年返乡后担任春风村委会主任。可当王中元带着大家基本修好了村里的毛坯路，产业发展刚刚起步，却在 2000 年协助派出所抓捕犯罪嫌疑人时光荣牺牲。路成了断头路，春风人的致富梦搁浅了。儿时的玩伴对王家元诉苦："你倒是赚钱了，搬到县城住起来，可我们的生活，还是那么苦。"

让春风村像它的名字一样美丽，让春风人永远面带春风！想着哥哥未竟的事业，想着乡亲们的信任，神圣的使命感在王家元心中像火一样燃烧起来。

2004 年 11 月，刚上任的王家元就与时任村党支部书记的王水邦召开村民大会，公布村"两委"的目标：3 年内打通连接全村 3 个组的 7.8 公里长、4.5 米宽的环路。

"修不通路我们就下课。"村"两委"的决心，代表了全体村民的共同心愿，村民大会上响起热烈的掌声。

春风人的致富梦开始成真。

"当年,我也投了王家元一票。"回想几年前的选举,现任村委会主任刘炳付告诉我们,"现在看,我们选对了。"

几年间,王家元成长为共产党员,并在2007年的村党支部换届选举中,高票当选村支书。

支部带队伍抓产业,党员带群众抓发展

春风人从来不缺苦干的精神,也不乏能干的带头人,但为啥还是没有富裕?上任后王家元一直思考这个问题。

他想起哥哥生前写信告诉他的事。王中元想带领全村人修路,但开工当天,800多村民却只来了4人。全体村干部带着4人干了一天。第二天,村民来了8人……修路的队伍越来越壮大!

条件艰苦的山村要发展,仅靠个人的能力远远不够,必须激发全村人共破难关共谋发展的积极性,必须锤炼一个有号召力、有战斗力的领头班子,干给群众看,带着群众干。

不久,王家元就在村"两委"碰头会上宣布所有村组干部统筹调度:"谁都不要说我是这个组的,那个组的事不归我管的话。要村民跟着我们做事情,我们就要拧成一股绳。"

2007年担任村党支部书记后,王家元又在村干部里引入责任追究制,村里议定的工作分配下去后,实行倒计时制,"第一二次完不成扣钱,第三次再完不成就不要当干部了……"

制度很严厉,但大家都没有怨言,"跟着王家元干,我们很起劲。"刘炳付认为,过去村干部工作很被动,对上头交办的任务主要是应付;现在大家干的是共同的事业,有积极性,无论多艰难的事都要想办法完成。

从县城到春风村需要半个小时,王家元当选村委会主任前投资的采石场就在路上,现在请人代管。王家元很少去,除了村里需要石料的时候,他会去打声招呼:"账都记在我头上。"

修路,没有资金,村干部带头垫支,光王家元就拿出了10多万元积蓄。在他带动下,村民每户筹资200元按时收齐;道路占地问题,先占村干部家的地。村民们都看在眼里,记在心里。规划的道路要占用村民李吉友奶奶的坟地,大家还不知怎么开口,李吉友却主动找到村委会:"你们都做了那么多,我不能在这件事上挡路。""吃得亏,打得堆。舍得吃亏的干部,才能聚合人心。"多年来一直联系春风村的镇干部石均感叹。

在村民的支持下,修了好几年都没有修好的路,不到3个月就修成了。当第一辆车开进村里时,腿脚不灵便的85岁老人罗永孝禁不住流下了眼泪:"我可以坐车去逛筠连城了。"

路修好了,春天来了,漫山的李花盛开如雪,城里的游客来了,春风村开始建起农家乐。

3个党小组,16名党员,5名入党积极分子,春风村形成"支部带队伍抓产业、干部带党员抓示范,人才带资源抓项目,党员带群众抓发展"的格局。大学生"村官"刘凤丹评价,春风村的"村官"们干事干脆有序,对相关政策也非常熟悉,很有现代管理风范。

参与谋事定事全过程,村民们主人翁意识高涨

"种那么多,以后卖不出去怎么办?""3年后才可以收茶叶,这两年怎么办?"

8月,村委会会议室里,王家元刚刚公布将龙塘组的茶叶产业基地扩展至1000亩的方案,立刻质疑声四起,200多名前来参会的村

民争论不已。

眼见争得如此厉害，有人担忧："看来这件事搞不成了！"

王家元却笑嘻嘻地说："搞得成，大家现在争得越凶，把心里头的疑虑都说出来，以后这事情才越好搞，推进得越快，我们最怕的就是方案公布了，村民们说没意见。"

"没意见"不好吗？村"两委"对此可是有深刻的教训。有一次村里打算组织大家维修水渠，通知村民时，村民们都说"要得，要得"。可真到修水渠的当天，好多村民却没来，一再去请，村民还是说"要得"，可就是拖着不来，这事儿也渐渐拖没了。

这下，王家元他们终于明白了，原来村民们是有意见不说，而是以拖的方式来表示反对。

"问题不在村民，主要在我们村'两委'。"王家元分析，因为想着是日常工作，村"两委"在订方案时，没能全面与村民沟通，而是采取通知的方式。即便是好事儿，也让村民们心存疑虑。"要成事，必须与村民充分沟通，让村民充分参与谋事定事全过程，毕竟村里事群众才是主体。"

以后，春风村事无大小，只要涉及村民利益，都由村"两委"与党员和村民代表讨论，形成方案后，再召开村民大会或社员大会集体讨论通过，根据村民们的意见修改方案。

村民刘付坤很快感受到变化，以前一年到头也难开几次会，如今几乎每个月都至少要开两次村民大会，大到下一步重点发展什么，小到村民们家里修不修水冲式厕所，统统上会讨论。看到自己说话顶用，参会的人越来越多，"坝坝头都站不下！"

渐渐地，村民们不再满足于只是针对方案提意见，他们开始认真思考，针对村里的产业发展提各种建议——

"现在周边都在种李子，我们的李子再好吃，也不能等着别人上门买,村干部应该组织人出去跑一下,争取把我们的果子卖进超市。"

"我们这儿搞农家旅游,还是该建些亭子,在山上修点便民道,方便游客看花参观嘛!"

一个个建议,体现着村民们强烈的主人翁意识。

对此,筠连县委书记张世炜认为,在农村,如果一个干部不能得到大多数人的认同,个人能力再强,工作也不容易开展,"王家元和他的班子就得到了大家的认同,所以春风村干什么事都能拧成一股绳。"

《四川日报》2009 年 11 月 11 日

记者:钟晓晴　王欢童　顺　鸣

石头缝里辟出小康路

——记筠连县腾达镇春风村党支部(下)

2009 年 7 月,王家元荣获"省优秀村党组织书记"称号。

伴随着"春风精神"的传播,筠连县提出打造 100 个春风村,宜宾市打造 1000 个春风村,许多地方都提出学习春风村、超越春风村。

"我们要是停滞不前,就让人笑话了。"近日,记者在春风村采访,不时听到这样的话。王家元说,村民也说,他们的脸上满是自信。

"发展 1000 亩李子、1000 亩优质茶、1000 亩花卉……"按规划,5 年后春风村人均年纯收入将达到 1.5 万元。

石灰石里植出大产业

春风村俗称猫咡湾,石漠化面积占 1/3,种植粮食产量低,品质差。村民们尝试过种火葱、种海椒,但都没成功。

到底该发展怎样的产业? 春风村第一次请来县里的农业专家做"外援"。

"这里的岩石缝隙中有黄泥堆积,种别的不怎样,但非常适宜栽李子树,因为石灰石具有很强的聚热功能,白天日照强时,石头吸收大量的热能，在夜间持续释放热量，促使李树糖分聚集，生长出的李子水分充足，味道纯甜可口。"专家一番分析入情入理。

村民茅塞顿开：荒坡上套种李子，每亩收入可达到 5000 元以上，县城对水果需求量很大，市场前景不错。在党员带动下，春风村村民开始栽种李子。

"石头缝里土壤太薄，我们一家人每天一早就背着背篓，到几里外的山上去找土，背回来填在石头缝里。"当年带头栽种李子的党员之一刘远恒，这样回忆那段艰苦日子。

几年过去了，昔日只是在沟边、坎边、房前屋后栽种的零星李子树，到现在已发展到 1000 亩。2008 年全村李子总产量 30 万公斤，种李农户人均收入 6900 元。

春风村有春风、中沙、龙塘 3 个组，李子产业的发展，让春风组的村民率先致富，但中沙、龙塘两组的土壤条件却不适合李子产业的发展。如何让中沙、龙塘两组的群众也走上共同富裕的道路呢？

在中沙组、龙塘组，有一片多年前遗留下来的废弃茶园。既然石头缝也能变成聚宝盆，这些荒废的土地为什么不能好好利用呢？"发展茶叶产业吧，我们有基础，市场前景也好。"经过对市场的初步调查，王家元将心里的想法向村民袒露。

"一亩茶叶一年顶多收三四百元，这点钱连工钱都不够。"

"我们又不是没种过茶叶，根本赚不到钱。"

令王家元没有想到的是，他的提议备受争议。

2006 年 8 月，王家元带领村组干部、村民代表组成的考察小组先后前往雅安、乐山、泸州等地的茶叶基地进行考察。

"从来没想过每亩茶叶地居然可以收入三四千元，真是大长见识了！"考察归来，曾经极力反对种茶的周孝付逢人就感慨。不到半个月时间,春风村村民种植良繁茶的面积达 600 余亩。

2009 年春季,这一批茶一上市就卖出鲜叶 80 元 1 公斤的高价,尝到甜头的春风村人空出新的土地,今年还要扩种 500 亩,千亩茶园的愿景在他们心里发芽了。

村民当上了股东

2005 年,春风村的李子丰收,新鲜李子刚上市卖到 6 元 1 公斤。随着越来越多的李子集中上市,村民们开始杀价,春风村李子的价格越来越低。

互相杀价将毁掉整个李子产业,村干部请来李子大户们召开紧急会议。大家不约而同地想到:必须有一个专业合作组织来统一运作。

于是,春风村李子协会应运而生,实行李子产业的科学生产和管理,实行统一包装、统一定价的规范化销售。同时,村里找到县工商局,为李子协会免费注册了"猫咡湾"李子商标,春风村李子的名气一路走旺,远播省内外。

2006 年 3 月 10 日,春风村首届李花节开幕。县内外乃至省外的数万名游客慕名前来,休闲观光,赏花游玩,春风村名声大振。

"客人来赏花,就要吃饭。为何不让村民发展农家乐呢?"王家元等村干部想到就干,挨家动员临近路口的村民,在游客来看花时,尝试搞一些农家乐。

刘家花园是春风村第一家农家乐。朱永芬至今还记得,刘家花园开业第一天就摆了 6 桌,总收入 500 多元。很快,胡家李园、陶然居农庄、快乐农家等农家乐也张罗了起来。目前,春风村成规模的农家乐已经发展到 18 家,每年农家乐实现收入 60 多万元。

2006年4月，高县陈村的周波等3位客人走进春风村。他们发现，地处中沙组和龙塘组交界处的茶园海拔为600—800米，从土壤和气候条件来看，适宜种植花卉。

反复核算后，周波等人开出每亩年租金50元的一口价，附加条件是村上负责通水、通电、通路。

320亩土地一年只能赚1.6万元的租金。王家元却有自己的盘算：土地荒着还是荒着，租金是少了点，但可以赚工钱。他们找到已经准备打道回府的周波等人："每亩每年50元租金可以，但以后花卉基地的所有用工必须首先请我们春风村的人。"

春风村由此破天荒地引进了第一个开发商，也迎来了第一个建立在村里的公司——筠连县佛来仙居园林有限公司。

恰如当初的约定，花卉基地的发展，首先受益的还是当地农民。"3年来，光工钱我们就开支了五六十万元，请的全是春风村人。"周波说。

龙塘组村民周均和共租了近6亩地给公司，4年来虽然土地租金只挣了1200元，但在公司挣到的打工收入就有近2万元。

2008年以来，春风村"两委"开始代表村民与佛来仙居园林有限公司商谈合作开发千亩花卉种植基地的事情。"新的合作比此前单纯的租用土地更进一步，我们的村民用土地入股分红，利益共享。"王家元介绍说。

"要不断进步才能当好榜样"

李子、花卉、茶叶产业的快速发展，让春风人走上共同富裕之路，春风村呈现出一派欣欣向荣的景象。

走进春风村村民的家中，整洁的院落，栽满月季、黄桷兰、马蹄莲等各种花卉的花台,还有门楣上钉着的"清洁"牌,是最常见到的景物,客厅中的闭路电视、厨房里的沼气灶、厕所中的冲水便池也成为春风村人统一的装备。谁曾想过,5年前,这一切都只存在于春风村人的梦想里。

春风村人倍加珍惜现在的生活,同时也设定了更高的生活目标。

为打造品牌观光旅游基地,春风村党支部从转变村民观念入手,大力开展环境综合整治。新建垃圾池16个、焚烧池12口,在环行公路和农家乐增设垃圾桶16个,生活垃圾集中收集率达95%,农户卫生厕所普及率达80%……全村实现了绿化、美化、净化和亮化,村容村貌焕然一新,人居环境优美,生态环境良好,社会稳定和谐。

在村"两委"的带领下,春风村由贫穷走向富裕,形成了"科学实干、顽强苦干、创新巧干、共同致富"的"春风精神"。2006年至2008年,春风村被中共宜宾市委、市政府评为文明村和全市新农村建设先进村。2009年8月,中共宜宾市委作出了开展学习"春风精神"活动的决定,大力弘扬"春风精神",实施"千村春风工程",力争5年内在全市发展1000个像春风村一样的社会主义新农村。

"我们要不断进步才能当好榜样啊!"说这句话的人是春风村的一名村民,他叫詹生虎。3年前,在村干部的帮助下,詹生虎通过政府的危房改造工程有了自己的新房。3年来,他和妻子勤劳耕作,有了一定积蓄。为了进一步发展,詹生虎和妻子花了3个月时间修通了一条150余米的入户路。而今,不断发展不断提升自身生活状况的信念已根植在詹生虎的心中。

"日勤三省,夜惕四知","一生勤为本,万代诚作基。"嶙峋峥嵘的石灰岩上，春风人刻上了格言警句。"这是留给我们自己的永不能忘的警策。"

《四川日报》2009 年 11 月 12 日

记者:钟晓晴　王欢　童顺鸣

责任

——主动融入科学发展的历史洪流

把自己的命运融入宜宾
科学发展的洪流

个人的命运是由国家、民族和人民的命运所决定的,只有融于党和人民事业的人生才是最有价值的人生。能够亲自参与和见证宜宾的科学发展,是人生的幸运,也是个人成长的机遇。

一、找准定位,干事创业

人生的定位,说到底就是一个人的理想和抱负。俄国文学家托尔斯泰说:"理想是指路明灯。没有理想,就没有坚定的方向;没有方向,就没有生活。"古往今来,凡有作为者,无不具有崇高的理想、坚定的信念,而且他们大多立志于年轻之时,追求于一生之中。作为党的干部,就应该牢固树立正确的人生观,找准人生定位,在实现社会价值的同时实现个人价值,使自己的人生发出耀眼的光彩。找准定位,激情创业,应当注意处理好四个关系。

(一)**处理好理论与实践的关系**。理论来源于实践,在实践结合中运用才具有无穷的生命力。人们常说的"学用结合"、"学以致用",就是讲要把所学的知识和本领运用到实际工作中去。作为一名领导干部,要有一般人所不具备的扎实功底,要有一般人所不拥有的知识起点,但知识并不等同于能力。社会是一所大学校,基层是一个大课堂,解决问题的能力往往是在实践的过程中逐步积累并得以提高的。陆游《冬夜读书示子聿》中"纸上得来终觉浅,绝知此事要躬行"的诗句,讲的就是这个道理。因此,各级干部尤其是有着较高学历的领导干部,要自觉弘扬理论联系实际的马克思主义学风,脱下博士帽、硕士帽,甘当小学生,自觉把学与用、知与行结合起来,注重向实践学习、向群众学习,在社会实践中提高实际工作能力和本领。在用科学发展观指导宜宾发展的过程中,不能僵化地套用理论,而应从宜宾的实际出发,紧贴宜宾的发展阶段、着眼宜宾的长远发展,在理论与实践的结合中走有宜宾特色的科学发展之路。当前,宜宾最大的市情是经济总量不大、发展不足、发展不快,加快发展是最紧迫的任务。不快,好就没有基础,更谈不上科学。因此,必须正确理解和把握好与快的辩证关系,从宜宾发展的阶段性特征出发,坚持好中求快、优中求快,能快则快尽量快。同时,要高度重视发展方式的转变,通过科技创新、大力发展循环经济、加强环境保护和生态建设,提升发展质量。

(二)处理好成功与挫折的关系。每一个人都渴望自己能够成功,能够创造出辉煌的业绩。但是,人的一生不可能一帆风顺,总会面临顺境与逆境的考验,这是成就一番事业的必然过程。面对成功与挫折,能否调整好自己的心态,做到宠辱不惊,这既是衡量干部心理素质的重要标志,也是考察干部能否始终保持良好精神状态的重要环节。因此,要努力锤炼自己的韧劲,既不因眼前的成功而沾沾自喜,冲昏了头脑,也不因暂时的困难和挫折而丧失信心,委靡不振。要把逆境、失败的经历当作机遇,当作奋进的动力,始终保持不等不靠的志气、蓬勃向上的朝气、一往无前的勇气、昂扬向上的锐气,保持一股"咬定青山不放松"的韧劲,充满激情地做好工作。尤其对年轻干部而言,只有尝过艰辛,经历磨炼,才能成就雨后的彩虹。一般来讲,困难的地方正是最能锻炼人的地方,是最能有所作为的地方。困难总是无时不在、无处不在的。面对困难和压力、问题和矛盾,要有一种知难而进、迎难而上的雄心壮志,要有一种敢于拼搏的大无畏气概。只要下定决心,盯着干、不放弃,办法总比困难多,事在人为。

(三)处理好奉献与索取的关系。在地方工作,不仅需要有远大的志向和饱满的热情,更需要有奉献的精神。实践证明,一个人只有不讲条件、不计个人得失,把自己与社会紧密联系起来,积极地为社会做贡献,才能使自己的人格和才能得到发展和完善,使个人的自我价值得到实现。相反,如果患得患失,得过且过,只讲索取,贪图安逸,那么到头来只会沦为平庸之辈,一事无成。生命的意义在于付出,在于给予,而不是索取。实际上,甘于奉献、乐于付出,不仅仅是一种品格,也是一种快乐与成就。当我们为宜宾的发展、人民的福祉忘我付出,看到宜宾一天天在变美、人民的生活一天天在变好,我们收获的成功喜悦、事业成就将使我们受用一生,转化为更加蓬勃、强劲的创业干事动力。这就是最大的"得",最有价值的"取"。领导干部必须保持这份执著,淡化回报观念,主动把自己的命运同宜宾的发展紧密地联系在一起,多想事业、少想升迁,多干一些分内的工作,保持平常之心,立志做大事,不要立志当大官;多想群众、少想自己,自觉在心中装着群众,常换位思考问题,生活待遇上常与群众的疾苦相比,工作条件上常与群众的困境相比,从群众的所急、所想、所盼抓起;多想奉献、少想回报,把自己所处的工作岗位当作事业前进的加油站、当作人生的新起点,珍惜难得的工作机会,珍惜自己走过的路和曾经的付出,让人生在奉献中闪光,让生命在奋斗中辉煌。

(四)**处理好个人与集体的关系**。新时期的干部普遍具有鲜明的个性,有干劲、有闯劲、有冲劲,但个人的能力毕竟有限,单枪匹马,纵有天大的本事也难成大事。"人和"出智慧、出力量、出成绩,是干事创业的法宝。懂团结是大智慧,会团结是大本事,真团结是大境界。在工作中,一定要处理好个人与集体的关系,学会与人合作共事,做到"有度、有道、有德"。有度,即有度量气度。在一个集体中,每个人都有自己的所长所短、气质个性,工作上有分歧、有不同意见都是正常的。但要有海纳百川的胸怀,在提出和坚持自己的意见、想法的同时,又要能用兼收并蓄的气度来容人、容言、容事,吃得苦、吃得气、吃得亏,增强自己和同事之间的友谊,使自己尽快成为一个受人欢迎的人。有道,即坚持原则规范。要自觉做到既讲党性、讲原则,也讲感情、讲友谊,互相信任、互相支持,胸襟开阔、诚信关爱,把心思放在干事创业上,把精力放在谋求发展上,多一些理性思维,多一些换位思考,同心同德,携手共进。特别是在处理人际关系上,要淡化酒肉关系,倡导"君子之交淡如水";要淡化庸俗的朋友关系,倡导事业上的志同道合。有德,即良好的人格品德。有品有德之人受人敬重,被人效法,自然也少纷争和矛盾,团结和睦之气油然而生。要努力做到谦虚谨慎,戒骄戒躁,不能恃才傲物,瞧不起人。世界之大,浩浩荡荡;人才之多,能人之上有能人。要学会欣赏别人。欣赏的眼光是敏锐的、是睿智的,有了这样的眼光,就能在百步之内,发现芳草;在三人行中,发现吾师;在寒灰中,发现星火。当然,也不能谨小慎微,当"小脚女人",放不开手脚;更不能陷于人情世故,把自己磨成鹅卵石。要把工作中的共性与个人的个性统一起来,保持住自己的特点和锐气,敢想敢干,以德、以才赢得尊重,闯出事业的新天地。

二、完善自我,历练才干

工作岗位是"竞技场",是人生真正的考场。要利用一切机会,加强学习,大胆实践,勇于创新,努力提高自身素质,尽快成熟、成长起来,把自己培养成一名优秀的美好新宜宾的建设者。

一要加强学习。学习是一个人成长进步的阶梯,是人生永恒的主题。当今时代,知识经济方兴未艾、科技进步日新月异、区域竞争日趋激烈,与加快宜宾经济社会发展的要求相比,与实际工作需要相比,我们不懂得、不熟悉、不了解的东西还不少。所以,各级干部一定要有知识上、能力上的危机感,牢固树立终身学习的理念,把学习作为积累知识、增强本领、提高水平的重要手段,作为加强修养、陶冶情操、提高境界的重要途径。首先要加强政治理论的学习。只有理论上清醒,政治上才能坚定,行动上才能自觉。大家要进一步加强对中国特色社会主义理论体系,特别是对科学发展观的系统学习,提高理论素养和政策水平,用马克思主义中国化的最新成果武装头脑、指导实践、推动工作。要结合工作实际,广泛学习金融、管理、经济、法律、科技、文化等相关知识,扬弃旧义,探求新知,拓展知识领域,完善知识结构,努力做到既是专业技术方面的行家里手,又是博学多才的复合型人才,凭真才实学赢得领导的肯定、同事的尊重、群众的信赖。要充实社会知识,学习领导艺术、行政礼仪、公务接待、人际关系等各个方面的知识,尽快适应社会、适应环境,提高与人打交道的能力。要端正学习态度,树立良好学风,放下架子,主动向群众学,向身边的同志学,做一个有心人。

二要努力实践。实践是检验真理的唯一标准,也是干部锻炼成长的有效途径。在岗履职、打开工作局面,必须靠实践、靠反复的实践。领导干部要主动深入基层、深入实践、深入改革发展第一线,多到条件艰苦、矛盾集中的地方去,多到任务急难险重的地方去,在复杂环境的实践中经风雨、见世面、长才干,而调查研究,是领导干部必备的基本功。事物总是动态发展变化的,我们要适应不断变化的环境和形势,必须深入实践开展调查研究,掌握最真实、最原始的第一手资料,及时发现发展中的问题,努力把各类情况和问题综合起来进行理性思考,对全局性的问题,多从政策上找原因;对反复出现的问题,多从规律上找原因;对经常性出现的问题,多从制度上找原因,在总结和探索中提高思想水平和工作能力。

　　三要勇于创新。因循守旧只会走入死胡同,创新突破才能开辟新天地。先进地区之所以能够取得经济上的腾飞,就是因为他们敢于突破条条框框,在国家政策的大框架下不断创造出适合本地经济发展的小环境。正如邓小平同志在1992年初视察南方重要谈话中所指出的,"没有一点闯的精神,没有一点'冒'的精神,没有一股气呀、劲呀,就走不出一条好路,走不出一条新路,就干不出新的事业。"党员干部特别是领导干部要带头树立创新意识,发扬创新精神,保持创新锐气,以脱胎换骨、披肝沥胆的气度,积极探索,勇于突破,敢于想别人之未想,干别人之未干,在创新创造中开辟科学发展新天地。在具体工作中,要特别注重提高创造性执行政策的能力,把上级政策要求与本地本部门实际结合起来,抛弃形而上学和教条主义思想,不唯书、不唯上,坚持原则性与灵活性相统一,大胆创新,想方设法为发展用好、用足政策,最大限度地把政策效应转化为发展优势。

三、加强修养　锤炼品格

人格品行是做人的根本，是为官的"命门"。没有高尚的人格品行做基础，无论是做官还是做人都容易摔跟斗。高尚的品格不是与生俱来的，需要长期的磨砺和持之以恒的修养。党员干部个人的品格行为不仅代表了自身的形象、关系自己长远的发展，更体现了宜宾的形象。因此，党员干部一定要把加强修养、锤炼品格作为人生的第一课，对自己高标准、严要求，珍重自己的人格、珍爱自己的声誉，以高尚的人格品行树立良好形象、筑牢人生之基。

一要加强党性修养。加强党性修养是干部成长的必由之路。要自觉加强党性修养，努力改造自己的世界观、人生观、价值观，树立坚定的理想信念，自觉把对党和人民事业的忠诚，作为一种信念来坚守，作为一种修养来锤炼，作为一种准则来恪守，成为引领个人人生的不灭灯塔。要牢固树立政治意识，增强政治信念的坚定性、政治立场的原则性、政治鉴别的敏锐性、政治忠诚的可靠性，正确认识问题，理性分析问题，无论遇到什么情况，理想信念始终不动摇、不懈怠，做到立场坚定、头脑清醒、是非鲜明。要强化大局意识，自觉把思想和行动统一到党委、政府的决策部署上来，紧紧围绕市委工作中心，找准切入点、结合点和着力点，为大局谋、为大局干，在服务大局、推进大局中施展才华、展现风采。

二要坚持求实务实。求实务实，是成就事业的根本，是衡量干部工作态度、工作方法、工作作风和工作成效的重要标志。养成求实务实的品质，对干部一生的成长都会产生积极重要的影响。求实务实，首先要有正确的政绩观。要崇尚实干，不搞形式主义，不做表面文章,把全部心思集中在"想干事"上,把本领体现在"会干事"上,把目标锁定在"干成事"上,做到言必责实、行必责实、功必责实。既要善于抓大事,也要乐于做小事。大事不会做,小事不愿做,这是干部成长的大忌。一个人只有兢兢业业地做好本职工作,积极主动、扎扎实实地做好具体的每一件小事,才能为做大事创造条件,才有可能成就大事。求实务实,还要有脚踏实地的工作态度。作为一名干部,想迅速出成绩,得到社会认同,这是好事。但切忌因此而心生浮躁,投机取巧、急功近利。一定要弘扬科学精神、讲求科学态度,多客观分析,少主观臆断;多深入基层、调查研究,少浮于表面、走马观花;多想办法解决实际问题,少空谈乏思、纸上谈兵,用全面、科学、发展的观点分析和解决问题。只有这样,才能在工作中有所收获、不断进步、成长成才,创造出实实在在的业绩。

三要强化宗旨意识。毛泽东同志曾形象地比喻,人民群众好比土壤,共产党的干部好比种子,有了这个条件,何愁不生根、发芽、开花、结果。作为一名党员领导干部,大家要明白,我们的心与群众有多近,群众和我们的感情就会有多深;群众在我们心里的分量有多重,我们在群众心里的分量就有多重。要切实摆正与群众的关系,清醒认识到我们的权力来自人民,牢固树立正确的权力观、地位观、利益观,处理好权利与义务、职务与责任的关系,始终以党和人民的事业为重,为人民掌好权、用好权。要时刻把群众的利益放在首位,做到思想上尊重群众,把群众观点深深扎根于头脑里;行动上深入群众,经常深入基层第一线,倾听群众的疾苦;工作上依靠群众,尊重群众的首创精神,真正做到知民之所想、察民之所虑、亲民之所爱、为民之所急。要学会做好群众工作的方法,主动掌握群众思想动态,把握群众思想脉搏、研究群众工作规律,切实提高组织群众、宣传群众、教育群众、服务群众的能力,在有效应对群众诉求、疏解群众情绪中,调动、激发群众参与科学发展的积极性、主动性和创造性。

四要做到廉洁自律。当干部,一要干事,二要干净。不同岗位上的干部,手中或多或少掌握着一定的权力,难免成为一些人"投资"利用的对象,稍有不慎就会成为腐败的"俘虏"。一定要对廉洁自律问题保持清醒的认识,把廉洁自律作为自己健康成长的一面镜子,每走一步,都要记得照一照。不管到什么时候,不管职位怎样变化,思想决不能放松,切实做到常怀律己之心、常戒非分之想、常思贪欲之害,不为私利所为、不为享乐所惑,以清正廉洁、一身正气赢得领导和群众的信赖与支持,不辜负党和人民的期望。一要慎初。把好第一关,迈好第一步很关键。遇事要多琢磨"该不该"、"行不行"、"可不可"、"好不好",学会拒绝,慎处理,处理好。尤其在金钱问题上,一定要顶得住诱惑、守得住底线。大家一定要慎之又慎,不慕虚荣,不谋私利。二要慎微。古人说,"不积小善,不能成大德;不积小恶,不足以亡身"。一个人如果在小事小节上"失守",也就很难在大事大节上守得住,这是被无数事实证明了的一条铁律。大家一定要认真对待小事,守住小节,绝对不能放任自己,放纵自己,否则必将酿成大错。三要慎友。孔子曰:"益者三友,损者三友。友直,友谅,友多闻,益矣;友便辟,友善柔,友便佞,损矣。"一个人交友圈子的大与小、品位的高与低、品行的良与莠,决定着一个人的命运、未来和成败。干部在交友上一定要慎重、自重,力求"四多":多同普通群众交朋友,多同基层干部交朋友,多同先进模范交朋友,多同专家学者交朋友。四要慎行。要以反面典型为戒,警钟长鸣,养成良好的生活作风和健康的生活情趣,对有损于自身形象,或影响秉公用权,或可能被人利用的爱好,一定要坚决戒除。要严格掌握"工作圈"、"生活圈"和"社交圈"之中的"度",做到不该吃的坚决不吃,不该拿的坚决不拿,不该去的地方坚决不去,不该说的话坚决不说。

不断提高领导科学发展的本领

全面贯彻落实科学发展观、推动经济社会又好又快发展,是摆在各级领导干部和领导班子面前的重大任务。要适应新形势新任务的需要,加强对科学发展观的学习、理解,努力提高领导和组织科学发展的能力,推动我们事业的新发展。

提高研判形势、把握趋势的能力。"善弈者谋势,不善弈者谋子。"科学准确地分析形势、积极主动地适应形势、全面把握发展趋势,历来是确定思路、做好工作的重要前提。领导干部要善于掌握科学的方法,用科学的态度来研判形势,以更加开放的眼光审视自己,以更加广阔的胸怀博采众长,从更大的空间寻找发展机遇,不断增强工作的前瞻性、预见性。要在摸准下情、吃透上情、借鉴外情的基础上,牢牢把握中央、省委政策的精神实质和根本取向,与时俱进地提出既符合当前实际,又符合未来发展要求的发展思路、发展重点和主攻方向,创造性地抓好工作、推动发展。要以宽广的视野把握发展大势,谋好宜宾的局、办好宜宾的事,既要看到严峻挑战,又要看到大好机遇;既要看到困难和问题,又要看到优势和有利条件,善于在战略上抓机遇,在战术上破难题,趋利避害,最大限度地发挥自身的比较优势,努力把发展机遇转变为发展成果,把挑战和压力转化为加快发展的机遇和动力。

提高研究政策、执行政策的能力。对上级的政策,我们要不折不扣地遵循,要结合实际创造性地执行。要发挥主观能动性,加强对上级政策的研究,在用好、用活、用足现有政策上动脑筋、想办法、做文章。凡是政策没有明令禁止的,我们都要大胆地探索和试验;凡是政策规定有幅度的,我们都要灵活掌握和运用;凡是外地已经证明可行的政策,我们都要学习和借鉴,进一步增强运用政策的策略性和灵活性。要善于发现政策中的有利方面,把上级的要求同宜宾的优势结合起来,有针对性地做好工作,最大限度地发挥好、利用好政策的正效应。

提高研究问题、解决问题的能力。宜宾作为西部内陆欠发达地区,一方面有大量的历史遗留问题需要化解,另一方面,在较低的起点上加快发展,可能遇到的矛盾也会更尖锐、问题会更复杂。特别是区县基层,往往居于矛盾、问题集中的焦点,处在矛盾、问题调处的风口浪尖。广大干部既承担着加快发展的重任,又肩负着化解矛盾、解决问题的重担。因此,基层领导干部一定要加强学习,把学习作为一种政治责任、一种精神追求、一种思想境界,如饥似渴地学习,持之以恒地学习,努力提高思想政治水平和领导水平。要加强调查研究,及时发现发展中的问题,努力把各类情况和问题综合起来进行理性思考,抓住矛盾的主要方面,寻找到解决办法。当然,找到问题、发现原因只是开始,最终目的还是要解决问题。现在有许多问题,不是我们没看到,也不是没有分析到,而是没有动真格去解决,以致越拖越复杂、越拖越难办。面对困难、问题和矛盾,我们切不可回避和退缩,尤其是一把手,一定要有敢担责任、勇上一线的精神状态,碰到矛盾不推诿、不躲避,遇到困难不畏缩、不灰心,必须钉着干、下深水,起好带头作用,以敢负责、抓落实的良好形象影响和带动各级干部抓落实。

提高统筹兼顾、驾驭全局的能力。科学发展观的根本方法是统筹兼顾。当前,宜宾市已进入人均国内生产总值1000美元的发展阶段,既是黄金发展期,也是矛盾凸显期。如何趋利避害,推进各项工作,事关宜宾的发展和未来,事关全市人民的福祉。各级党政一把手是这个地方和单位的举旗人、引路人,必须站在全局和战略的高度,注重统筹兼顾,注重全面协调,不能顾此失彼、倚轻倚重,努力提高总揽全局、驾驭全局的能力,使广大干部群众前进有方向、奋斗有目标,使各项工作协调有序推进。在工作中,要正确处理全局与局部的关系,把本地本部门的工作放到全市大局中去思考、去研究、去把握,把决策、思路、措施想得更周全、更细致、更周密。要正确处理长远和当前的关系,既要集中精力狠抓当务之急,主攻当务之难,干成当务之重,又要着眼未来,按照科学发展观和正确政绩观的要求,多做打基础、添后劲、利长远、增民利的事,把工作成效体现在加快科学发展、和谐发展上,全面推进经济建设、政治建设、文化建设、社会建设和党的建设协调发展。

要善于运用统筹兼顾的根本方法

统筹兼顾是地方党委、政府领导一方经济社会实现又好又快发展的基本领导方法和工作方法。全面贯彻落实科学发展观,掌握和运用好统筹兼顾这一根本方法,我的体会是关键要做到"六个结合"。

一、坚持理论与实际相结合,确定思路谋划发展

结合就是应用,结合就是发展。做好新形势下的地方党委、政府工作,首要的是必须坚持理论与实际结合,科学确定当地发展思路。为此,要在以下三个方面下足功夫:

(一)在强化理论武装上下工夫。理论素养是领导干部素质的核心。实践证明,没有理论上的清醒和坚定,就没有政治上的成熟;没有理论功底的干部,是没有后劲的干部。作为一名领导干部,要胜任自己的工作,履行好自己的职责,不断地健康成长,必须用科学理论武装自己的头脑,才能增强政治敏锐性和政治鉴别力,才不会在不断发展变化的形势面前迷失方向。因此,一定要把理论学习放在首位,深入而不是肤浅地、具体而不是抽象地、系统而

不是零碎地刻苦钻研党的基本理论。科学发展观是马克思主义中国化的最新理论成果，是发展中国特色社会主义必须坚持和贯彻的重大战略思想，也是推动一个地方经济社会又好又快发展的理论武器。要不断深化对科学发展观的理解、认识和运用，坚持以科学发展观武装头脑、转变思想观念，分析现实、查找突出问题，规划未来、完善体制机制，领导发展、推动工作。

（二）在紧密联系实际上下工夫。理论来源于实践，在与实践结合中运用才具有无穷的生命力。中国地域辽阔，各地情况千差万别，以科学发展观为统领，领导和指导一方发展，必须紧密联系各地实际，在实践应用中深化对科学发展观的认识，在学与用、知与行的统一中将科学发展观具体化。宜宾地处西部内陆山区，人均国内生产总值远低于全国和全省平均水平，社会主义初级阶段特征更加明显，面临着更加繁重的发展任务，人民群众有着更加迫切的加快发展的愿望。同时，作为资源型经济地区，在加快发展中面临的环保、安全、稳定的压力尤为巨大。因此，在宜宾的少数干部中一度存在思想困惑，认为宜宾总体上还处在工业化初期向中期迈进的阶段，要做到既好又快，是否超越了宜宾的发展阶段？对此，市委、市政府从宜宾最大的实际是发展不足入手，进行了深入思考，提出要从三个方面来理解和推动科学发展观的贯彻落实：加快发展是宜宾的当务之急、民心所向，科学发展是本质要求、根本途径，又好又快是奋斗目标、检验标准，三者是有机统一的。我们认为，后发地区有后发优势，吸取一些地方浪费资源、污染环境、先污染后治理的教训，更要追求发展质量。作为四川省重要工业城市，宜宾传统产业多、资源依赖性强、产品科技含量低和附加值小等历史沿袭下来的特征十分明显，结构性矛盾突出、经济发展方式粗放等难题长期制约着宜宾经济的可持续发展。2004—2005 年，宜宾被国家环保总局列为"十大空气污染城市",极大地震动和教育了全市各级干部。市委、市政府通过加大环保投入(近两年共投入 25 亿元)、坚守环保标准、调整经济结构、优化工业布局、加强污染治理和节能减排等综合措施,在 2006 年一举摘掉了空气污染"黑帽子"。2007 年,我们再接再厉,中心城区空气环境质量达到二级以上标准天数占有效监测天数的 96.7%,被国家环保总局列为空气质量优良天数提高较快的九个城市之一。同年,宜宾的经济发展也保持了强劲势头,全市国内生产总值增长 14.8%,为改革开放以来最高水平;地方财政一般预算收入增长 33.6%,增幅为 2000 年以来最高水平;规模以上工业增加值增长 25%,总量居全省第三位;外贸出口总额居全省第三位。

(三)在完善思路上下工夫。思路决定出路。在一个地方工作,首要的是在吃透情况的基础上理清思路。在宜宾的经济构成中,长期存在市强县弱的状况,市本级以五粮液、天原、丝丽雅、中核建中等 批在全国、全省有重大影响的企业为支撑,经济实力较强,而县域经济长期滞后,亿元产值以上的县属企业屈指可数,主要以能耗高、产出低、技术水平落后的中小企业为主,发展方式粗放,效益低。2005 年,10 区县规模以上工业增加值不到 39 亿元,仅占全市的 27.90%。症结到底在哪里?我们通过调查研究后认为:市强,强在工业;县弱,弱也在工业。经济发展的规律告诉我们,工业化是一个国家和地区不可逾越的发展阶段;沿海和四川省发达地区的实践证明,富民强县,出路在工业。因此,我们提出要毫不动摇地壮大县域经济实力,深入实施"工业强县"战略,坚决打破抓县域经济就是抓农业的思维定式,支持各区县依托资源搞工业,建设工业集中区,引导市属骨干企业向县域延伸扩张。仅仅两年时间,县域经济迸发出了巨大活力。2007 年,在市属骨干企

业保持高增长的情况下,10 区县规模以上工业增加值占全市的比
重提高到 38%;有 8 个县的国内生产总值增速超过全市平均水
平,最高的达到 18.2%;区县财政一般预算收入平均增幅达到
33.69%,全部消除了历年滚存赤字,历史性地扭转了市强县弱的
格局。这一切都源于区县属工业的快速崛起。

二、坚持分工与协作相结合,不断理顺工作体制

党委、人大、政府、政协作为地方领导班子,既有分工,要求各
司其职,又共同领导着一个地方的发展,必须强化协作,做到目标
一致、行动一致、步调一致。

(一)**明确职责,各司其职。**地方党委是地方建设和发展的领
导核心和首脑机关,起着把关定向、谋划全局、提出战略、制定政
策、营造环境的作用。而地方政府是在党委领导下的行政机构,是
党委决策、部署的直接执行者,同时通过政府决策程序把党委的主
张变成政府的政令。尽管工作上分工不同,职能职责上各有侧重,
但大家的奋斗目标和方向是一致的。全局工作部署上,党委要总
揽全局,但不能包揽,要把关定向,但不能取代,党委主要是统一领
导和部署,具体工作由政府组织实施;重点工作推进上,党委主要
抓方向、方针,政府主要抓方案、实施;工作方法上,党委对政府的
领导是通过党组来实现的,政府党组对党委负责,凡应提请党委讨
论的事项,以党组的名义上报党委。同时,在政府工作的党员领导
同志是党委派去工作的,他们既是党委成员,又是政府的领导,必
须把尽党委成员之责与履行政府官员之责有机结合起来,带头执
行党委的决策。

(二)**注重协作,形成合力。**坚持党的领导是一条根本组织原

则和政治原则。党委有责任也必须主动抓好几套班子的组织协调工作,形成互相支持、互相配合、统一和谐的工作局面。一是要支持政府按照职责权限,放手大胆开展工作,党委要按制度给予政府足够的运行空间,同时对政府工作中遇到的矛盾和困难要全力帮助解决。二是要注重发挥好人大、政协的职能作用,支持人大加强对经济工作和社会活动的监督,支持政协、各民主党派、工商联以及各人民团体围绕地方经济社会发展中的重大问题开展调查研究、建言献策。同样,人大、政府、政协要自觉接受党委的领导,坚决贯彻执行党委的重大决策部署;政府还要主动接受人大的工作监督、法律监督和政协的民主监督。在处理好班子之间分工协作关系的同时,还要注重处理好班子内部成员的关系,分工不分家,加强团结;要处理好正职与副职的关系,相互尊重、支持;要处理好上级与下级的关系,做到人格平等,层级分明,既指导帮助,又加强督察。

(三)围绕中心,加强领导。在社会主义市场经济条件下,地方党委要不要抓经济工作?在与地方政府领导经济工作的关系问题上,应该如何处理?这是在一些地方经常讨论的话题。毋庸置疑,地方党委必须抓经济工作,而且要理直气壮地抓。我们党的基本路线是"一个中心,两个基本点",这就决定了地方党委对本地各方面工作负有全面领导职能,在经济工作中也起着领导核心作用。归纳起来,地方党委抓经济工作重点要抓两个主要方面:一是必须总揽经济工作全局,尤其要抓好事关地方经济发展长远的重大问题的决策。二是要坚持党管干部原则,选好干部、配好班子,为加强党对经济工作的领导提供组织和人才保证。当然,党委总揽经济工作的同时,也必须要处理好与政府具体抓经济工作的关系,做到在奋斗目标上统一,工作重点上分开;在重大决策上统一,组织实施上分开;在用人标准上统一,管理权限上分开;在突击性工作上统一,经常性工作上分开,共同抓好经济工作。

三、坚持继承与创新相结合,着眼发展,找准方位

一个地方的发展总是处于一定的时间方位和空间方位。空间方位,也即通常讲的区位,一般不会轻易有大的改变。而时间方位则是指地方所处的发展阶段,总是处在不断的发展变化之中。地方党委政府领导一方发展,必须准确把握、找准当地经济社会发展所处的方位。这其中就有一个正确处理继承与创新、历史与现在的关系问题。

(一)要正确看待继承与创新。所谓继承,就是对原有事物中合理部分的接续,是否定中的肯定,克服中的保留,是"取舍"。所谓创新,就是旧事物向新事物的转变,是"旧"向"新"的飞跃,是"扬弃"。因此,继承决不是照搬照抄,创新也决不是抛开一切另搞一套。也就是要善于用历史的、发展的、辩证的观点去审视过去、把握当前、谋划长远,既不能站在现在的发展阶段,用现在的标准去评判甚至片面否定过去的工作,也不能不顾现实客观条件的变化,不加区别地沿袭原有的决策、思路。具体到地方党政领导干部身上,继承与创新还有一层含义,那就是"新官要理旧事",既要保持和弘扬过去好的做法、经验,也要承接、解决历史遗留下来的问题,同时着眼长远抓好当前工作,尽量少留"后遗症"。

(二)要善于总结汲取营养。总结经验就是要在正反两方面经验、教训的比较和剖析中回答好现实的发展问题,找到可供借鉴的正确经验,获得可资继承和利用的宝贵财富。大中型水电站移民工作是一个世界性的难题,稍有不慎就会造成难以控制的局面。

宜宾市境内的向家坝水电站是我国在建的第三大水电站,在本市范围内要安置近6万移民,整体搬迁一座县城。这在宜宾历史上是前所未有的一件大事,也是一个重大的严峻挑战。由于水电站提前近两年开工,客观上存在准备工作不充分,尤其是国家移民补偿政策不完善、移民规划滞后等特殊情况。为了积极稳妥地推动工程建设与移民工作,我们在认真研究、总结三峡电站、二滩电站等国内电站移民工作经验的基础上,坚持既遵循常规,又打破常规,依法、合理、有序地推进移民搬迁工作,在顺利完成电站左岸施工区2000多名移民搬迁的基础上,及时总结经验,完善工作措施,综合运用到库区5万多移民工作中,确保了整个移民工作总体平稳推进,为向家坝电站按计划截流奠定了坚实基础。

(三)要勇于创新推动发展。任何创新,都是建立在既有的历史基础之上的。一个地方的发展犹如一场"接力跑",是历届党委、政府在不同阶段努力工作形成的结果。但可以肯定的是,各届党委、政府甚至同一届党委、政府,其指导地方发展的思路都处于不断变化之中。这种变化,来自于当地所处的外部条件、发展阶段、发展基础的变化,是一种深化和完善,是继承中的创新。就宜宾来讲,自1997年撤地设市以来,现在是第三届市委、市政府,经历了四任市委书记。在2006年市第三次党代会上,根据新的形势发展的要求,新一届市委提出了建设"美好新宜宾"的战略目标,之后又提出了建设长江上游川、滇、黔三省结合部经济强市的发展定位。确立上述战略目标和发展定位,就是在总结继承前两届市委、市政府发展思路的基础上的创新。这是因为,1997年市第一次党代会提出了把宜宾建设成为四川沿江开放的重要门户、长江经济带区域经济中心、我国西部地区经济发展的区域性中心城市的战略构想;2002年市第二次党代会又确立了建设长江上游一级中心城市,川、滇、黔三省结合部区域的综合交通枢纽,金沙江水电资源开发的依托城市和长江上游生态保护屏障的重要组成部分的战略定位。历史的发展轨迹清晰地表明,关于宜宾发展的总体部署既各具时代特点,又一脉相承,是继承与创新的有机结合。

四、坚持决策与执行相结合,确保决策落实

地方一级党委、政府处在承上启下、协调各方的重要位置。一项重要职责就是把上级的决策、决定同本地实际结合起来,把决策与执行结合起来,创造性地开展工作。其中,要突出抓好三个环节。

(一)要以调查研究为决策的前提。调查研究是我们党的一个基本工作方法和领导制度。毛泽东同志曾告诫全党,没有调查就没有发言权。对党政领导干部而言,没有调查更没有决策权。尽管现在已进入信息时代,各级领导干部获得信息的渠道更广、信息量更大、信息获取更快,但并不能代替亲自调查研究。刚到宜宾工作时,我带着如何发展农村经济的课题,用了一个月左右的时间,深入到村社对农民群众开展直接访谈,了解到制约当前宜宾农业和农村经济发展最主要的因素有"水、路、电、产业"等几个方面。在综合分析的基础上,我发现在宜宾这样的山区,发展农业和农村经济要解决的首要问题是"路",因而提出了"一路二水三产业"的工作思路,并在市委班子中形成了共识。2007 年,全市共建成通乡水泥(柏油)路 550 公里,通村公路 2000 公里,完成了过去几年才能干成的事,并在工作中创造了"群众打里子,县上铺面子"的经验。路好了,不仅方便了农民出行,更打通了山区农业生产与大市场的联结通道,带动了山区特色效益农业的发展,农村公

路成为发展农业产业化的经济路,成为农民增收的致富路。可见,调查研究最重要的是要沉到基层,掌握最真实、最原始的第一手资料,从而做到主观与客观相统一、认识与实践相促进、政策与群众相结合,增强工作的针对性和实效性。

(二)要始终坚持科学民主决策。地方党委的决策,要遵循"集体领导、民主集中、个别酝酿、会议决定"的原则。凡涉及地方长远发展的重大问题、重要决策,重要干部的推荐、任免和奖惩,都应提交常委会或全委会研究,集体决策。特别是涉及经济社会发展全局的重大问题,在决策前还应通过多种渠道和形式,广泛征求社会各方面的意见建议,并建立健全专家咨询论证制度、公民听证制度,最大限度地减少决策失误。同时,地方党委作出的涉及经济社会发展全局的重大决策,一般还需以立法建议的形式,通过法律程序,由国家权力机关作出决定,把党的领导方式和执政方式纳入法治轨道。

(三)要全力推进决策贯彻执行。地方党政领导干部要做重落实、抓执行的表率,既善于谋全局、抓大事,又敢于上一线、干实事,凡重大工作、重点项目,都应亲自抓、亲自负责,以抓落实的良好形象影响和带动各级干部抓落实。提高执行力,既要靠人格的力量,更要靠干部的政策水平和制度的约束,这是做好工作的根本保证。我们从市级领导入手,建立了重点工作责任制、重大项目落实制、重大信访问题包案制等工作制度,带头抓落实。每项工作由一名市委常委牵头,市人大、市政府、市政协领导具体负责,共同参与,并将所有分工项目纳入年度目标考核,定期通报进展情况,加强督察督办,形成了抓落实、重执行的长效机制。当然,在决策作出后还有一个跟踪反馈的过程,这也需要通过执行来实现。这其中要把握一条根本原则,只要通过执行证明是正确的决策,即使有再大的困难和干扰,都必须坚定不移地推进;反之,则应及时修正、调整和优化。

五、坚持点与面相结合,科学部署工作力量

抓住重点,带活全面,历来就是一个重要的工作方法。地方工作纷繁复杂,领导工作千头万绪,必须既统筹兼顾全面,又集中力量抓主要矛盾和矛盾的主要方面,抓"纲"带"目",以重点突破推动全面工作。

(一)**审时度势,明确重点。**虽然在不同的历史时期、不同的发展阶段,根据不同的发展要求和发展目标,地方党委、政府的工作重点不尽相同,但它们都有一个显著的特点,就是能牵动全局、影响全局。五粮液是中国的,也是世界的,更是宜宾的经济命脉。2007年,五粮液集团公司实现工业增加值、利税总额、利润总额,分别占全市规模以上工业的45.33%、58.86%和59.67%,足见其对宜宾经济的巨大影响力。因此,我们始终把确保五粮液集团公司的健康快速发展作为市委、市政府工作的重点,采取扩大企业留利比例、支持企业低成本扩张、走出去拓展产业空间、财政投入改善企业周边环境、优化经营管理班子结构等措施,全力支持企业做大做强,使五粮液集团公司始终沿着高速高效的轨迹强劲发展。2008年,五粮液集团公司被《华尔街日报》评选为"中国十大最受尊敬企业",同时成为唯一入选2008年中国500强企业的白酒企业,五粮液品牌价值也飙升到402.18亿元。因此,确定重点首先要放眼全局,善于用发展的观点去观察带全局性的问题,使其他工作紧紧围绕所确定的工作重点运行。其次,要找准优势,把本地区的区位、资源、产业、发展基础等要素,放到大区域中作比较,在比

较中认识优势,分析存在的劣势,找准定位,将优势做优、短板做长。再次,要尊重民意。从实际出发,广泛听取群众意见,把群众最关心、对群众生产生活关系最紧密的问题作为重点,使我们的工作始终与最广大人民群众的根本利益相一致。

(二)**集中力量,务求突破**。一般讲,重点工作的难度都比较大,要求也比较高,而一旦突破,就能产生巨大的辐射和带动作用。因此,重点工作一经确定,就要坚决排除干扰,迅速找准切入点,采取有力措施,集中各方面力量,一抓到底,抓出成效。以宜宾为例,在区域协调发展上,我们运用非均衡发展规律,坚持优势优先,把沿江地区、资源富集地区作为最大的突破口,强力推进沿江经济带和优势资源综合开发区建设,培育新的区域经济增长极,带动区域协调发展。在工作重点上,把工业作为建设长江上游川滇黔结合部经济强市的主导,把工业集中区建设作为发展工业的突破口,一方面,下放经济管理权限,加大政策扶持力度,充分调动区县发展工业集中区的积极性、主动性,从面上推动;另一方面,集中领导力量、财力资源,实行市、县联建,重点抓好1—2个百亿工业集中区,既起到试点示范作用,又带动了其他集中区的发展。仅仅一年多的时间,全市10个区县都有了一个比较像样的工业集中区,成为对外开放和招商引资,承接东部产业转移的坚实平台。

(三)**统筹兼顾,全面推进**。重点突破,只解决了"点"的问题;而全面推进,是要着力扩大"面"。"面"是"点"的基础,"点"是"面"的突破。一个地方的工作,涉及党政军民、工农商学及各行各业,相互之间都有内在的联系,牵一发而动全身。因此,必须树立大局观,对工作通盘考虑,统一部署,强化指导,避免顾此失彼。统筹兼顾要考虑全局中的各个方面和各个层次的关系,坚持发展的重点性与系统性的统一。近年来,我们针对宜宾工业结构单一、过分依赖五粮液等少数骨干企业的实际,坚持"大中小企业并举"的发展战略,既狠抓"顶天立地"的大企业这个"点",又从"面"上着力,大力扶持发展"铺天盖地"的中小企业,培育企业集群,形成支撑地方经济持续发展的工业结构。

六、坚持对上负责与对下负责相结合,认真履职尽责

地方一级党委、政府处在中央和基层之间的特殊层级,在实际工作中存在如何处理好对上与对下负责的关系问题。我们主要应从三个方面去把握。

(一)**坚决维护群众利益**。从本质上讲,地方党委、政府对上负责与对下负责是一致的,统一于广大人民群众根本利益这个基点之上。所以,地方党委、政府在工作中应始终坚持以人为本、人民至上这一基本准则,既要抓大事,推动经济社会的整体快速发展,又要扑下身子抓好从宏观上看可能是很小的事,但对群众来说可能是天大的事。2007、2008 年,我们针对市中区居民反映的偏街小巷环境脏、乱、差的问题,把城市改造与改善人居环境结合起来,共投入 5000 余万元,集中整治了近 200 条小街小巷,方便了居民出行,把"小事"变成了大事,赢得了民心。同时还投入近亿元建成储气总量为 10 万立方米的天然气储气站,既缓解了城市居民天然气用气紧张的局面,又推动了清洁安全能源的普及使用。

(二)**自觉做到对上负责**。地方服从中央,下级服从上级,是党的基本政治原则和政治纪律,是确保党和国家意志得以实现、最广大人民利益得以维护的重要保障。地方党委、政府作为"上"和"下"的联结点,承担着下情上达、上令下行的重要职责。这就要

求我们全面准确地理解和把握上级的指示、精神，自觉服从大局，立足实际，对上级的决策、部署、规划作出科学判断，从而使本地的各项工作既符合上级及上级部门的要求，又符合本地的发展需要，为争取上级的资金、项目、政策支持创造有利条件。比如，根据国家实施西部大开发战略的总体要求，按照四川建设西部经济发展高地的战略定位，我们充分利用宜宾沿长江、岷江、金沙江"三江"岸线资源优势和独特的区位优势，积极推进宜宾港建设，全力配合省上建设乐宜高速、宜泸渝高速、成贵铁路等出川大通道，加快把宜宾建设成为四川出川的"南大门"和通江达海的"桥头堡"。由于我们的规划和决策完全符合国家区域战略规划和省委、省政府的总体部署，得到了省上的大力支持，这些项目都列入了省级重大项目中，为加快发展争得了机遇。

（三）找准结合点。处理好对上负责与对下负责的关系，要求地方党委、政府务必坚持理论联系实际，不唯书，不唯上，只唯实，正确处理宏观与微观、主观与客观、普遍性与特殊性、原则性与灵活性等关系，将上级的精神与本地的实际结合起来，做到一切工作为了人民、服从于人民的根本利益。在工作中，我们探索形成了市、区县为民工作队制度，使对上负责与对下负责的统一得到进一步保障和落实。为民工作队承担着宣传党的路线方针政策、收集反映民意的重要职责，在党委、政府同人民群众之间搭建起有效的沟通桥梁。比如，中央、省委反复强调要不断加强基层组织和基层政权建设。我们在工作中也发现，村官难选、村官难当、不愿当村干部的现象相当普遍。通过为民工作队下访收集情况，市委综合分析后得出结论，主要原因是村干部的待遇差，离职后无保障。为此，按照中央关于"真正重视、真情关心、真心爱护"基层干部的要求，我们积极探索，一方面大幅度提高在职村干部的岗位补助标准,一方面又在全市推行了村干部离职生活保障制度,对新中国成立以来在本市建制村担任过常职的村干部,根据职务、任职年限等条件,每年分别给予不同标准的离职生活补助,极大地调动了广大村干部的工作积极性,也为加强基层组织、基层政权建设注入了新的活力。这一探索得到了中央组织部主要领导和中共四川省委、省委组织部主要领导的充分肯定。

党员领导干部要修好"五政"

无能就是庸,无功就是过,无为就是错。干工作必须高点定位,加压紧逼,高标准、严要求,高效率、快节奏,追求卓越,做到勤政、廉政、严政、优政、善政。

执政为民,勤政以敬业

勤政,是一个领导干部最基本的政治品质,是推动工作落实、促进事业发展的重要保障。孔子说,领导者处理政事必须严肃认真,要"先之、劳之、倦之",一切为人之先,有强烈的责任感,好处、利益先让别人,艰难困苦的工作自己首先担负,用实际行动感染下级、推动工作,最终才能取得成功。体现在具体工作中,就是一个"勤"字。各级领导干部尤其是党政一把手,是领导一个地方经济社会发展的主心骨,是"发动机",处在改革发展的第一线,轻轻松松干不好事业,按部就班适应不了形势,马马虎虎胜任不了本职工作。勤政,首要的是必须有强烈的责任感和事业心,以对党、对人民高度负责的精神,尽心尽力履行好职责,做到居位尽其职、任职思利民,用心想事、用心谋事、用心做事,把最多的心思用在思发展、谋发展、促发展上,把最大的功夫用在抓落实、抓推动上,把最真的感情用在亲民、惠民、富民上,认认真真履行好"为官一任,造福一方"的神圣使命,把工作抓得更紧、做得更好,让各项事业不断迈上新的台阶,让人民群众得到更多实惠。勤政的前提是要有本事,就是要加强学习,不断给自己充电。尽量减少无谓的交际应酬、娱乐活动和迎来送往,多挤出时间来学习,坚决克服不愿学习、不用心学习,一知半解、浅尝辄止等不良风气。要把学习作为一种政治责任、一种精神追求、一种思想境界,认认真真地读书,使自己在知识、能力、修养、道德、情操等方面得到不断提高,做到学与用、知与行、说与做的统一,做到以"帅才"的风范领导"内行",以"实学"的本领驾驭全局。勤政的内在动力是为民谋利,要忠实践行党的宗旨,亲民、爱民、为民、惠民,始终做到权为民所用、情为民所系、利为民所谋。坚持一切以人民利益为重,坚决克服对群众漠不关心、高高在上的官僚作风,把对上负责与对下负责高度统一起来,正确处理好显绩与潜绩、当前经济增长与发展后劲的关系,把人民拥护不拥护、赞成不赞成、高兴不高兴、答应不答应作为想问题、作决策的出发点和归宿,切切实实把人民群众的利益维护好。

干净清白,廉政以立身

干净清白不仅是领导干部立身为官的底线,也是为人做事的基本品德。领导干部手中的权力很大,在一个地方处于众星拱月的地位,面对的诱惑实在太多。权力是一把双刃剑,大权在握,用之于公,为老百姓办事,就能造福桑梓;用之于私,为个人和小团体牟利,必将生出祸端。"廉"还是"贪",清晰地反映了一个人的内心世界。人的一生就像列车在轨道上运行,循规则向前,脱规则翻车。开好这趟人生列车，各级党员干部一定要"常思贪欲之害，常怀律己之心，常弃非分之想，常修为政之德"，慎独、慎微、慎初、慎言、慎行、慎欲，坚持言与行、做官与做人、修身与立业相统一，堂堂正正做人，干干净净做事，清清白白做官，不愧党，不负民。要坚持为政清廉、清俭、清新，发扬艰苦朴素、勤俭节约的优良作风，自觉抵御各种腐朽落后思想的侵蚀，耐得住清贫，守得住寂寞，抵得住诱惑，时时做到不仁之事不做，不义之财不取，不正之风不沾。要淡泊名利，不与别人比权力大小、收入多少、"坐骑"好坏，而要比能力高低、比发展快慢、比贡献大小，正确行使好人民赋予的权力，精心谋事、潜心干事、一心为民，始终保持共产党人的蓬勃朝气、昂扬锐气、浩然正气。

马克思说，不可收买是最高的政治品德。领导干部与普通人一样，也有人情交往。但领导干部掌握一定的权力，在社会交往中稍有不慎，就会迷失方向，就会被人利用，乃至丧失官德。一些居心叵测的人想方设法与领导干部套近乎、交"朋友"，吹吹拍拍，灌迷魂汤，让你不知不觉陷入圈套。所以，领导干部一定要时刻保持清醒的头脑，把好"交友关"，多交良友、益友、净友；一定要牢记人情之中有原则、交往当中有政治，严格交友的原则，纯洁交友的动机，升华交友的境界，守住操守。要严于律己，带头遵守党纪政纪国法，模范执行党的政治纪律、组织纪律、工作纪律，自觉接受党内监督、民主监督、群众监督、舆论监督，有效地防止权力失控、行为失范，不断增强拒腐防变的能力。

勇于担当，严政以增威

执政要严是领导干部的职责所在。领导干部一定要敢于解决棘手问题,不怕得罪人,敢于动真的、碰硬的、来实的。特别是对发展中的复杂矛盾和重大问题,要事不避难、勇于担当,迎着困难走、顶着矛盾上,不畏惧、不推诿、不回避,不能遇事就绕、碰硬就躲、见难就避。凡是事关经济社会发展的重大事项、事关民生民本的重大工作、事关安全稳定的重大问题,都要主动靠前,亲自上、亲自抓、亲自干,扑下身子抓落实,变压力为动力。要敢抓敢管,坚持原则性与灵活性相结合,做到敢断不独断,大度不失度,放手不撒手。要选好用好干部,特别是要用好"千里马"、"老黄牛"式的干部,既要给压力,也要给动力;既要是非分明,严格要求,又要坚持原则,敢于较真;既要关心爱护干事创业者,以宽松的政策支持干事创业者,又要以宽厚的心态对待干事创业者的失误,只要出发点是为了工作、为了发展,不是谋取私利,都应宽容对待,主动为他们承担责任,让他们放心、放胆、放手干事,形成干事、创业、敢想、敢试、敢负责的良好氛围。

加快发展,优政以跨越

优政,就是要追求卓越,树立奋发图强的雄心壮志,以矢志跨越的精神,瞄准一流目标,争创一流业绩。纵向比,宜宾的发展的确有了很大进步,但横向看,我们与全省及周边地区的差距仍然很大。成绩和进步只是初步的,没有任何骄傲的资本,没有任何自满的理由。广大党员干部要不断解放思想,加快转变观念,优化发展环境,破除墨守成规、不思进取,"小成即满、小富即安、小快即骄"的保守意识,善于用辩证的思维审视成绩、观察现状,把自身的发展放在全省、全国去定位,坚决打破对形势的保守估计,摒弃对发展条件和办法的传统认识,从"中庸"、"中游"的惰性中解放出来,冲击新的极限,在目标上高点定位,在行动上攀高争先,加快发展不自满,富民强市不懈怠。要树立"无功便是过,平庸就是错"的意识,破除休闲观念,始终保持不断进取、永不满足、奋发向上的高昂状态,把加快发展、争创一流业绩的要求内化为一种神圣使命、一种人生境界、一种豪迈气概,立志创造出超越常态的发展业绩。

科学执政,善政以利民

善政,即善于施政、善于行政,就是要正确决策、科学谋划、勤而有效、劳而有果。具体来讲,就是要善于创新。对于领导干部特别是一把手来说,善于按照上级的决策部署,结合实际创造性地开展工作就是最大的善政。一定要善于把党的路线、方针、政策和省、市的决策同所在地区的实际情况有机地结合起来,抓住影响全市和本地发展的关键问题,抓住群众反映强烈的问题,创造性地开展工作。要善纳群言。古人云,"兼听则明,偏听则暗","智者千虑,必有一失"。只有广开言路,广纳良谋,从善如流,集思广益,才能充分体现人民群众的愿望和意志,才能实现科学决策。要有海纳百川的胸怀,充分发扬民主,充分畅通民意,凡事多商量、常沟通、勤交流,决不能闭目塞听,形成民主和民意的"堰塞湖",堵塞沟通交流的渠道。要善聚群力。俗话说,"一人拾柴火不旺,众人拾柴火焰高","一人难挑千斤担,众人能移万座山"。党政一把手一定要做团结的表率,要有容事容人、不计恩怨的雅量,有相互谅解、坦诚相见的气度,有闻过则喜、从谏如流的胸襟,把人心、民心、官心凝聚起来,打好总体战。要知人善任,相信下级,给予充分放权、及时支持,为他们积极、主动、创造性地开展工作留足空间。同时,对下级的工作成效,要给予及时奖励和肯定,营造一个干事创业的良好氛围。

一把手要发挥好表率作用

宜宾的事情能不能办好,关键在各级领导干部,特别是一把手。因此,发挥好一把手的表率作用至关重要。

对组织要有感恩之心,争做对党忠诚的表率

感恩,是中华民族的优良传统,是一个人不可或缺的基本品质。一泓清泉,必有源头活水;一棵大树,必有根下沃土。每一名领导干部的成长进步,固然离不开自己的艰苦努力,但更离不开组织搭建的成长平台和进步阶梯。各级领导干部特别是一把手一定要对组织怀有一颗感恩之心、一份感激之情,自觉对组织负责,为党添彩,以勤勉的工作和无私的奉献回报组织和人民。这是做人、做官、做事的基点,是党性、人格、官品的重要标志。

感恩组织,感恩群众,对党忠诚。一要坚定理想信念。始终忠诚于党和人民的事业,服从党的安排,执行党的决定,自觉维护党的利益和威信,老老实实、勤勤恳恳、任劳任怨、尽职尽责地去完成组织安排的各项工作任务,无怨无悔地为党和人民的事业努力奋斗。二要强化大局观念。要放眼长远、服务大局,自觉把思想和行

动统一于市委、市政府的决策部署上来,多说团结鼓劲的话,多做添砖加瓦的事,确保政令畅通、步调一致,决不允许摇摆不定,决不允许讨价还价,决不允许阳奉阴违,决不允许延误战机。三要把富民强市作为最高追求。今天的宜宾正处在发展的关键时期,抓住机遇,破解难题,加快发展,对我们提出了新的更高要求。各级一把手要发挥带头表率作用,紧紧围绕发展大局、抓住发展关键,不断提高思维能力、决策能力和执行能力,把心思放在推动发展上,把精力投入到抓落实中,做出实实在在的工作业绩,回报组织的培养和人民的信任。

对事业要有热爱之心,争做守土有责的表率

热爱是成就事业的最大动力。一把手是一个地方、一个部门的领头人、主心骨,热不热爱自己的工作,有没有强烈的事业心和责任感,不仅影响着一个地方、一个部门、一支队伍的风气形象,也直接决定着工作的成效、发展的成败。

领导干部的岗位不仅是一个官位,更是一份沉甸甸的责任,是成就事业的空间,是实现人生价值的舞台。要充分利用好组织和人民群众给我们提供的机会,做出一番实实在在的业绩,在宜宾的发展史上书写浓墨重彩的一笔,不辜负党和人民对我们的重托。一要振奋做事的精神。人的精神状态至关紧要。无论一个人、一个群体,还是一个地方、一个部门,在同样的起点、相似的条件、同一个时段、向同一个目标进发,其结果往往有天壤之别。这就是精神状态所致。在困难和挑战面前,不能缺乏信心、缺乏斗志、缺乏底气,要敢于迎着困难上、顶着压力干,高目标定位、高标准要求。要进一步提升思想境界、工作境界,打破"恐高"、"怕比"心理,敢

与强的比、敢同快的赛，干就干最好，争就争排头，干一流工作、创一流业绩，做到只为成功想办法，不为失败找理由。二要充满做事的激情。有激情的人生最精彩，有作为的人生最辉煌。对工作有激情，才能把工作当成事业，自觉花时间、动脑筋、耗精力去想、去做、去研究、去琢磨自己的工作，使出最大的力气，发挥最大的潜能和主观能动性。对工作有激情，也才能面对机遇、敢于争先，面对竞争、敢于创新，面对困难、敢于突破，创造出不平凡的业绩。三要强化做事的责任。责任有时比能力更为重要，是成就事业的前提。一个缺乏责任心、责任感的干部，即使有再高的能力和水平，也只能是说在嘴上、画在纸上、停留在做样子上，最终一事无成。责任心强，就会把困难想在前头，把工作做在前头，把好事办得更好。经常想一想，自己是一个守摊子的太平官？懒官？庸官？贪官？还是一个想有作为、敢有作为、能有作为、已有作为的实干家？要牢记身上肩负的责任，时时刻刻把宜宾的发展、宜宾人民的福祉挂在心上，把负责任当成一种信仰、一种品格、一种荣誉，用落实责任去赢得尊重、赢得支持、赢得信任，真正在推动本地本部门发展中当好中流砥柱。

对同事要有信任之心，争做团结互信的表率

团结出战斗力。一个地方、一个单位，不管遇到多大的困难，只要班子是坚强团结的，就有希望打开工作局面。"一把手"是班长，班子团不团结，关键在一把手。要充分发挥模范带头作用，勤做"加法"，多做有利于团结的事，多说有利于团结的话，多理解、少指责，加强了解，增进友谊；善做"减法"，积极消除误会和隔阂，努力化解矛盾，正确对待个性、经历、能力等方面的差异，多赞赏、

少贬损,多信任、少猜忌,容人、容言、容事,形成风正、心齐、气顺、劲足的局面。

信任既出自对别人的善意,也来自对自己的自信;既出自对别人的尊重,也来自对自己的肯定。西方心理学中有句名言:人性最深刻的需要就是希望别人对自己加以赏识。作为"一把手",要团结周围的同志,齐心协力成就一番事业,必须懂得信任同志,形成团队合力。一要做到统揽而不独揽。既要发挥一把手统揽大局、协调各方的作用,又要根据班子的整体职能和班子成员的职责定位,善于识事,学会选择,把相关工作的责任和控制权真正交给实际执行该项工作的同志,激发被授权者做好工作的热情。二要做到放手而不撒手。用人不疑,疑人不用。权力有其层次性,该谁管的事谁管,一竿子插到底不是好的工作方法,除非万不得已。要善于发挥班子成员的作用,用好他们的特长,让他们放心放胆去创造性地开展工作。当然,放手也不是不管不问,更不是放任自流,而是要在关键处、恰当时给予周到的指导、帮助,特别是在一些重大问题的处理上,要主动给班子成员担责壮胆,做到放权不放责、放手不撒手。三要做到敢断而不独断。作为一把手,既要敢于负责,看准的事就大胆拍板,不能延缓,贻误战机,又要广泛发扬民主,充分吸纳班子成员的意见、建议,善于统一一班人的认识,集中一班人的智慧,调动一班人的力量,从而形成整体合力。

对纪律要有敬畏之心,争做廉洁自律的表率

国有国法,党有党纪。党纪国法是不能触碰的"高压线",任何时候任何情况下都不能违反,否则必然付出沉重的代价。有人说"现在官越当越胆小。"这里的"胆小",就是对法律的敬畏、对权

力的敬畏；这种"怕"不是怯懦，不是束缚，而是一种自律、一份清醒、一种品行。"心有敬畏，行有所止"。领导干部只有在纪律和权力面前有"怕"的意识、"怕"的压力，才能自觉做到听招呼、守纪律、不违规，从心底筑牢拒腐防变的防线。要有清廉之德、羞耻之心、敬畏之心，把住做官的原则，守住做人的底线，净化自己的"工作圈"、"生活圈"、"社交圈"、"娱乐圈"。不贪财，不为金钱所动；不贪色，不为"灯红"所迷；不贪杯，不为"酒绿"所醉；不贪玩，不为娱乐所误；不贪吃，不为嘴馋所伤。作为一把手，抓好自身的廉洁自律是远远不够的，必须肩负起抓班子、带队伍的政治责任，带头落实"一岗双责"，管好家属和身边工作人员，抓好辖区、分管范围内的反腐倡廉工作，特别是要重点抓好基层干部的党性锤炼和作风养成，坚决打破一些地方或单位"小鬼当家"的症结，树一方清廉之风，营造加快发展的良好环境。

对群众要有关爱之心，争做勤政为民的表率

"德莫高于爱民，行莫高于利民"。作为党的干部、人民的公仆，心里没有群众，就是忘本；不关心群众疾苦，就是变质；损害群众利益，就是背叛。民心如海，汇细流而成汪洋；民利如山，积碎土而成巍峨；民心如水，水能载舟，亦能覆舟。古往今来，凡有远见卓识的执政者，莫不把以民为本、注重解决民生问题作为经世治国之道。新时期党的领导干部，应该站得更高、做得更好，始终把关注民生、改善民生、保障民生作为执政的神圣使命，自觉践行全心全意为人民服务的宗旨。一要从感情上亲近群众。对群众的态度问题，说到底是一个感情问题。没有对群众的深厚感情，心里就不能惦记群众，为人民服务就是一句空话。只有在感情上亲近群众，才

能始终站在群众的立场上,真心诚意为群众服务,才能主动去了解群众想什么、干什么、盼什么、怨什么,始终保持同人民群众的血肉联系。二要从行动上关心群众。要始终牢记群众利益无小事,人民利益大于天,采取实际行动,从身边事做起,从小事做起,从群众最需要、最迫切、最难解决的事情做起,多为群众"雪中送炭",多给群众看得见、摸得着的利益,坚决反对"官样文章"和劳民伤财的"形象工程"、"政绩工程"。三要从决策上代表群众。古人云,"利在一身勿谋也,利在天下者谋之"。意思就是不谋一己之利,而谋天下百姓之利。各级党委、政府以及各部门在出政策、定措施、办事情时,必须充分考虑人民群众的利益,凡是不能让绝大多数群众受益的事情坚决不做,凡是得不到绝大多数群众理解支持的政策坚决不出,凡是侵害人民群众利益的行为必须坚决禁止。

演好兴武强兵的角色

2008 年 8 月 20 日,四川省宜宾军分区组织民兵进行抗洪抢险演练。一位身着迷彩服的中年人时而与军分区领导研究演练方案,时而站在队伍前进行战前动员。他就是中共宜宾市委书记、宜宾军分区党委第一书记杨冬生。

看到杨冬生的身影,前来观战的干部群众感叹道:"杨书记抓国防建设用心独到,角色意识很强!"近年来,杨冬生带领干部群众关心支持国防建设,实现了经济发展与武装工作双丰收,党管武装工作、民兵军事训练、国防动员等 10 多项工作受到总部和成都军区的表彰。

善做有心人

2006 年 8 月,杨冬生上任之初,就提出了一手抓经济、一手抓国防的"两头兼顾"工作思路。为学习掌握国防后备力量建设的政策法规,他把宿舍搬到了军分区营院,自费订阅和购买了不少军事报刊及国防理论书籍。在他的提议下,市委还把军事理论纳入中心组学习内容,定期邀请部队领导前来授课。

今年年初,宜宾市遭受雨雪冰冻灾害。面对考验,杨冬生与军分区领导一起,研究动员方案,拟制用兵计划,组织抢险救灾。在灾情严重的兴文县仙峰乡,杨冬生和军分区官兵一道,为灾民抢修房屋,架设电线杆,一天一夜未合眼。有人劝他撤回去休息,他却说:"我只是抗灾队伍中的普通一兵,这里的群众需要我。"直到3天后灾情解除,杨冬生才回到市里。

抗击雨雪冰冻灾害任务结束后,杨冬生又组织军地领导结合用兵实践,对国防动员工作进行总结,查问题、找对策,修订完善了宜宾市兵员动员预案。汶川地震发生后,该市仅用3小时就征集了1250名民兵开赴灾区。

当好带头人

2008年7月28日,在军分区组织的"军事日"活动中,杨冬生主动上前为大家讲解武器装备的使用。第一书记带了头,其他人员参训热情倍增。

当好党管武装的带头人,在杨冬生嘴边不是一句空话。他坚持每周到军分区机关办公一天,每天要和军分区党委班子成员通一次电话,有关国防后备力量建设的活动随叫随到。在他的提议下,国防后备力量建设被列入市委重要议事日程,纳入了市委年度目标考核内容。

2007年5月,一份关于民兵武器装备仓库监控系统信息化升级改造的报告送到杨冬生手上。"一定要把这个涉及全市民兵武器装备安全管理的重点工程建设好!"他及时主持召开市委议军会,研究决定由市县两级财政一次性解决建设经费,保证了武器装备仓库改造工程如期开工。得知市国防后备力量教育训练基地设施不够完善,杨冬生又带上相关人员现场办公,仅半个小时就解决了难题。

成为贴心人

汶川地震发生后,正在中央党校学习的杨冬生迅速打电话给军分区领导,要求尽全力支持民兵应急营跨区抗震救灾。接着,他又电话指示市委、市政府有关部门,抓紧做好抗震救灾物资保障工作。

2008 年 6 月 14 日,学习归来当天,杨冬生就冒雨驱车近千里,辗转绵阳安县、游仙区等地,慰问看望执行救灾任务的民兵,鼓舞士气。

杨冬生时常对身边的同志说:"老干部是共和国的功臣,必须把他们的困难解决好。"每逢节日,他都要到干休所慰问老干部,并协调将老干部保健经费列入政府财政预算。每年征兵期间,他都要带领市征兵领导小组成员到体检站、军供站等地,看望慰问应征青年和工作人员,为入伍新兵送行。

在杨冬生的关心下,驻军部队 8 名随军家属有了满意的工作,二十多名转业干部得到妥善安置,宜宾市连年被四川省评为军转安置工作先进单位。2007 年 12 月,宜宾市再获"全国双拥模范城"殊荣。

《解放军报》2008 年 8 月 31 日

记者:赵德第　李朝幕　邢珊瑚

附 录:

宜宾之春

之一:引子

春到宜宾美如画,桃红李白人赛花。
千山含黛抒豪气,万木吐翠著新葩。
壮男扶犁耕沃土,巧妇携篮采早茶。
科学发展好又快,大江南北意气发。

之二:到长宁县

(2009年2月12日 农历正月十八)

正月长宁春潮涌,竹海儿女唱大风。
铜鼓村头乡企旺,桃坪田畴耕意浓。
工业园区通新港,旅游景观傲苍穹。
干群立下凌云志,美丽富饶奔大同。

之三:到南溪县

(2009年2月24日 农历正月三十)

长江春水浪滔滔,南溪人民胆气豪。

罗龙园区天天变,装石厂房日日高。

化工医药巧配套,食品轻纺成链条。

三化①联动潜力大,工业强县不动摇。

之四:到江安县

(2009 年 2 月 26 日　农历二月初二)

昨夜风雨浥轻尘,一年之计催人勤。

铁清归雁②创大业,蟠龙雏凤③试啼声。

阳春坝上风光好,二龙口④前气象新。

许茂父女惊巨变,文化江安经济兴。

之五:到兴文县

(2009 年 3 月 4 日　农历二月初八)

半年光阴弹指过,石海兴文变化多。

僰王山⑤下盖工厂,共乐⑥田中走农拖。

铁路建设添优势,资源开发增效果。

苗乡试点省直管,春风化雨奏凯歌。

---

①　注:三化指新型工业化、新型城镇化和农业现代化。

②　指铁清镇返乡办养殖场(蛋鸡)的蒋姓大学生。

③　指蟠龙乡返乡农民工黄氏姐弟,刚创办山凤养鸡场。

④　地名,在江安县以东 7 公里,是长江南岸货运码头,以煤为主。

⑤　僰王山位于兴文县僰王山镇境内,海拔 1200 米,距宜宾约 90 公里,面积 18 平方公里,属山岳型自然风景区。

⑥　共乐,地名,是兴文县重要农业基地。

之六:到宜宾县

(2009 年 3 月 10 日　农历二月十四)

地大物博宜宾县,人口百万不等闲。
商州龙池林涛吼,蕨溪泥南烟浪翻。
乐宜高速修桥慢,成贵铁路渡江难。
众志成城对危机,严冬过后是春天。

之七:到珙县

(2009 年 3 月 18 日　农历二月廿二)

观斗驻足川滇界,恒丰珍珠山中埋。
珙县南北成大道,城乡内外去尘埃。
梯田层层竹苗壮,山峦青青牛群来。
孤老齐赞干部好,僰人故里春常在。

之八:到屏山县

(2009 年 3 月 24 日　农历二月廿八)

金沙江上人声沸,库区移民紧相随。
正常安置破难题,特殊保障解民危。
产业兴旺促就业,新城崛起增光辉。
脱贫致富春光里,屏山振翅欲高飞。

之九：到高县

（2009 年 3 月 26 日　农历二月三十）

南广河①畔春意盎，高县原野阵阵苍。
福溪电站奠基快，惠泽水库修渠忙。
可久茶竹成气候，庆符街路变模样。
凝神定气推发展，脱颖而出现曙光。

之十：到筠连县

（2009 年 3 月 27 日　农历三月初一）

筠连春日遍山绿，乌蒙高地竖大旗。
五丰②养牛探机制，团林种烟用科技。
乡村畅达变旧貌，资源加工开新局。
戊子已登前三甲，己丑不言自奋蹄。

之十一：到翠屏区

（2009 年 4 月 9 日　农历三月十四）

春满翠屏起宏图，三江六岸耀明珠。
李庄修路接盐坪③，象鼻建园连安阜。

---

① 长江一级支流，长 230 多公里，发源云南省威信县，在宜宾市翠屏区南广镇注
入长江。
② 五丰，村名，在筠连县筠连镇。
③ 指盐坪坝，地名，在宜宾市翠屏区，长江南岸。

城乡统筹谋跨越,结构优化闯新路。

解放思想破障碍,赢得先机莫踌躇。

——摘选自《中国诗人》2009 年 8 月 15 日

后　记

　　科学发展观是我们党坚持以邓小平理论和"三个代表"重要思想为指导,在准确把握世界发展趋势、认真总结我国发展经验、深入分析我国发展阶段性特征的基础上提出的重大战略思想,是推进社会主义经济建设、政治建设、文化建设、社会建设全面发展必须长期坚持的指导方针。科学发展观提出以来,在全党全国人民中形成了广泛共识。广大干部群众衷心拥护科学发展观,深入学习科学发展观,认真实践科学发展观,形成了推动中国特色社会主义事业发展的强大动力。

　　作为一名工作、生活在西部地区的地方党政领导干部,从近年来宜宾市经济社会的巨大发展变化中,我深切感受到科学发展观对于广大西部地区抓住中央实施西部大开发战略机遇,加快发展,奋力追赶的重大推动作用;更加深刻地认识到,肩负起新世纪新阶段的历史任务,推动西部全面开发开放,必须把牢固树立和全面落实科学发展观作为一项长期的战略任务,着力在实践中坚持、在实践中运用、在实践中创造、在实践中发展,才能真正把经济社会发展转入以人为本、全面协调可持续发展的轨道。

　　本书站在西部发展的视角,以宜宾为例证,从地级市的层面,阐释了科学发展观是我们推动经济社会发展、加快推进社会主义现代化必须长期坚持的重要指导思想，提出了西部地区在科学发展观指导下，结合实际，发挥优势，迅速实现追赶跨越，步入科学发展轨道的突破方向和现实路径。本书既是自己在地方党政领导岗位上理论思考与实践探索的归纳整理，也是宜宾市广大党员干部和人民群众在科学发展道路上创新创造成果的总结。旨在借此书出版，与广大工作在地方经济社会建设一线的同志们就推进科学发展的现实问题开展共同探讨交流，同时也希望为有关专家、学者的理论研究提供一些实证参考。

在本书的编写过程中，吕晓莉、游开余、昂川、李涛、何利明等同志和中共宜宾市委办公室、市委宣传部、市委政策研究室等部门在资料收集方面给予了积极支持。书中还收录了《求是》、《人民日报》、《半月谈》、《光明日报》、《经济日报》、《四川日报》等报刊及有关记者采写的反映宜宾发展情况的稿件，对于丰富本书内容起到了重要作用。值本书付梓之际，一并致谢。

杨冬生

2010 年 3 月于四川宜宾

责任编辑:张连仲
装帧设计:徐　晖
版式设计:周方亚

图书在版编目(CIP)数据

风满征帆——科学发展观引领下的美好新宜宾/杨冬生 著.
-北京:人民出版社,2010.7
ISBN 978－7－01－009061－0

Ⅰ.①风…　Ⅱ.①杨…　Ⅲ.①社会主义建设模工-研究-宜宾市
　Ⅳ.①D677.13

中国版本图书馆 CIP 数据核字(2010)第 119434 号

风 满 征 帆
FENGMAN ZHENGFAN
——科学发展观引领下的美好新宜宾

杨冬生　著

人 氏 ☆ 版 社 出版发行
(100706　北京朝阳门内大街 166 号)

北京集惠印刷有限责任公司印刷　新华书店经销

2010 年 7 月第 1 版　2010 年 7 月北京第 1 次印刷
开本:710 毫米×1000 毫米 1/16　印张:20.75
字数:241 千字　印数:0,001-4,000 册

ISBN 978－7－01－009061－0　定价:43.00 元

邮购地址 100706　北京朝阳门内大街 166 号
人民东方图书销售中心　电话 (010)65250042　65289539